绍兴文理学院越文化传承与创新研究中心课题成果
（项目编号：14JDYW03YB）

绍兴文理学院越文化传承与创新研究中心资助出版

越文化研究丛书

商景兰评传

珊丹 著

中国社会科学出版社

图书在版编目(CIP)数据

商景兰评传/珊丹著. —北京：中国社会科学出版社，2023.3
（越文化研究丛书）
ISBN 978-7-5227-1104-1

Ⅰ.①商… Ⅱ.①珊… Ⅲ.①商景兰(1605-1676)—评传
Ⅳ.①K825.6

中国版本图书馆 CIP 数据核字(2022)第 230796 号

出 版 人	赵剑英
责任编辑	王小溪
责任校对	师敏革
责任印制	戴 宽

出　　版	中国社会科学出版社
社　　址	北京鼓楼西大街甲 158 号
邮　　编	100720
网　　址	http://www.csspw.cn
发 行 部	010-84083685
门 市 部	010-84029450
经　　销	新华书店及其他书店
印　　刷	北京君升印刷有限公司
装　　订	廊坊市广阳区广增装订厂
版　　次	2023 年 3 月第 1 版
印　　次	2023 年 3 月第 1 次印刷
开　　本	710×1000　1/16
印　　张	17.5
插　　页	2
字　　数	253 千字
定　　价	89.00 元

凡购买中国社会科学出版社图书，如有质量问题请与本社营销中心联系调换
电话：010-84083683
版权所有　侵权必究

绍兴文理学院越文化研究院
（浙江省重点研究基地越文化传承与创新研究中心）
越文化研究丛书编委会

（以姓氏笔画为序）

顾　　问	朱万曙	廖可斌			
委　　员	干春松	王华锋	刘小华	寿永明	杜坤林
	李子华	李圣华	肖瑞峰	汪俊昌	陈　巍
	赵敏俐	胡鹏志	俞志慧	钱　明	高利华
	诸凤娟	黄仕忠	黄灵庚	董　平	童师柳
	潘承玉				
主　　编	寿永明				
执行主编	诸凤娟				

目　　录

引言 …………………………………………………………（1）

上编　商景兰传

第一章　家族的文化传统 ……………………………（3）

　第一节　簪缨仕宦、书香世家

　　　　　——会稽商氏 …………………………………（3）

　第二节　一门风雅，才子之数

　　　　　——山阴祁氏 …………………………………（6）

第二章　鸾凤和鸣的幸福生活 ………………………（14）

　第一节　闺中生涯

　　　　　——静窗——翻书史 …………………………（14）

　第二节　新婚生活

　　　　　——修到人间才子妇 …………………………（19）

　第三节　随宦福建

　　　　　——而今小别如天际 …………………………（27）

　第四节　京中生活

　　　　　——千里相聚喜月圆 …………………………（31）

　第五节　寓园岁月

　　　　　——一丘恬淡寄余生 …………………………（40）

第三章 亡国阴影笼罩下的家庭生活 (57)

第一节 大厦将倾
——京城云暗凄凉处 (58)

第二节 末世风雨
——人如飘萍山河破 (65)

第三节 国破夫亡
——沧桑顷刻风云换 (70)

第四章 传承家风的精神领袖 (79)

第一节 训诲二子
——行当立清标,读书成大儒 (79)

第二节 祁氏才女
——检书开绣户,论诗抚玉钩 (84)

第三节 文学交游
——今朝把臂怜同调 (116)

第五章 祁氏家族的凋零败落 (128)

第一节 迢迢子去伤离别
——班孙的遣戍 (128)

第二节 并无点墨落人间
——理孙的伤痛 (143)

第三节 木落南园冷绣帏
——家族的败落 (148)

下编 商景兰诗词研究

第一章 商景兰诗词分类研究 (159)

第一节 咏物诗词 (160)

第二节 遗民诗词 (165)

第三节　亲情诗词 …………………………………… (174)
　　第四节　闺情诗词 …………………………………… (182)
　　第五节　赠答唱和诗词 ……………………………… (193)

第二章　商景兰诗词的艺术特色 ……………………… (207)
　　第一节　商景兰作品留存情况 ……………………… (207)
　　第二节　商景兰诗歌的艺术特色 …………………… (208)
　　第三节　商景兰词研究 ……………………………… (222)

第三章　商景兰思想研究 ……………………………… (232)
　　第一节　商景兰的婚姻观念 ………………………… (232)
　　第二节　商景兰的才德观念 ………………………… (237)
　　第三节　商景兰的家国情怀 ………………………… (242)

参考文献 ………………………………………………… (247)
附录　商景兰之女相关史实考辨 …………………… (254)
后记 ……………………………………………………… (268)

引 言

商景兰，出生于明万历三十三年（1605），卒于清康熙十五年（1676），字媚生，会稽（今浙江绍兴）人，明末清初著名女诗人。

商景兰出身名门，父亲商周祚历任太仆寺少卿，以都察院右佥都御史巡抚福建，以兵部右侍郎总督两广，后升兵部尚书。商景兰于万历四十八年（1620）嫁于祁彪佳。祁彪佳（1602—1645），字虎子，一字幼文，又字宏吉，号世培，别号远山堂主人。浙江山阴人，明末藏书家、散文家、戏曲家。祁彪佳自幼聪慧过人，天启二年（1622）中三甲进士，任福建兴化府推官，后历任福建道御史、苏松巡按御史、苏松巡抚等职。商景兰与祁彪佳夫妻感情弥深，琴瑟和谐，被视为"金童玉女"。两人共同度过了二十五年的幸福生活，生育了三子四女。

弘光乙酉年（1645），清兵攻陷杭州，清军礼聘祁彪佳出仕，祁彪佳为保持气节，于闰六月六日（7月28日）自沉于寓园梅花阁下放生池，年四十有四。南明朝廷先后追谥祁彪佳为忠毅、忠敏，清廷追谥忠惠。

祁彪佳去世之后，商景兰秉承祁彪佳的遗愿："训诲子孙，不堕祁氏一门"，挑起教子重任。她引领家内三女二媳吟诗作文，使得祁氏才媛成为明末清初著名的女性诗歌创作团体，商景兰亦被称为越郡女性诗坛领袖。陈维崧在《妇人集》中引慈溪魏耕语："抚军居恒有谢太傅风，其夫人能行其教，故玉树金闺，无不能咏，当世题目贤媛，以夫人为冠。"①

此后商景兰又遭受了多次沉重的打击。康熙六年（1667）三女祁德琼病亡，同年儿子理孙、班孙因涉通海案被捕入狱，班孙远放宁古塔，理孙虽然脱罪，却郁郁终生，祁家也因此彻底败落。三年后班孙逃回江南，削发为僧，断绝了与家中的联系，逝于康熙十二年（1673）。

康熙十五年（1676），饱经忧患的商景兰走完了她的人生之路，商景兰去世后祁氏家族女性一门吟咏的盛况不再。

---

① （清）陈维崧：《妇人集》，载王英志主编《清代闺秀诗话丛刊》，凤凰出版社 2010 年版，第 19 页。

上编

商景兰传

第一章　家族的文化传统

第一节　簪缨仕宦、书香世家
——会稽商氏

商景兰出身于绍兴世家。朱赓《陕西行太仆卿明洲先生商公墓志铭》[①]记载，绍兴商氏原本为河南人，宋室南渡之时迁至浙江嵊州继锦乡。从商胜三始迁至绍兴樊江村。数传为商彪，商彪子商澄，曾为丰亭长，为人仁德仗义，商氏家族就此勃兴。

商家成为官宦之家始于商景兰的高祖商廷试。商廷试为商澄次子，字明汝，别号明州。商廷试自幼聪慧，十岁能属文，嘉靖二十年辛丑科（1541）中进士。商廷试历任刑部福建司主事、广西司员外郎、陕西司郎中、黄州太守等职。据朱赓《陕西行太仆卿明洲先生商公墓志铭》记载，商廷试初为政即政务娴熟，为官清廉，深得民心。因得罪严嵩而被降罪，调云南兵备副使，再谪陕西行太仆卿，未几乞归。此后乡居二十年，杜门谢客，课子弄孙，晚号淡翁。商廷试生性坦荡率真，不善结交权贵以传播声名。学问闳博深远，著有《明州集》。

[①]　（明）朱赓：《朱文懿公文集》卷9，明天启刻本，第25页。

商景兰曾祖商为正为商廷试长子，字尚德，号燕阳。商为正"少有隽声，然屡试不利"①，隆庆五年（1571）辛未科中进士，时年已四十四岁。商为正曾任江西道监察御史，奉命巡按山东。《绍兴县志资料》记载，商为正巡按山东之时，适值疏浚胶莱河，六万民工终日浸泡水中，股胫腐烂生虫，民怨沸腾，倡乱将起。商为正疾驰前往抚慰，安定人心，避免了骚乱。后任福建巡按御史，协助巡抚庞尚鹏推行"一条鞭"法，虽得罪巨室，但为百姓所称颂。当时民歌有云："庞公为父，商公为母；来我闽中，救民疾苦。"② 福州兴化皆立祠祀之。行满回京之时，父老跪送者千余人。后提学北畿，又迁大理寺少卿。陶望龄《歇庵集》中有《大理寺左少卿燕阳商公墓志铭（代朱相君）》，对商为正推崇备至，"隆万间吾越有材臣二人，曰太子少保兵部尚书环洲吴公，大理寺左少卿燕阳商公。二公皆气轩而干挺，赡谋而敢决，授之权任，皆能批烦决拿。捍社稷，制万里，其用足以见矣，而人谓之屯施焉"③。"从始仕至官九列，才十岁，珥笔持斧，备历荣要，人谓公材固足致之，不谓骤也。"陶望龄，字周望，号石篑，万历十七年会试第一，廷试第三，授翰林院编修。他才学出众，素有文名，眼界甚高。虽然有姻亲之谊（陶望龄为商廷试的次孙女之婿，商为正之妹婿），但也还是公允之言。

商景兰的祖父号景豪公，其名不考。父商周祚，《绍兴县志资料》第一辑记载"公讳周祚，字明兼，号等轩。燕阳公之长孙，景豪公之冢子也。景豪怀才不展，遂早世。燕阳公即以课子者课孙，严督而厚期之"④。商廷试晚年丧子，闭门谢客，以课子之心课孙。在祖父的严格督促下，

---

① （明）陶望龄：《大理寺左少卿燕阳商公墓志铭（代）》，载《歇庵集》卷8，清聚奎楼刊行，第1页。
② 转引自邓智华《一条鞭法与万历新政——基于庞尚鹏起任福建巡抚的分析》，《中山大学学报论丛》2007年第6期。
③ （明）陶望龄：《大理寺左少卿燕阳商公墓志铭（代）》，载《歇庵集》卷8，清聚奎楼刊行，第1页。
④ 绍兴县修志委员会：《绍兴县志资料第一辑》，台北成文出版社1983年版，第2576页。

商周祚于万历二十九年（1601）中进士。商周祚母亲为水澄刘氏。据商周祚《水澄刘氏家谱序》记载："母太夫人生祚于外家，受外大父太素公鞠育教诲之恩，欲报罔极，追溯所自，刘固水木本源也。"[1] 商周祚外祖父刘炌幼年早孤，依母成长，事母至孝，为人方正刚毅，对商周祚影响很大。商周祚中进士后授邵武令，在邵武五年，商周祚为官清廉，因赔贴而致家产殆尽。后历任户科给事中，晋太仆寺少卿，后擢都察院右佥都御史，巡抚福建。在福建期间因抗倭而得闽人爱戴，闽人在其离任之时为他立祠。天启五年（1625）起任兵部右侍郎，总督两广，次年升兵部尚书，不久即以母年老，请告归养，里居十载，"凡可以曲体母心者益殚厥力，承欢膝下"[2]。崇祯十年（1637），起复都察院右佥都御史，掌院事。后因屡次上疏触怒崇祯而获罪免职归里。家无长物，撰写志传自娱。商周祚"宦迹历贵要，而所携琴鹤之外无他长物，悉以为养志之需。诸子不过中人之产，具见先世清白之传也"[3]。商周祚与祁彪佳翁婿之间相处甚笃，来往密切。在《祁彪佳日记》中屡屡记载祁彪佳随妻归宁，与岳父把酒欢谈的情景。

历代书香簪缨之家，使得商景兰的少女时代的生活悠闲丰裕，而家庭浓郁的文化氛围，又使她接受了良好的文化教育，能书善画工诗文。其刚正端方的家风也对她的人生产生了极大的影响。商景兰与祁彪佳夫妻琴瑟和谐、伉俪情深，两家在家族地位和家风传统上的门当户对，是一个非常重要的因素。

王端淑在《名媛诗纬初编》中称道商景兰："父冢卿而夫忠敏，人伦荣贵可谓至矣。"[4]

---

[1] （明）商周祚：《水澄刘氏家谱序》，刘宗周：《刘宗周全集》，浙江古籍出版社2007年版，第730页。
[2] 绍兴县修志委员会：《绍兴县志资料第一辑》，台北：成文出版社1983年版铅印本，第2578页。
[3] 绍兴县修志委员会：《绍兴县志资料第一辑》，台北：成文出版社1983年版铅印本，第3578页。
[4] （清）王端淑辑：《名媛诗纬初编》卷11，清康熙年间清音堂刻本。

第二节　一门风雅，才子之薮
——山阴祁氏

万历三十八年（1610）商景兰与山阴祁家的四公子祁彪佳订婚。

祁家亦是山阴望族。祁氏自称是晋大夫奚之后代，原居陕西韩城。宋室南渡之时祁安禄随南宋朝廷迁至山阴，卜居梅市，为迁浙第一代，自此祁氏定居山阴。后祁氏子孙散处福严诸村，至祁安禄第十代孙祁茂兴于明初复迁回梅市。祁昌征《山阴祁氏世系表》以祁茂兴为梅市祁家第一代，祁茂兴第九代孙祁承㸁即为祁彪佳之父。祁氏第二代祁子安、第三代祁纪皆读书未仕。第四代祁福，字天赐，明天顺二年岁贡，四川重庆教谕。祁福为祁家第一代取得功名之人。祁福从弟祁仁中进士，官至礼部仪制司主事。祁家作为仕宦之家起源于第五代祁司员。祁司员，字宗规，成化十四年（1478）进士，授县令，政绩突出，知徽州。后为池州御史，百姓拥戴，为之建生祠，香火二百年不断。第六代祁锦，字尚絅，邑庠生，后以子贵，赠中宪大夫、贵州按察司副使。第七代即祁彪佳曾祖祁清，字子扬，嘉靖二十六年（1547）进士，曾任陕西布政使，后任职于礼部，因直谏而著称。祁彪佳祖父祁汝森，字肃卿，南京国子监生，英年早逝，年仅三十四岁，时祁承㸁年仅十岁。祁汝森虽无功名，但生平"饶才情，交游故广，过从之履无虚日"①，文化艺术修养都颇为深厚，家庭文化氛围浓郁。祁清因爱书进而藏书，为祁氏藏书之肇始。祁汝森承父之志，酷爱藏书。据祁承㸁《澹生堂藏书约》记载：祁汝森去世之时，"有遗书五七架，庋卧楼上。余每入楼，启钥取观阅之，尚不能举其义。然按籍摩挲，虽童子之所喜吸笙摇鼓者，弗乐于此也。先孺

---

① （明）祁承㸁：《先考文林郎直隶苏州府长洲县知县秋宇君暨先妣沈孺人行实》，载《澹生堂集》四册，国家图书馆出版社2012年版，第100页。

人每促之就塾，移时不下楼，继之以诃责，终恋恋不能舍"①。虽然祁汝森去世之时，祁承㸁只有十岁，但家族爱书、聚书、藏书的传统被他继承并发扬光大，在他的努力之下，祁家以藏书闻名于世。

祁承㸁，字尔光，号夷度，又号旷翁，晚号密园老人。万历三十二年（1604）进士。曾任山东、安徽、河南等地地方官，官至江西布政使右参使。祁承㸁自幼酷爱读书，成年之后则致力于藏书。清初文史大家全祖望《旷亭记》记载："（祁承㸁）治旷园于梅里，有澹生堂，其藏书之库也；有旷亭，则游息之所也；有东书堂，其读书之所也。"② 祁承㸁搜集图书不遗余力，"购得其一，惊喜异常，不啻贫儿骤富。……有异本，即鼠余蠹刻，无不珍重市归，手为补缀。十余年来，馆谷之所得，饘粥之所余，无不归之书者，合之先世逾万卷"③，甚至"内子衾中物，奚以供市书之值"④。到他晚年，澹生堂藏书达五六万卷。祁承㸁不仅孜孜以求地搜集书籍，还精于校勘整理。全祖望记载："夷度先生精于汲古，其所钞书，多世人所未见，校勘精核，纸墨俱洁净。"⑤ 澹生堂藏书是祁承㸁一生心血所在，他有长印一枚："澹生堂中储经籍，主人手校无朝夕。读之欣然忘饮食，典衣市画恒不给。后人但念阿翁癖，子孙益之守弗失。"⑥ 写出了藏书带给自己的乐趣，更希望后人能将自己心心念念的藏书守住并传将下去。可惜的是，祁承㸁的藏书只传了三代，即因家国

---

① （明）祁承㸁、孙庆增：《澹生堂藏书约　藏书纪要》，上海古籍出版社1957年版，第3页。

② （清）全祖望：《旷亭记》，载《全祖望集汇校集注》，上海古籍出版社2000年版，第1134页。

③ （明）祁承㸁、孙庆增：《澹生堂藏书约　藏书纪要》，上海古籍出版社1957年版，第3页。

④ （明）祁承㸁、孙庆增：《澹生堂藏书约　藏书纪要》，上海古籍出版社1957年版，第3页。

⑤ （清）全祖望：《旷亭记》，载《全祖望集汇校集注》，上海古籍出版社2000年版，第1134页。

⑥ （清）叶昌炽著，王欣夫补正，徐鹏辑：《藏书纪事诗》，上海古籍出版社1989年版，第278页。

变迁，流散四方，令人思之，不胜唏嘘。

祁承㸁有《澹生堂集》二十一卷流传后世。其《澹生堂藏书目》在我国目录学史上有重要意义。他以几十年丰富的官场生活经历，为后世留下了《辽警》《旷亭小草》《密园前记》《密园后记》等十七部作品。在祁承㸁的努力下，祁家的澹生堂成为与会稽钮氏的世学楼、宁波范氏的天一阁齐名的藏书楼，使得祁家的家族文化得到了极大的升华。

祁彪佳，字幼文，又字弘吉，号世培，别号远山主人，寓山居士。祁彪佳为祁承㸁第四子。祁彪佳"生有奇征，肌理如玉"[1]。自幼聪敏绝伦，六岁时读书"旬日即能背诵古帝王名，诵如贯珠"[2]。十二岁时与诸兄读书密园，"朝夕相砥砺如成人"[3]。万历四十六年春，十七岁的祁彪佳赴童子试，县试主考阅其卷击节赞赏，得县试第一。祁彪佳生性旷达，十八岁参加会试，落第，"任天如赤子，举乡不知喜，下第亦不知闷"[4]。

天启二年（1622），祁彪佳二十岁，中进士，次年任福建兴化府推官，自此走上仕途。天启四年（1624），祁彪佳携商景兰赴任，时年仅二十二岁。初到任上，僚属士绅因其少年得志，以为其为人定是恃才傲物；而豪滑弄文之辈则又因其年少未经世事，欲欺瞒。结果会面始知祁彪佳性格"温然似玉，相对如坐春风"，然处理公务则"无不洞若观火，老吏所不能过"[5]，众人无不惊服。可见祁彪佳虽然年少，却很有政治才能和实干精神。崇祯元年（1628），祁彪佳因父丧归家守制。

崇祯四年（1631），祁彪佳考授福建道御史。崇祯五年（1632），祁

---

[1] （明）王思任：《祁忠惠公年谱》，载（明）祁彪佳《祁彪佳日记》，浙江古籍出版社2016年版，第846页。

[2] （明）王思任：《祁忠惠公年谱》，载（明）祁彪佳《祁彪佳日记》，浙江古籍出版社2016年版，第847页。

[3] （明）王思任：《祁忠惠公年谱》，载（明）祁彪佳《祁彪佳日记》，浙江古籍出版社2016年版，第848页。

[4] （明）王思任：《祁忠惠公年谱》，载（明）祁彪佳《祁彪佳日记》，浙江古籍出版社2016年版，第849页。

[5] （明）王思任：《祁忠惠公年谱》，载（明）祁彪佳《祁彪佳日记》，浙江古籍出版社2016年版，第852页。

彪佳得旨履职西台（即按察院）。在任期间，他不断上书朝廷，针砭时弊，犯颜直谏。因其在地方任职多年，了解民间疾苦，故写下《陈民间十四大苦疏》痛陈民间疾苦，揭露明末弊政。在《合筹天下全局疏》中直言，"今天下苍生苦盗，而苦兵殆不减乎盗"①，深刻地揭露了明末社会矛盾的一个重要方面。崇祯六年（1633），祁彪佳代巡按苏松，清理积案，多年积案数语剖决，显示了极强的行政能力。祁彪佳在苏松巡按任上时间并不长，崇祯八年（1635）即以病辞官回乡，但其政绩和声望都很高，"三吴贤者文公震孟等谓先生巡吴为国朝二百年所仅见"②。然因得罪巨室，受官场排挤。又因江南地区赋税过重，祁彪佳屡屡上书请求豁免或减缓而触怒了崇祯皇帝。江南地区连年受灾，豪强之家不体民生艰难，屡生是非，激起民变。作为地方官员的祁彪佳左支右绌，艰难支撑，但还是受到朝廷的降俸处分。他心灰意冷，萌生归念，崇祯八年以病辞官。

其后九年，祁彪佳赋闲在家。归家之后，他杜门谢俗事，与诸兄编辑祁承爜文集，刊行于世。营造寓山别墅，以为终隐之处。祁彪佳最重要的著作都写作于此时，如《寓山注》《远山堂曲品》《远山堂剧品》《越中园亭记》等。在乡期间，因绍兴地区连遭灾害，他积极参与救荒赈灾活动，手订设粥场法、给米法，自己出资设药局。可以看出，虽闲居于乡，祁彪佳依然以救世济民为己任。

崇祯十五年（1642），祁彪佳再度奉诏出任河南道监察御史，任职之后他连上三疏，皆切中时弊，为小人所忌。崇祯十六年（1643）再次乞休，未获允许，便道还家。

崇祯十七年（1644）春三月，崇祯皇帝自缢煤山，福王即位南京，成立南明政权。于国家危难之际，祁彪佳出任大理寺丞，旋擢右都御史，再转苏松督抚。祁彪佳日夜穿梭于各地，会见官员，招募兵勇，布置江防，安抚难民。然南明小朝廷在风雨飘摇之际依然是钩心斗角、相互倾

---

① （明）祁彪佳：《祁彪佳集》，中华书局1960年版，第12页。
② （明）王思任：《祁忠惠公年谱》，载（明）祁彪佳《祁彪佳日记》，浙江古籍出版社2016年版，第866页。

轧。祁彪佳在马世英等人排挤之下，于崇祯十七年（1644）十二月再次以病乞归，归乡之时，"将士号泣送先生"①。

南明弘光元年（1645）五月，清兵南下，攻下南京。六月福王被俘，潞王监国杭州。清兵入杭，兵临绍兴，清廷以书币礼聘祁彪佳，祁彪佳绝食三日后，于闰六月六日夜半自沉于寓园水塘。

祁氏家族从祁清始进入士绅阶层，成为越中望族，几乎隔代即有进士，到祁承㸁、祁彪佳父子，在政治、文化两方面都达到顶峰，与祁氏家族良好的家风传承密不可分。

梅市祁家从第七代祁清开始，由爱书而聚书，形成了书香传家的传统。历经几代人的努力，到祁承㸁的澹生堂、祁彪佳的八求楼、祁理孙的奕庆藏书楼，祁氏成为浙东著名的藏书之家，亦是读书之家，书香代代相传。"万卷藏书宜子弟，十年种木长风烟"②，正是这种文化的积累和熏陶，使得祁氏家族满门才俊，人才辈出。

张宗泰在《三跋澹生堂藏书约》中记载："祁氏之在明季，门材最盛"，"诗书之泽长矣"。③《两浙輶轩录》记载："梅市祁忠敏一门，为才子之薮，忠敏群从，则骏佳、豸佳、熊佳。公子则班孙、理孙、鸿孙、公孙、辉征。才女则商夫人以下，子妇楚缨、赵璧、女卞容、湘君。阖门内外，隔绝人事，以吟咏相尚，青衣、家婢无不能诗，越中传为美谈云。"④

在祁彪佳自沉之后，祁理孙、祁班孙绝意仕进，以读书事母为任。明亡后，祁氏兄弟参与魏耕通海案，以图反清复明，案发后祁班孙远放宁古塔，祁理孙则闭门却扫，守制尽礼，读书赋诗，念经诵佛。祁理孙承父祖之志，酷爱读书，往往手不释卷，如遇善本，尤加意校雠。祁理

---

① （明）王思任：《祁忠惠公年谱》，载（明）祁彪佳《祁彪佳日记》，浙江古籍出版社2016年版，第889页。

② （宋）黄庭坚：《郭明甫作西斋于颍尾请予赋诗二首其一》，载任渊、史容、史季温注《山谷诗集注》，上海古籍出版社2003年版，第543页。

③ （明）祁承㸁、孙庆增：《澹生堂藏书约　藏书纪要》，上海古籍出版社1957年版，第29页。

④ （清）阮元：《两浙輶轩录》，浙江古籍出版社2012年版，第242页。

孙建奕庆藏书楼，卖田购书，收书四万卷。至祁理孙，祁家藏书达最盛之时。祁理孙有《奕庆藏书楼书目》6册，后世评价甚高。另有《诗学内传》6卷，《寓山诗稿》1卷，《藏书楼诗稿》1卷。

祁班孙因通海案流放宁古塔，在流放地筑藏书楼"漠北书斋"。后遁回江南，落发为僧。祁班孙工于诗，有《紫芝轩集》《自怡堂集》等。

商景兰在丈夫去世之后，没有沉浸于痛苦中不能自拔，而是带领三女二媳进行诗词创作，形成了一个盛极一时的女性文学团体，开创了有清一代才女闺媛聚会联吟的风气。朱彝尊在《静志居诗话》中记载了以商景兰为中心的祁氏女性诗人的活动盛况：

> （祁）公怀沙日，夫人年仅四十有二。教其二子理孙、班孙，三女德渊、德琼、德茝及子妇张德蕙、朱德蓉。葡萄之树，芍药之花，题咏几遍。经梅市者，望若十二瑶台焉。①

事实上，祁氏家族早就有对女性进行文化教育的传统。祁承㸁在《先考文林郎直隶苏州府长洲县知县秋宇君暨先妣沈孺人行实》中记载：

> 母少育于外母家郑，郑为剡中望族，我母生数岁即孝惠顺贞，有令德。郑翁尤爱之，每口授女史孝经，辄通大义。②

祁承㸁的母亲沈孺人在丈夫去世之后，严格督促儿子学习，"时不肖已遣就外传，然夜归必荧荧篝灯，操女红以课读，至夜分乃止"③。在母亲的严格督促下，祁承㸁与弟弟祁承勋皆有成就。沈孺人不仅重视儿子

---

① （清）朱彝尊：《静志居诗话》，人民文学出版社1990年版，第727页。
② （明）祁承㸁：《先考文林郎直隶苏州府长洲县知县秋宇君暨先妣沈孺人行实》，载《澹生堂集》四册，国家图书馆出版社2012年版，第99页。
③ （明）祁承㸁：《先考文林郎直隶苏州府长洲县知县秋宇君暨先妣沈孺人行实》，载《澹生堂集》四册，国家图书馆出版社2012年版，第106页。

的教育,对女儿的教育也不放松。祁承㸁的妹妹嫁给商周祚的堂弟商周礼为妻,早寡。祁彪佳在《商节妇传》中记载:

(商节妇)生而颖慧,庄静有仪,亲女红,工巧绝伦。太恭人口授《女则》,覆之辄能默记,稍长,于书史皆成诵。①

可见,母教在祁家是有传统的。

祁氏家族能在经历了国破家亡的巨大打击后,依然傲然挺立、书香不断,正是因为拥有数代积累的深厚文化传统。

祁家从第四代进入仕途,一直到第十代祁彪佳,官位并不高,但政绩和声望都不错,尤其到了祁彪佳,声望远超先祖,殉节之后,更是为后人尊崇有加,这也与祁家忠敏传家的家风紧密相关。祁彪佳的五世祖祁司员"有异政,为名御史,出守池州,士民颂神明,建生祠"②。七世祖祁清"直谏显名"③。父祁承㸁"所至有惠政"④。祁家代代相传的为官之道,是以儒家的伦理道德为基石,以勤勉为官、忠诚为国作为家族精神的。

祁彪佳初入仕途,曾向父亲请教为官之道,祁承㸁"仍示持身养心,别无一语"⑤。他人不解,问其故。祁承㸁说"子知吾越之教浮者乎?掖之以物,则终其身不能自济。忽置之中流,须臾竭力而善浮矣。吏事多端,焉能一一诲之?吾第置之宦途中流,不数年而能成吏矣"⑥。时人不

---

① (明)祁彪佳:《商节妇传》,《远山堂文稿》,清初祁氏启元社抄本。
② (明)王思任:《祁忠惠公年谱》,载(明)祁彪佳《祁彪佳日记》,浙江古籍出版社2016年版,第845页。
③ (明)王思任:《祁忠惠公年谱》,载(明)祁彪佳《祁彪佳日记》,浙江古籍出版社2016年版,第845页。
④ (明)王思任:《祁忠惠公年谱》,载(明)祁彪佳《祁彪佳日记》,浙江古籍出版社2016年版,第845页。
⑤ (明)王思任:《祁忠惠公年谱》,载(明)祁彪佳《祁彪佳日记》,浙江古籍出版社2016年版,第850页。
⑥ (明)王思任:《祁忠惠公年谱》,载(明)祁彪佳《祁彪佳日记》,浙江古籍出版社2016年版,第851页。

知祁承㸁之深心，以为他不善教子。祁彪佳至兴化履职一月，即有神明仁爱之声，众人才知祁承㸁之"善知子，善教子"。教子之道，身教胜于言传，祁氏家族的文化传统已深深地影响了后代子孙，因而在处理各种问题之时，他们既有实际的政治才干，也有把握大局的能力与智慧。

第二章　鸾凤和鸣的幸福生活

第一节　闺中生涯
——静窗——翻书史

明万历三十三年（1605），商景兰出生。商景兰为商周祚第三女①，其妹名商景徽。因商景兰、商景徽姐妹最有才名，被称为伯仲商夫人，故后误传商景兰为商周祚长女。

对于传统女性来说，待字闺中的日子应是人生中最无忧无虑的时光了。商周祚一生仕途基本顺遂，家庭的物质生活丰厚优裕。商周祚雅好园林，在西施山建质园。祁彪佳在《越中园亭记》中记录了商家园林胜景：

> 土城山，相传为越王教西施、郑旦歌舞处，俗呼为西施山。出都泗门，平田中小阜隆起，一水回环，四山拱揖。外父大司马构园其上。搜剔奇石，有如云如浪者，因以云根、营浪名之。中有具美斋、清映轩与闲阁、响屟亭，层折逶迤，居然大雅。②

崇祯十一年（1638）商周祚辞官回乡后，又建咏雏堂，亦有花木

---

① （明）王思任：《祁忠惠公年谱》，载（明）祁彪佳《祁彪佳日记》，浙江古籍出版社2016年版，第847页："为先生聘冢宰商公等轩第三女。"

② （明）祁彪佳：《祁彪佳集》，中华书局1960年版，第205页。

亭台之胜：

> 外父等轩翁，自大司马告养归，于第宅后构此以奉太夫人地，堂名咏雏，将母之念深哉。堂之旁精舍三楹，附以弦舫小阁，后为东大池，渟泓数顷，足以临流选胜。听松轩、锁云亭居其东，皆以长廊贯之。不特栏槛精工，户牖轩爽，即一花一石，无不妙有位置。①

家庭园林的兴建，不仅仅为了家族成员的游玩享乐，也给家族成员提供了读书、课子、雅集的场所，特别是对于难得迈出家门的女性成员来说，家庭园林的亭台竹木胜景让她们受到美的熏陶，更给她们提供了创作的素材和唱和的空间。

商家世代书香，家庭的文化氛围非常浓厚。祁彪佳在《越中园亭记·读书台》中记载："明洲商先生致政归，筑台与宅后。手不释卷，有诗集行世。台前植五松，皆天目善本。"② 商景徽有诗句回忆闺中时的情景："当年绣户集群仙，一旦纷飞罢管弦"③，可以想见商家姐妹未嫁之时闺中弹琴联吟的热闹场面，也可以推测商家女子自幼受到了比较全面的文化艺术教育。正是在这样的环境中，商景兰受到文学艺术的熏陶，成为一个工诗善画的才女，为她后来的诗歌创作和子女教育打下了坚实的基础，也为她在婚姻生活中与丈夫琴瑟和谐、情趣相通奠定了良好的基础。

商景兰在晚年时作《烛影摇红·咏雏堂忆旧》，也充满深情地回忆闺中生涯：

> 春入华堂，玉阶草色重重暗。寒波一片映阑干，望处如银汉。风动花枝深浅。忽思量，时光如箭。歌声撩乱。环佩叮当，

---

① （明）祁彪佳：《祁彪佳集》，中华书局1960年版，第184页。
② （明）祁彪佳：《祁彪佳集》，中华书局1960年版，第194页。
③ （清）商景徽：《雨集承雏堂》，载阮元《两浙輶轩录》卷40，浙江书局，光绪十六年刻本。

繁华未断。　　游赏池台，沧桑顷刻风云换。中宵笳角恼人肠，泣向庭闱远。何处堪留顾盼。更可怜，子规啼遍。满壁图书，一枝残蜡，几声长叹。①

当年的咏雏堂是热闹繁华的，春满华堂，草侵玉阶，池水澄澈，花枝摇曳。青春少女的曼妙歌声和环佩叮当，更使得园林增色，生机勃勃。更让她怀念的是那"满壁图书"的文化氛围和生活。只可惜，经历了沧桑巨变之后，再回忆逝去的幸福时光，只能是几声长叹。

由于现有的文献很少，我们很难详细地了解商景兰闺中生活的情景，只能从她的诗词中了解和体会她的生活和情感。商景兰现存的诗词无法确切地区分其创作时间，我们也只能根据其内容、心态和意境大致确定其创作时间。

《偶作》应是她少女时代诗书生涯的写照：

数种秋花带露娇，美人十五学吹箫。
静窗一一翻书史，空令幽怀转寂寥。

带露的秋花如同豆蔻年华的少女一样美好娇嫩。赏花、吹箫、读书，闺中少女的生活轻松又清雅。

优裕的家庭，幽美的环境，悠闲的生活，使得少女时代的商景兰得以终日赏花读书、抚琴赋诗，因而她少女时代的诗歌多以写景咏物为主。在她的笔下，最常出现的就是娇艳的花朵和娇羞的美人。《咏石榴花》："榴花如日照帘栊，小小枝头一派红。佳人刺绣罗裙上，添得幽香斗晚风。"火红的石榴花和娇俏的佳人相映相衬，相得益彰。少女的天真烂漫显露无遗。《美人春睡》："倦落银钿七宝床，流苏帐暖麝兰香。花魂颠倒

---

① （清）商景兰：《锦囊集》，载（明）祁彪佳《祁彪佳集》附录，中华书局1960年版，第288页。文中祁氏家族女性诗文俱见《祁彪佳集》附录，后不再一一注出。

方无主,最苦鸡声促晓光。"豪华的闺房,贪睡的美人,虽然为"鸡声促晓光"所苦,恰恰写出了富贵家庭中少女活泼快乐的娇情憨态。

商景兰少女时期的诗词,轻灵明快,虽然也会写到愁怨,却往往给人以"为赋新词强说愁"的味道。如《采茉莉》:"晚妆初罢下朱楼,无数春光不暂留。缓步中庭数花朵,一天明月照人愁。"虽有对春光流逝的不舍,但精心的装扮,悠闲地赏花,无不显露出生活的优裕和悠闲。再如《夜坐》:

夏雨初晴后,长空万里天。
花香分玉佩,月色到金钿。
风细轻罗薄,云深翠鬓妍。
博山灰寸寸,顾影自生怜。

夏日雨后,夜空澄净,花香浓郁,月光似水,景色幽美宁静。而夜色中一袭轻衫、满头乌发的青春女子却在袅袅的香烟中"顾影自生怜"。这个"怜",既有为赋新词强说愁的少年习气,也有少女情怀的萌动和对未来爱情婚姻的憧憬。望着炉中的香一点点变成灰,使少女产生了对青春年华流逝的不舍。对自己青春容貌的怜惜,正是少女内心跃动春情的曲折描写。

商家的文化氛围浓郁,除了商景兰之外,商家的女性大多都具备良好的文化修养。商景兰之妹商景徽,字嗣音,有《咏雏堂诗草》,与"女兄祁忠敏夫人俱以闺秀为越郡领袖"[①],"近世能诗家呼为伯仲商夫人"[②]。商景徽嫁上虞徐咸清。徐家亦为书香世家,徐咸清"生而慧,一岁识字,五岁通一经。甫蓄发即能以官监生应乡举,入场有文章名"[③]。商景徽在

[①] (清)毛奇龄:《西河词话》,《四库全书》1494 册,台北:台湾商务印书馆 1986 年版,第 563 页下。

[②] (清)毛奇龄:《西河集》,《四库全书》1321 册,台北:台湾商务印书馆 1986 年版,第 12 页下。

[③] (清)毛奇龄:《西河集》,《四库全书》1321 册,台北:台湾商务印书馆 1986 年版,第 12 页下。

明亡之后与夫偕隐，年逾八十尤读书吟诗不辍，可见家庭文化传统影响之深远。这种家庭文化传统在商景兰、商景徽之后依然在延续。商景兰的女儿祁德茝、商景徽的女儿徐昭华都为越中著名的女性诗人，除了父氏家族的影响，家族传统通过母教亦在传承。

除商景兰、商景徽姐妹之外，商氏家族还出现了三位女性诗人：商采、商采云、商可。

商采，字云衣，为商景兰侄女。有《散花吟》《花间草》《绿窗草》，都未能流传。《闺秀诗话》辑其《落花》诗四首。商景兰去世之后，徐昭华与商采联合，希望能再现祁氏家族女性诗人角韵赋诗的盛况，可惜商采早亡。

商采云与商可都为会稽商氏家族的女性诗人，应为商景兰族人。《闺秀诗话》记载商采云为知府商盘祖姑，有《塞上》诗，《闺秀诗话》评其诗："高响遏云，女子中龙标、供奉也。"[①] 商可[②]，字长白，为商盘之女，未嫁而亡，其父编其遗诗为《昙花一现集》，现不存。《闺秀诗话》辑其诗《垂帘作》：

> 坐向绿阴里，垂帘昼似年。
> 莺声催午课，花气拥春眠。
> 问母寻眉谱，随兄治砚田。
> 潜心看《内则》，抄得两三篇。

---

① （清）雷瑨、雷瑊：《闺秀诗话》，载王英志主编《清代闺秀诗话丛刊》，凤凰出版社2010年版，第958页。

② 台湾"中央"大学历史研究所谢爱珠的硕士学位论文《贤媛之冠——商景兰研究》将商采与商可误为商景兰的侄女。南京师范大学李贵连的硕士学位论文《明末清初山阴祁氏家族女性文学研究》、董雁《女性的抒写与企望——商景兰的文学活动与女性意识》（《西北农林科技大学学报》2010年第6期）等都采用了此说法。雷瑨、雷瑊《闺秀诗话》明确记载商采云为商盘祖姑，商可为商盘之女。袁枚《随园诗话》与胡文楷《历代妇女著作考》都明确记载商可为商盘之女。商盘生于1701年，其女不可能为商景兰之侄女。商盘为会稽人，应与商景兰为同族。

从中可以看出，商氏家族浓郁的文化氛围和儒家文化对他们深刻的影响，也可以从中推知商氏女性闺中生活的情境。

第二节 新婚生活
——修到人间才子妇

万历三十八年（1610），祁承㸁为祁彪佳聘定商周祚三女商景兰。万历四十八年（1620），商景兰与祁彪佳成婚，商景兰时年虚岁十六，祁彪佳虚岁十九。

二人都出身于书香仕宦之家，可谓门当户对。更主要的是年龄相似，才貌相配。商家姐妹素以聪慧美貌著名，商景徽尤为出色。毛奇龄《西河集》中记载："天台老尼从万年来，遥望见夫人，合掌曰：此妙色身如来也，莲花化生，相好光明。"[1] 沈善宝在《名媛诗话》中更是称道商景徽"年八十，容貌如二十许"[2]，虽然有过分夸张之嫌，但亦可知商景徽的美貌。商景兰虽然不如妹妹国色天香，但也美貌过人。祁彪佳自幼聪慧超群，十七岁即中浙江乡试举人，二十二岁中进士，少年得志，令人称羡。双方家庭又都是世代官宦，诗书传家，可谓才貌相当，门当户对，因而婚后生活幸福美满，让后世文人才媛思慕不已。朱彝尊在《静志居诗话》中记载："祁公美风采，夫人商亦有令仪，闺门唱和，乡党有金童玉女之目。"[3] 袁枚也在《随园诗话》中充满羡慕地追述："前朝山阴祁忠悯公彪佳，少年美姿容，夫人亦有国色，一时成为金童玉女。"[4] 商景兰与祁

---

[1] （清）毛奇龄：《西河集》，《四库全书》1321 册，台北：台湾商务印书馆 1986 年版，第 13 页上。

[2] （清）沈善宝：《名媛诗话》，载王英志主编《清代闺秀诗话丛刊》，凤凰出版社 2010 年版，第 350 页。

[3] （清）朱彝尊：《静志居诗话》，人民文学出版社 1990 年版，第 623 页。

[4] （清）袁枚：《随园诗话补遗》第 5 卷，载《随园诗话》，人民文学出版社 1982 年版，第 681 页。

彪佳相爱相知，共同度过了二十五年的幸福时光。

祁彪佳从容赴死之前深情回忆："自与贤妻结发之后，未尝有一恶语相加，即仰事俯育，莫不和蔼周详。如汝贤淑，真世所罕有也。"① 两人相爱之深由此可见。

商景兰和祁彪佳的新婚生活情景由于没有文献可以参考，我们无法知道详细情况，但亦可以想见，商景兰和祁彪佳的婚后生活应是轻松愉快的。祁家为官宦世家，家资丰厚，作为主妇的商景兰无须为生计操劳。身受传统思想影响的商景兰温柔贤淑，祁彪佳生性温和多情，小夫妻婚后极为相得。祁家与商家相似的文化氛围、夫妻间的恩爱和谐也使得商景兰能够快速地适应身份与生活的改变。更重要的是，在他们成婚之后，一系列喜事接连发生在这个小家庭中。商景兰和祁彪佳婚后第二年，即天启元年（1621），商景兰与祁彪佳的长子祁同孙出生，家族血脉得以延续。天启二年（1622），祁彪佳考中进士，走上仕途，对于这个官宦世家来说，家族的文化传统和仕宦传统都得以延续。

对于新婚夫妻来说，甜蜜的婚姻生活中，最大的痛苦就是离别了。天启元年祁承爜任职宿州，仲秋之时，祁彪佳赴宿州省亲，新婚夫妻第一次离别。同年冬天，祁彪佳赴京春试。天启二年春，祁彪佳应礼部试，中第三甲，在京等待授职。因授职期远，于当年冬日请假归家，小夫妻分别一年之久。天启三年（1623）冬，祁彪佳赴京谒选，授福建兴化推官，夫妻再次分别。天启四年（1624）正月，祁彪佳离京启程赴任，便道还家，夫妻得以团聚。

新婚的恩爱夫妻离别，使得商景兰内心十分痛苦。她的诗歌不再像少女时期那么无忧无虑、轻松活泼了。在她的诗歌中，更多的是抒发离别之苦，相思之痛。

执手丁宁话早还，莫教重起望夫山。

---

① （明）祁彪佳：《别妻室书》，转引自曹晔《祁彪佳遗书补遗》，《浙江档案》2019 年第 4 期。

不知闺阁深深泪，请验榴裙几许斑。

虽题为《代人送外》，但应是夫妻离别的真实写照。分别之时，恋恋不舍的妻子反复地叮嘱丈夫早早还家，莫要让终日凝望远方的妻子化为伫立山崖的望夫石。还没有分别，已在想象丈夫离家后思亲洒泪的情景。没有经历过离别的人，如何能写出这等语浅情深的诗句。

离别的时光，时时处处唤起商景兰的相思之情。

生查子·春日晚妆
无意整云钿，镜里双鸾去。百舌最无知，惯做深闺语。
梁燕恰双飞，春色归何处。妆罢拂罗裳，一阵梨花雨。

在闺中无忧无虑赏花抚琴、读书赋诗的少女已变成充满忧思的少妇。年轻美丽的少妇对镜无意梳妆，因为悦己者已经远离。无知无觉的百灵鸟在枝头呢喃细语，如深闺中的夫妻亲昵交谈。春天里，燕子成双，更引得沉浸于离别之痛的女子伤心不已，泪流如梨花带雨。

《更漏子·闺中四景词》借四季景物的描写，抒发了离别之后内心的孤独与痛苦。

更漏子·闺中四景词
其一　春
艳阳天，流水曲。处处莺啼柳绿。初睡足，晓妆迟。帘开燕子飞。　桃如火，梅如豆。添得玉颜消瘦。眉淡淡，鬓星星。王孙草正青。

前调　其二　夏
湘帘外，池水侧。双燕风前归急。移玉簟，弄霜纨。黄梅雨正翻。　薰风起，芙蓉乱。叶底鸳鸯寻伴。一队队，一双双。联翩宿野塘。

海棠春　其三　秋

西风萧瑟梧桐老。闻处处寒砧夜捣。罗袂拂霜轻，雾鬓侵云袅。　绿窗声送孤鸿早。纨扇上离愁多少。月下桂香浮，限煞秋光好。

前调　其四　冬

朔风剪出鹅毛片。柳絮与梅花相见。木落万山空，正大江如练。　红炉拨尽寒犹战。况夜夜玉壶添箭。耐得岁寒心，又苦桃花面。

商景兰还有《闺中四景歌》，亦是写四时景物：

闺中四景歌

春

春到长堤一水清，黄莺二月乱飞声。
桃花日底迎香远，杨柳风前斗叶轻。

夏

夹岸风回水殿凉，横波处处宿鸳鸯。
美人袖倚栏干畔，输却芙蓉一段香。

秋

霜落梧桐秋夜寒，半轮月影上栏干。
深闺似识嫦娥意，漫倚玲珑解佩看。

冬

闲卷珠帘对月光，寒梅数处吐幽香。
曲塘雁影千家冷，画阁筝声午夜长。

虽然这两组诗词都无法确定写作时间，但从诗词中抒发的情感来看，《闺中四景歌》应是早期作品。

女性的生活范围狭窄，感情细腻敏感，对于物候变化的感知更敏锐，心情也更容易受到外在景物变化的影响。在《闺中四景歌》中，春日的景色清新优美，无论是清澈的湖水、飞舞的黄莺，还是飘香的桃花、摇曳的垂柳，都带给人以勃勃的生机。冬去春来，带给闺中女子的是满心的欢喜。夏日里美人倚栏临水，凉风习习，芙蓉生香，鸳鸯双双。宁静中传递出情窦初开的女子对爱情的向往与憧憬。秋日里梧桐叶落，秋霜瑟瑟，深闺中的女子倚栏望月，"似识嫦娥意"。一个"似识"，写出了刚刚体验到爱情甜蜜，还没有经历离别痛苦的少妇，在想象中感受离别之痛时的独特体验。冬日里寒梅吐蕊，卷帘对月的少妇，望着曲塘雁影，听着午夜筝声，感受到了天气的寒冷，更渐渐感知了生命中的凉意。四季的变化，写出了商景兰心绪的变化。再不是那个"花魂颠倒方无主，最苦鸡声促晓光"的娇憨少女，也不再是那个"缓步中庭数落花，一天明月照人愁"的为赋新词强说愁的少女了，她已为人妻、为人母，开始承担起家庭的责任，初识了世事的沉重与拂逆，但是也可以看出，这时的商景兰毕竟还年轻，她还没有经历太多的伤心与坎坷，还没有真正经历痛苦与磨难，所以，虽然她已能体会嫦娥的孤独与痛苦，能感受到"曲塘雁影千家冷"，但诗中所抒发的情感依然是平和舒缓的。

与《闺中四景歌》相比较，《闺中四景词》的痛苦与孤独则更为深切。

春天里，依然是艳阳天，流水曲，依然是桃如火、梅如豆，但人却变得玉颜消瘦。夏日词中，作者没有写出女子的心理，却借女子之眼，将目光固定于在雨中急忙归家的双燕，芙蓉叶下双栖野塘的鸳鸯，这两个有特定含义的意象将女子内心的情感指向了一个明确的方向：内心的孤独与相思的苦涩。而在西风萧瑟梧桐老的秋日，作者直接写出了离别之痛："绿窗声送孤鸿早，纨扇上、离愁多少。"朔风刺骨、大雪纷飞的漫漫长夜，闺中少妇更体会到冬日的寒意："红炉拨尽寒犹战，况夜夜、玉壶添箭。"虽然她坚信自己对爱情的坚贞，但美丽的容颜在孤独中渐渐老去依然让她伤心。此时的商景兰已经是经历了漫长的离别、深深地体会到了相思之苦的成熟女性,对生命的体验更加深刻与丰富了。

在漫长的离别中,感受最深刻的是与所爱之人分别的痛苦。她在诗词中反复地抒发着离别相思之感:"梦到相思地,难诉相思意。夜雨渡芭蕉,怀人在此宵"(《菩萨蛮·代人忆外》),"长相思,久离别,为谁憔悴凭谁说?"(《捣练子·夜坐》)"星也愁,月也愁,不耐孤衾拥碧秋,离怀未肯休"(《长相思·代人作其二》)。

商景兰还有一组《长相思》,亦是抒发离别之后的相思之情。

长相思·即事

其一

水绕溪,花满堤,鹦鹉声高柳烟迷,愁多恨鸟啼。
香霏霏,泪凄凄,坐看西山虹影低,诗成雪乱飞。

其二

花影圆,月正妍,隔林啼鸟夜声传,相看情倍牵。
整翠钿,拂朱弦,熏尽罗帏未肯眠,庭前霜满天。

长相思·春景

芳草齐,鹧鸪啼,满院花光傍竹篱,行行日已西。
柳条长,宝马嘶,问尔王孙归未归?楼高望转迟。

春暖花开、月圆花好之时,有良辰,有美景,只是没有赏心乐事,有的只是年轻妻子满怀的离愁相思。溪水曲流,花香满堤,满怀的心事如同如烟的春柳,剪不断,理还乱。鹦鹉高歌更惹动她内心深深的伤痛。泪眼望西山,虹影如桥,却不见归家之人。诗成情难传,只能是撕成碎片,任其飘散如雪。月圆人难圆,香已燃尽人却无眠。芳草萋萋,鹧鸪啼鸣,日色已迟,团圆难期。"柳条长,宝马嘶",写出了记忆中执手相看泪眼、依依不舍的离别场景。情感越深，相思越浓，一声"问尔王孙归未归"，凄然遥问远行游子，写出了为相思之苦所煎熬的少妇内心无尽的幽怨。

对于当时的女性来说，家庭是生活的全部，特别是此时的商景兰，刚刚从一个无忧无虑的深闺少女，变为妻子、母亲。离开了自己熟悉的家庭、宠爱自己的父母，来到一个新的家庭，承担为人媳、为人妻、为人母的责任，心理上的压力应该是很大的。对她来说，精神上的最大依靠，就是丈夫祁彪佳了。与丈夫的分别，一定会让她备感孤独与寂寞。更何况她与祁彪佳恩爱情笃，又在新婚不久，相思之情就更加苦涩了。

此时的祁彪佳，正是年少得志、奋发有为之时。赴京赶考，科举得意，即将踏入仕途，这个时间段的男性心中占主要地位的是事业，儿女情长不是他们生活的重心，但是，作为深爱妻子的丈夫，在祁彪佳内心深处，对于远在家乡的妻子，也是埋藏着深深的思念。在祁彪佳的诗词中，有一组诗可以让我们看到这个年轻丈夫内心隐秘的情感：

拟古艳诗五首

其一

小鬟初嫁展妆台，半褶榴裙窄样裁。
犹恐菱花照不尽，玉钗乍插转徘徊。

其二

分明入梦转无聊，蕊暗银瓶懒去挑。
为爱双眉黛不损，重留半曲待郎描。

其三

为道思郎意转痴，郎来重复系相思。
合欢未解先愁尽，频问重来在几时？

其四
堕鬟才上燕钗新，消息今春似去春。
可惜妾身如路柳，年年攀折送行人。

其五
尽日飞花春醉余，东风寂寂锁离居。
美人一赋琴台夜，闷煞当年女校书。

此诗应写于天启四年（1624）春，祁彪佳赴京谒选期间。① 祁彪佳于天启三年（1623）秋离家赴京，天启四年正月赴任，途中归家。从万历四十八年（1620）商景兰与祁彪佳成婚到天启四年春，四年的时间中，祁彪佳因探望父亲、赴考、待选，三次离家，每次离家短亦有数月，长则一年多。离别对于商景兰来说是非常痛苦的，对于年轻的丈夫祁彪佳来说，也是难以忍受的。这组拟古艳体诗，就写出了祁彪佳对妻子深深的思念之情。

第一首诗描绘了新嫁娘梳妆时的形貌。"半褶榴裙窄样裁"，写出了新嫁娘轻盈美丽的身姿，而"犹恐菱花照不尽，玉钗乍插转徘徊"则写出了新娘子娇羞又忐忑的情态。字里行间，流露出观看新嫁娘的人也就是新郎对新婚妻子的欣赏与爱怜。此时此刻，离家在外的祁彪佳应该是在思念中回忆，在回忆中抒发相思之情。

第二首是记梦。先写梦醒后的寂寞无聊，灯蕊结花，灯火暗淡，但梦醒之后却懒得挑去灯花，因为思绪还沉浸在美好的梦境中：美丽的妻子等待着丈夫为自己画眉，妻子的娇俏映射出的闺房乐趣让他沉浸在甜

---

① （明）祁彪佳著，赵素文笺校：《祁彪佳诗词编年笺校》，浙江古籍出版社2016年版，第13页。赵素文认为，此诗当作于天启二年春，祁彪佳举进士在京候铨之时。据《祁忠敏公年谱》记载，祁彪佳天启二年考中进士后，因待选时长，于天启二年冬归乡。天启三年冬再次赴京待选，授福建兴化推官。天启四年春赴任途中归家。从此诗其四"消息今春似去春"，应为今春如去春一样不能团聚，因此当为天启四年所作。

蜜的回忆之中，相思之情跃然纸上。

第三首则是代妻子抒情。"频问重来在几时"，刚刚团聚，即恐分别。思念之深，相思之苦，由此可见。

第四首依然是从女子的角度来抒发情感。梳妆已毕，消息传来，今年春日依然如去年一样，所期盼之人仍然不能归来。"可惜妾身如路柳，年年攀折送行人"，既写出了女子内心的幽怨，又写出了丈夫的无奈与愧疚。

第五首写想象中的情景。春意浓浓，落英纷飞，而深闺中的妻子却寂寞独居，"美人一赋琴台夜，闷煞当年女校书"，赞美之词亦是爱慕相思之词。

从这组词我们可以看出，与商景兰一样，祁彪佳也是饱受相思之苦的折磨与煎熬。正如李清照所说："一种相思，两处闲愁。"

第三节　随宦福建
——而今小别如天际

在中国古代社会，男子外出谋生而将妻子留在家中的情景十分常见，一般是因为经济原因或有父母需要侍奉等原因，但更重要的原因是大多数夫妻是奉父母之命成婚，夫妻感情不深，相依相守的情感需求并不强烈。商景兰和祁彪佳恰恰相反，他们在成婚之后，大部分时间是相守在一起。即使有时因祁彪佳宦游他乡不得不夫妻分离，祁彪佳也会在条件允许的情况下尽快将妻子接到身边。

天启四年（1624）正月，祁彪佳以新进士补福建兴化府推官，随即离京到福建赴任，途中归家，二月携商景兰赴兴化任职。从天启四年到崇祯元年（1628）祁承爜去世，祁彪佳归家守丧。祁彪佳在福建任职四年多。这四年中商景兰是否一直在福建陪伴祁彪佳，现无法确知，但从现有资料可知，天启五年（1625）祁彪佳之母王太夫人入闽暂住，至天启六年（1626）秋才回到家乡山阴。天启六年祁彪佳与商景兰的长女祁德渊出生，天启七年（1627）次子祁理孙出生，由此推测，祁彪佳在福建任职期间，商景兰应基本都在他身边。崇祯元年（1628）十一月一日祁承㸁在家乡去世，是月二十二日祁彪佳得讣闻，次日匆匆踏上归乡之路，夫妻暂别。

虽然商景兰随宦在闽，祁彪佳却因公务不得不经常出行，恩爱夫妻亦常常分离，虽然时间都不会太长，但祁彪佳还是非常思念妻子。祁彪佳有四首《有所思》，表达了对妻子的思念之情：

其一
草色闲阶日影移，深深帘幕对花垂。
莫教燕子传消息，飞来飞去无定期。

其二
柳如春水杏如霞，笑语遥闻第几家。
忽忆闺中深寂寞，几多春色上窗纱。

其三
记得投壶博弈时，递言递笑鬓儿敧。
而今小别如天际，梦里长吟彼美诗。

其四
去时梅蕊带枝残，今日桃花开已阑。
岂是梦牵无好睡，夜来尤自觉春寒。[1]

---

[1] （明）祁彪佳著，赵素文笺校：《祁彪佳诗词编年笺校》，浙江古籍出版社2016年版，第63页。

祁彪佳用乐府古题来写自己对妻子的思念，言浅意浓。第一首诗描写深闺春景。用闲看日影移动的动作和帘幕深垂的幽闭环境写出了深闺中思妇内心的寂寞，再写自己忙于公务无法自主的愧疚之感，思念之情油然而生。其二则以春日美景起兴，想象着春光中妻子的寂寞，对妻子充满了担忧。第三首回忆了与妻子在一起时投壶博弈的快乐，直接抒发了小别即相思的深情。第四首则感慨分别之久。从梅蕊将残到桃花飘零也就是一个多月的时光，但在相爱之人的心中，却是那么漫长。而桃花飘零之际，已是春暖之时，但在作者的心中，独眠的夜晚依然是春寒料峭。祁彪佳少年得志，很早就进入官场，处理公务往往被人称赞老吏不如，此时商景兰与祁彪佳成婚已有八年，而此诗却写得热情似火，犹如热恋中人。可见其对妻子深厚的情感。从另一个方面来说，也说明商景兰作为妻子，确有其他女子难以企及的魅力。这种魅力，必定不仅仅来源于容貌，更多的是来源于心灵上的契合与精神上的依恋。

芝城道中寄内

其一

初别卿时暑未收，西风一叶又清秋。

莫看明月惊乌鹊，夜夜须添衾与裯。

其二

方才涉水又登山，涉水登山行路难。

但愿新秋余一枕，卷书杯酒暂安闲。①

此诗作于天启七年。赵素文笺校《祁彪佳诗词编年笺校》认为此时商景兰应在闽，诗为祁彪佳巡行外出时所作。第一首写与妻相别尚是

---

① （明）祁彪佳著，赵素文笺校：《祁彪佳诗词编年笺校》，浙江古籍出版社2016年版，第64页。

夏日，此时已是西风渐凉的清秋时节，殷殷嘱咐妻子须添衾裯以抵御风寒。其二写巡行之苦，期盼能早日归家。诗歌用语平淡，犹如家常，但情感真挚，流露自然。新婚时的激情渐渐淡去，但夫妻间的关切体贴灼然可见。

从现存的商景兰的诗词内容来看，她的诗词有少部分是写于婚前和新婚前几年，大部分是写于祁彪佳去世之后。究其原因，应该是婚后生活中，商景兰主要的精力用于抚养儿女，诗词创作基本处于停滞状态。赴闽之时，商景兰的长子祁同孙只有三岁，天启六年（1626）、天启七年（1627）长女祁德渊与次子祁理孙接连出生。从商景兰现存的诗词来看，并无闽中之作。在明清女性创作生涯中这是经常可见的状态。沈善宝在《名媛诗话》中记载其母吴浣素"天资敏悟，凡为诗词书札，挥笔立成，不假思索"①，但婚后却因"家务纷纭，无意为诗"。她还借姨母无鬘云之口感慨："欲作雅人，必须终身在室。近日偶得一二句，思欲足成，辄为俗事败兴。"② 祁家家庭条件优裕，不似沈家经济条件之窘迫，无须亲操井臼，但仍少不了相夫教子、侍奉婆母，可知商景兰日常生活的忙碌与操劳，放弃了诗词创作也是非常正常之事。

崇祯元年（1628）十一月初一，祁承爜去世，讣闻到福建已是二十二日。祁彪佳闻讯痛绝，一昼夜间不食不语，亦不能哭。次日即启程归家奔丧。祁彪佳有《雨夜宿上塘馆舍》二首，应是奔丧途中所作③：

其一
滴碎空阶天未明，残灯黯黯听鸡声。
独眠孤馆寒无梦，数点烟山送客情。

---

① （清）沈善宝：《名媛诗话》卷5，载王英志主编《清代闺秀诗话丛刊》，凤凰出版社2010年版，第448页。
② （清）沈善宝：《名媛诗话》卷5，载王英志主编《清代闺秀诗话丛刊》，凤凰出版社2010年版，第450页。
③ （明）祁彪佳著，赵素文笺校：《祁彪佳诗词编年笺校》，浙江古籍出版社2016年版，第74页。

其二

怨风愁雨岁将残，断岸横堤行路难。

剪烛家园谈此夕，应知不向雨中看。

虽然岁暮之时客居他乡，很容易让人感觉凄然，但上塘就在杭州，杭州有祁家别墅，并且距绍兴距离很近，一日即可还乡。从人类心理的角度来说，空间距离会对人的情绪产生影响：空间距离短，离别之情就会淡一些；空间距离长，离别之情就自然浓重一些。此时客居不应让外表温和而内心刚强的祁彪佳如此伤感。祁彪佳的痛苦与懊悔，主要是来自父亲突然亡故，临终之时又没能守护在父亲身边。接到讣闻后祁彪佳急速归家奔丧，离家越近，心中的痛苦越深，再归家乡，家中已无慈父。祁彪佳注重修身养性，诗歌风格平和冲淡而清刚内蕴，似此凄然孤苦之诗在其诗歌中较少，由此可以看出此时祁彪佳心境的痛苦和丧父后精神上的孤凄之感，这种痛苦与孤独只能是对相依相爱的妻子倾诉。"剪烛家园谈此夕"，委婉曲折地写出了祁彪佳对妻子的思念和精神上对妻子的依恋。

从崇祯元年（1628）十一月到崇祯四年（1631）二月，祁彪佳在家乡为父守丧。此段时间，他与商景兰的生活状态没有文献资料可考。

第四节　京中生活
——千里相聚喜月圆

崇祯四年二月，祁彪佳为父守制三年期满。当年五月，在亲友的催促之下，祁彪佳北上赴京候职，七月二十八日抵达京城，商景兰与丈夫再次分别。《祁彪佳日记》从其入京次日开始记录，详细地记载了他任官、会客、宴饮、听戏、联诗、读书、藏书、游园等活动，就医养病、书信往来，也都记载其中，也记载了一些商景兰的生活状况。

"祁彪佳是晚明社会的一面镜子"①,《祁彪佳日记》映射了晚明士大夫的政治际遇与心态。《祁彪佳日记》中对商景兰的生活状况的记录虽然简单,但也可以让我们借此了解商景兰及晚明女性家庭生活的情境。而《祁彪佳日记》中记录的他与家庭及妻子的关系亦可让我们更细致地了解他们的家庭生活状况和二人的情感状况。

祁彪佳在日记中记载了他到京城后与家中密切的联系:

(八月初六)是日作家报,附于包弁。②
(八月二十九)是日得家报,知老母健饭。③
(九月初十)灯下草家报数行。④
(十月初八)作书复姜光扬,因附夫家报数行。⑤
(十一月初九)诸友皆他出,意况殊寂,草家报数行。⑥
(十一月十五)得仲秋家报,知作报时老母方从武林礼大士归。⑦

从日记中可以看出,祁彪佳抵京之后,非常忙碌,但在三个多月的时间中,四次寄书回家,家中亦回两封书信。以当时的邮政条件,频率是非常高的了。虽然在日记中他没有直接写明书信是否是给妻子的,但从后面看他写给母亲和哥哥的书信,都直接写明收信之人,由此可以推测,这些家书的接收者就应该是妻子商景兰了。频繁的书信往来,可以看出夫妻之间的情感是非常深厚的。十一月二十九日,祁彪佳记载:"一

---

① 王家范:《祁彪佳:任期短促的苏松巡按》,《华北师范大学学报》2008年第6期。
② (明)祁彪佳:《祁彪佳日记》,浙江古籍出版社2016年版,第3页。
③ (明)祁彪佳:《祁彪佳日记》,浙江古籍出版社2016年版,第6页。
④ (明)祁彪佳:《祁彪佳日记》,浙江古籍出版社2016年版,第8页。
⑤ (明)祁彪佳:《祁彪佳日记》,浙江古籍出版社2016年版,第12页。
⑥ (明)祁彪佳:《祁彪佳日记》,浙江古籍出版社2016年版,第16页。
⑦ (明)祁彪佳:《祁彪佳日记》,浙江古籍出版社2016年版,第17页。

友人将有明珠之赠,以八行绝之。"① 祁彪佳虽然谢绝了友人赠送的明珠,却写了一首《明珠篇》:

> 千里缄尺素,赠子双明珠。
> 明珠非易得,市之碧眼胡。
> 月明沧海夜,鲛人泣欲枯。
> 似子别时泪,滴滴在罗襦。
> 似吾别时心,滚滚在征途。
> 双珠簪子鬓,光辉照流苏。
> 双珠系子臂,宛转耀氍毹。
> 结作同心带,良夜永欢娱。②

从诗歌的内容来看,这是一首赠内诗。以明珠起兴,表达对妻子深厚的情感,并以"结作同心带,良夜永欢娱"来表达自己对感情的坚守。

公事稍定,祁彪佳即刻准备接妻儿入京,他多次写家书,与妻子、母亲和两位兄长联系,筹划和禀告妻儿进京之事。祁彪佳此次进京,内心是有些矛盾的。父亲去世之时,他因为远在福建,未能见父亲最后一面,内心的痛苦和悔恨使他产生了对仕途的厌倦。所以在丁忧期满之后,在亲友的多次催促之下,才迟迟赴京。进京之后,他一方面多方筹谋,以求取授职;另一方面,却时时萌生请假归隐之意。闰十一月十三日日记中记载:"知乞假之事不可为。乃作家报,遣奴子归,欲取内子北上。"③十六日"作平安报于老母及两兄,促内子北上"。十三日作家书要妻子北上,三天之后就又作家书"促内子北上"。知乞假归家的要求没有得到批准,祁彪佳更为急切地期望商景兰早日赴京,夫妻可得团圆。在催促商

---

① (明)祁彪佳:《祁彪佳日记》,浙江古籍出版社2016年版,第20页。
② (明)祁彪佳著,赵素文笺校:《祁彪佳诗词编年笺校》,浙江古籍出版社2016年版,第204页。
③ (明)祁彪佳:《祁彪佳日记》,浙江古籍出版社2016年版,第22页。

景兰北上的同时，祁彪佳担心妻子路上会遇到阻碍，"灯下以内子所经郡邑，预备数刺具单于郑九华，防中途之尼也"①。为妻子北上做了妥帖的安排，可见其情感之深厚与体贴之细致。

在此期间，《祁彪佳日记》中还记录了一件趣事："予入冬以来竟夜多不寐，友人慰予，小玉自可频唤，何乃寞索若此？予漫应之，曰予非渔色者。且恐赋'从此萧郎是路人'句耳！"②当时的文人士大夫纳妾招妓亦为寻常事，因而友人劝祁彪佳"小玉可频唤"，不解他为何"寞索若此"，但祁彪佳以自己非渔色者而拒绝。传统中国有着悠久的女妓文化。从上古时期"恒舞于宫、酣歌于室"的女乐与承应宴饮祭祀的"女酒"，到唐宋时期教坊、北里的女妓，文人与女妓的交往很是密切。明代的青楼文化更为繁荣，可以说是青楼文化的鼎盛期。缙绅仕宦、文人墨客、士民商贾与青楼女妓酬唱交往甚至婚姻嫁娶都很频繁。在京之时，祁彪佳正当盛年，妻子不在身边，以青楼女子来解除精神上和肉体上的寂寞在当时是很正常的，但祁彪佳却断然拒绝。

崇祯五年（1632）正月初七《祁彪佳日记》中："子木疑予有买青衣之兴，戏以五言赠之，予复和，示蓄婢非予意也。"③诗曰：

李子木兄疑予有青衣之兴作诗赠予即韵解嘲
　　当日杨枝嫁，江州亦自嗟。
　　况无珠六斛，敢望髻双丫。
　　小小谁堪聘，红红未有家。
　　问予何所似，枯木对寒鸦。④

---

① （明）祁彪佳：《祁彪佳日记》，浙江古籍出版社2016年版，第22页。
② （明）祁彪佳：《祁彪佳日记》，浙江古籍出版社2016年版，第17页。
③ （明）祁彪佳：《祁彪佳日记》，浙江古籍出版社2016年版，第35页。
④ （明）祁彪佳著，赵素文笺校：《祁彪佳诗词编年笺校》，浙江古籍出版社2016年版，第212页。

纳妾对于官宦之家来说再正常不过了。祁彪佳说自己无六斛珠，因而不敢望双丫，所以只能是枯木对寒鸦。这自然是玩笑之词。对于朋友纳妾，祁彪佳却不反对。在《祁彪佳日记》中还有这么一段记载："初六日，走札李子木，大都言性本情根，本无有二，情根非撒手悬崖时不能断，亦不可断也，因劝其买一青衣，不妨游戏为之，何苦令春光笑人寂寂。"① 由此可见，祁彪佳与当时的仕宦文人一样，对于招妓纳妾并不反对，但自己就有所不为了。而他不肯招妓纳妾，则源于对妻子商景兰真挚深厚的情感与尊重。

在传统社会，婚姻是由父母之命、媒妁之言决定的，绝大多数青年男女结婚之前都无从相见，更不要说相互之间产生情感了，夫妻情感往往是要在婚后培养的。但在很多文人的婚姻中，男性往往受教育程度较高，而绝大多数女性则没有受过文化教育，男女双方差距过大，感情无法培养，婚姻就成了生儿育女、传宗接代的手段。对于女性来说，即便所适非偶，也只能认可命运的安排。对于很多男性而言，招妓和纳妾就成了弥补婚姻不满、感情缺失的主要方式。明代青楼文化发达，有些青楼女子受到较好的文学艺术教育，不仅能满足仕宦文人肉体上的需要，还可以给他们提供精神上的满足。在妻子身上无法获得的情感需求和精神需要，都可以在那些才貌双全的青楼女子身上找寻到。因而在明代，特别是晚明时期，仕宦文人与青楼女子的交往往往非常密切，将青楼女子当作红颜知己或纳入家门的也很多。而这种文人与青楼才女的结合，也往往被人当成佳话而传颂。祁彪佳与商景兰的婚姻虽然也是父母之命、媒妁之言，但幸运的是，他们的婚姻成为那个时代难得一见的美满婚姻。美国学者高彦颐在《闺塾师》一书中探讨了明清女性新的婚姻模式：伙伴式婚姻。她认为伙伴式的婚姻关系是"有知识的、琴瑟和谐的夫妻组合，他们相互间充满尊重和喜爱"②。段继红在其博士学位论文《清代女

---

① （明）祁彪佳：《祁彪佳日记》，浙江古籍出版社2016年版，第40页。
② [美]高彦颐：《闺塾师：明末清初江南的才女文化》，李志生译，江苏人民出版社2005年版，第179页。

诗人研究》中也说:"当有才识的女子嫁入夫家之后,夫妻关系因学识、修养以及爱好的相近而变得平等和谐,女子不再是男性的附庸,而是相互依赖,如同师友。他们之间通过文化上的契合获得了理解和沟通,诗词唱和,书画题赠,具有现代婚姻的进步元素。"① 虽然在目前留下的资料中我们没有找到商景兰和祁彪佳的诗词唱和,但从商景兰和祁彪佳留下的作品中可以看到,夫妻二人才貌相当,志趣相投,因而在婚后很快就建立了深厚的情感,彼此欣赏,彼此珍爱。商景兰固然同传统教育背景下成长起来的女性一样,对于家庭婚姻忠贞不二,而祁彪佳也同样珍惜这份志同道合、两情相悦的婚姻,不愿做任何伤害妻子、伤害感情之事。商景兰与祁彪佳的婚姻,在当时就得到了人们的赞许和羡慕,《静志居诗话》说:"祁商作配,乡里有金童玉女之目,伉俪相重,未尝有妾媵也。"②

就在祁彪佳急切地盼望着妻子进京团聚之际,发生了一件大事,使得商景兰进京之路受到阻碍。崇祯四年(1631)底,山东登州参将孔有德叛明。崇祯五年(1632)正月,孔有德部围困登州。十一日祁彪佳"闻登州被围,东省路益阻,乃草家报附报房,止北上之家眷。书完心绪少乱"③。祁彪佳虽然非常期盼与妻子团聚,但为了妻儿的安全,还是写信劝阻商景兰,不让她冒险进京。正月十七日祁彪佳在日记中说:"晓起闻百鸟作声,始觉有春色,情思不佳。"④ 春意初萌,百鸟啼鸣,应是让人怡然,但祁彪佳却情思不佳,所为何来?日记结尾处写出原因:"以给假商之李子木,而子木方阅邸报,正以东西事攒眉也,相对怅然。"⑤ 公事不顺,祁彪佳欲乞假归家而不可,而因时局动荡,妻子也无法北上团聚,因而内心愀然不悦。二十日"晚草数字与内子。时东省烽火方亟,家乡咫尺天际,言及不觉怅然"⑥。原本相聚已有期,时局突然的变故,

---

① 段继红:《清代女诗人研究》,博士学位论文,苏州大学,2005年,第54页。
② (清)朱彝尊:《静志居诗话》,人民文学出版社1990年版,第727页。
③ (明)祁彪佳:《祁彪佳日记》,浙江古籍出版社2016年版,第36页。
④ (明)祁彪佳:《祁彪佳日记》,浙江古籍出版社2016年版,第37页。
⑤ (明)祁彪佳:《祁彪佳日记》,浙江古籍出版社2016年版,第37页。
⑥ (明)祁彪佳:《祁彪佳日记》,浙江古籍出版社2016年版,第38页。

让团聚变为泡影，祁彪佳的内心充满了失望与惆怅，再次生出乞假归乡之意，但还是没有得到朝廷的批准。

战乱没能阻止商景兰与丈夫团聚的决心，商景兰还是毅然带着儿女北上。长路漫漫，儿女俱在幼年，途中又不平靖，虽然没有文献可知商景兰一行的旅途情景，但亦可想象出其一路之艰辛。二月十一日"饭后，家奴来报内子单车疾骑而来，已抵近郊，惊喜过望，乃以班役迎之。至则长途之辛苦，旅邸之寂寞，交相慰藉"①。短短的一段文字，写出了恩爱夫妻团聚时的喜悦心情。本以为团聚无望的祁彪佳突然听到妻子已到京城的消息，大喜过望。而急切期盼与丈夫相聚的商景兰则是抛下他人"单车疾骑而来"。夫妻相见，"交相慰藉"，四字之中，更蕴涵了夫妻久别相聚的甜蜜与战乱中亲人团聚的激动。

恩爱夫妻团聚，祁彪佳的心绪安宁了许多。随后的日记中记载了商景兰与兄相见谈论家事，也记载了自己给母亲写信报告妻子平安抵京的消息。记载了一天忙碌之后，"暇则与内子坐小亭，看落日晚霞"②，简洁的记述中流露出精神上的安宁与恬适。深爱的妻子在身边共看晚霞落日，呈现出一幅甜蜜安适的夫妻恩爱图，夫妻间不仅有深厚的情感，更有精神上的高度契合。三月十四日祁彪佳在日记中记载："内子邀妯娌数人来聚话，予闷坐至午。"③久别之后，似一时一刻也不愿离开妻子，依恋之深，数语即现。

祁彪佳和商景兰的婚姻与清代很多文人才女的诗化姻缘还不尽相同，他们的婚姻中，几乎没有诗词唱和的交流。在祁彪佳的诗集中，赠内诗只有寥寥数首，而在商景兰的诗词中，没有一首与祁彪佳的唱和之作，也没有直接赠给祁彪佳的。和其他才子才女的诗化婚姻相比较，商景兰和祁彪佳的婚姻更生活化。祁彪佳不仅欣赏商景兰的文学才华，在家庭生活上对商景兰也是十分倚重。

---

① （明）祁彪佳：《祁彪佳日记》，浙江古籍出版社2016年版，第41页。
② （明）祁彪佳：《祁彪佳日记》，浙江古籍出版社2016年版，第42页。
③ （明）祁彪佳：《祁彪佳日记》，浙江古籍出版社2016年版，第47页。

在商景兰进京之前，祁彪佳就准备搬家。商景兰抵京十来天，祁彪佳即与商景兰一起去寻找住所，后因祁彪佳公务繁忙，寻找房屋之事即由商景兰独自承担。由此可以看出祁彪佳对商景兰的信任，也可以看出商景兰有非常强的理家才能。

崇祯五年（1632）十二月初一夜，商景兰与祁彪佳的第三个儿子出生。当晚，祁彪佳正值当班，得知妻子即将临盆，十分焦急，即刻写信请同僚郭太薇代班，却因守门人的刁难，没有联系上郭太薇。再联系同僚吴俭育，没有想到吴俭育当夜也在值班。祁彪佳只能在焦虑担忧中度过一夜。待得归家之后，才得知妻子已经生产，母子平安。在当时的医疗条件下，生产对女性来说是非常危险的事情。在此关头，不能守在妻子身边，祁彪佳除了焦虑担忧之外，还有着深深的内疚。初三日，祁彪佳杜门不出，翻阅《字汇》，为新生的婴儿取名朝孙、育孙（后名班孙），并据《葩经》中"三寿作朋"之意为儿子取乳名朋寿。

崇祯六年（1633）正月，祁彪佳实授御史。三月，祁彪佳任苏松巡抚。四月六日祁彪佳离京，商景兰随夫南下。一路上，祁彪佳沿途忙于会晤各方人士，所以夫妻俩常常分别赶路，祁彪佳在日记中记录了他们虽然常常分开行走，但又常常会合：

> 十八日，早发东平，乘马行，待家眷于古庙，乃抵汶上。①
> 以小舟遣内子从三吴先归，予从陆行。②
> 午方抵寓居，内子已于初十日先至矣。③
> 归遇大雨，家眷先行，予亦东渡。④

旅途中的分分合合，也似商景兰和祁彪佳的生活状态：作为男性的

---

① （明）祁彪佳：《祁彪佳日记》，浙江古籍出版社2016年版，第136页。
② （明）祁彪佳：《祁彪佳日记》，浙江古籍出版社2016年版，第139页。
③ （明）祁彪佳：《祁彪佳日记》，浙江古籍出版社2016年版，第140页。
④ （明）祁彪佳：《祁彪佳日记》，浙江古籍出版社2016年版，第141页。

祁彪佳，在日常生活中，重心放在宦海生涯中，公务和访朋交友、读书写作占用了他大量的时间；对于商景兰来说，作为四个孩子的母亲和家庭的主妇，她大部分的时间和精力都放在生儿育女、操持家务上了。在这种情况下，两人共同度过的时间并不多，从祁彪佳的日记中可以看出，虽然两个人的生活状态和生活重心不同，但亦如在旅途中一样，分别时会时时关注对方，相聚时则共同享受温馨的时光。

祁彪佳因思念母亲，在赴任之前先回会稽省亲，经历了一个多月的跋涉，于五月十七日抵家。他到家之后的第三天，即去拜见岳父。祁彪佳与岳父商周祚的联系非常密切，在京之时的日记中就常常记载他与岳父的书信往来。这种翁婿之间良好的互动关系，除了在思想志趣上的相投之外，也源于祁彪佳与商景兰夫妻情深、爱屋及乌。

五月二十八日，祁彪佳离家赴任。由于祁彪佳任苏松巡抚期间没有留下日记，我们无法了解商景兰和祁彪佳这一阶段的生活状态，但从祁彪佳日记中附录的《巡吴省录》记录了他与两兄通信的信息，却没有他与妻子通信的记录，以及他之前任职后妻子基本随任的状况来看，商景兰这次也应是跟随在祁彪佳身边的。

崇祯七年（1634）冬，祁彪佳回京考核。据《祁彪佳日记·归南快录》中记载，祁彪佳"乞归养母之志，萌于初入西台时，迨巡吴之役，意益决"[①]。祁彪佳在京为御史之时虽有归乡之志，但并未实施，反而是因崇祯皇帝广开言路、竭力虚心纳谏的号召而鼓舞，不断草拟奏章，针砭时弊，希望能为大明中兴而有所作为。在苏松巡抚任上，赋税案牍纷繁，人际关系复杂，党派之争尖锐。在他赴任途中还发生了前内阁首辅周延儒的姻亲陈一教纵容豪奴横暴不法所引起的宜兴民变，祁彪佳处理民变之事公允得体，但也是疲惫烦劳。他在给外父商周祚的信中说："小婿自奉违岳父台前，拮据四月，劳苦万状，盖此中之繁冗，真是别一世界也。——奈何小婿因过于劳剧，七月间几成怔忡，今又时患

---

① （明）祁彪佳：《祁彪佳日记》，浙江古籍出版社2016年版，第147页。

心胃痛。"① 崇祯七年四月,由于周延儒不顾祁彪佳的警告,再次激起民变,祁彪佳受到降俸处分。在苏松巡抚任上,祁彪佳先后受到降级五次、住俸四次、罚俸一次的处分。且在其返京回道考核之前的三四个月,他的苏松巡抚一职已被王一鹗所替代。② 祁彪佳在吴之时尽心竭力革除弊政,稳定人心,"三吴贤者文公震孟等谓先生巡吴为国朝二百年所仅见"③,最终却是如此结局,致使祁彪佳心灰意冷,托病辞职。在苏松巡抚任上,祁彪佳已两次以病请辞,返京之后,再次请辞,获得批准。

目前虽无文献资料可以考证在此期间商景兰的生活状态,但亦可以想象作为深爱丈夫的妻子,商景兰应也是随着祁彪佳宦海纷杂沉浮而忧心忡忡。

崇祯七年(1634)冬,祁彪佳返京回道考核。返京之时,祁彪佳即有归隐之意,因而单身赴京。祁彪佳和商景兰再次分别,直到崇祯八年(1635)四月祁彪佳获假归家。

第五节　寓园岁月
——一丘恬淡寄余生

祁彪佳于崇祯八年四月初九离京返乡,无官一身轻的祁彪佳心情轻松愉快,一路呼朋会友,玩赏山水。此时距他进京将近半年,他非常思念亲人。五月十一日祁彪佳抵达苏州浒墅关,派家仆先回山阴,去接母亲和妻子到杭州相见。到达杭州后,祁彪佳立即派人修葺在杭州的住所,以便迎接母亲与妻子。与丈夫分别日久的商景兰得到消息,即刻出发迎

---

① (明)祁彪佳著,杜煦等辑:《祁忠惠公遗集》卷3,《乾坤正气集》116卷,清道光二十八年泾县潘氏袁江节署刻同治五年新建吴坤修皖江重印本,第15页 b。

② 参见王家范《祁彪佳:任期短促的苏松巡按》,《华东师范大学学报》(哲学社会科学版)2008年第6期。

③ (明)王思任:《祁忠惠公年谱》,载(明)祁彪佳《祁彪佳日记》,浙江古籍出版社2016年版,第866页。

接丈夫。祁彪佳到杭州第二天，商景兰偕三个儿子也赶到杭州，全家团聚。夫妻二人相见之急切，相思之深情，由此可见。

夫妻团聚之后，祁彪佳没有立刻回到家乡，而是留在杭州修养身体。几天之后，祁彪佳的母亲、姐姐等亲友也来到杭州，大家庭团聚，其乐融融。祁彪佳与商景兰奉母亲去普度庵供奉父亲莲牌。母亲回乡后，夫妻两人继续留在杭州。在杭州期间，祁彪佳多次与商景兰出游。祁彪佳在日记中详细记载了夫妻二人出游的情形：

> 初五日，买不系园舟，欲与内子至段桥里湖，遇大风，舟泊于剩园之旁，竟日不能移，遇晚益甚。①
>
> 初十日——午后偕内子买湖舫，从段桥游江氏、杨氏、翁氏诸园，泊于放鹤亭下，暮色入林，乃放舟西泠，从孤山之南戴月以归。②
>
> 十二日——出城与内子纳凉于湖舫。③
>
> 十四日——与内子棹小舟泊钱塘门，访韩求仲，邀吴弘文同晤之。舟入昭卿寺，访陈止宜不值，僧履素送予于水次，放舟小憩里湖。与内子登大佛寺，从西泠桥游岳祠，再登白苏阁，复从里湖乘月归。④
>
> 十五日，偕内子茹素，乘肩舆繇南屏入龙井，飨伊蒲供，小憩于僧舍。再入钵池庵，度凤凰岭至新庵，坐谈石下。——再至庵后一佛室，小径俱值秋海棠，石奇峭更过新庵。时盛暑，凉风飒然。归途复游烟霞石屋，薄暮始返寓。⑤
>
> 二十三日，——乃偕内子放舟于南屏山下，予熟寐于柔风薄日中，梦魂栩栩，为欸乃声所触醒。自雷峰塔移定香桥，闲步堤上，值微雨乍至，从湖心亭归庄。⑥

---

① （明）祁彪佳：《祁彪佳日记》，浙江古籍出版社2016年版，第159页。
② （明）祁彪佳：《祁彪佳日记》，浙江古籍出版社2016年版，第160页。
③ （明）祁彪佳：《祁彪佳日记》，浙江古籍出版社2016年版，第160页。
④ （明）祁彪佳：《祁彪佳日记》，浙江古籍出版社2016年版，第160页。
⑤ （明）祁彪佳：《祁彪佳日记》，浙江古籍出版社2016年版，第161页。
⑥ （明）祁彪佳：《祁彪佳日记》，浙江古籍出版社2016年版，第162页。

二十五日,——偕内子放舟观水。先次钱塘门,访刘君元复,复晤吴二如,值王伯彭、王见可。适吴二如买歌姬至,遂小坐,听其丝竹之音。复放舟南屏,访郑玄子,不值,仅晤沈伯奇。再从高地登岸,访客于静慈寺,又晤葛去浇及西梧师,于一桥登舟。两山暮色,为湖中绝胜。步玩至晚乃归。①

二十天中,夫妻共游七次,可以想见夫妻相处之融洽。祁彪佳生性喜爱游山玩水,商景兰与祁彪佳成婚之后,祁彪佳一直处于忙碌状态,先是忙于科考,后又忙于宦途。中间虽因丁忧在家三年,但因守父丧,无论是心情上还是伦理上,都不能与妻子一起出外游玩。这次辞官归家,有了大把空闲的时间与妻子相守,心理上也十分轻松,因而分别了近半年的恩爱夫妻抓住了这个难得的机会,频繁出游。从祁彪佳的日记中可以看出,祁彪佳性爱山水,多年来游走于大江南北,凡见到景色优美之地,或偕友游览,或独自登临,都能于自然山水中获得精神上的愉悦,夫妻同游在此之前还几乎没有。商景兰本性也是热爱山水自然之美,但成婚之后不久,即生育了长子同孙,后又接连诞育了长女德渊、次子理孙、三子班孙,忙于抚育儿女和管理日常家务,也难得有空闲时间享受山水之乐。此时儿女渐渐长大,不需时时相伴,又难得地离开家,便享受二人世界,并携手欣赏西湖之美。

祁彪佳这几则日记与其他日记相同,文字简洁,情感表达非常克制,但从其简洁而充满诗意的描写中,可以体悟到西湖山水之美,更可以感受到游山水之人内心的轻松与快乐。游赏山水,景物固然重要,游伴亦很重要。同游之人须有相同的爱好,共同的审美趣味,才能在游览时体会到自然之美带来的精神愉悦。从二人的游览频率和时间长度来看,他们的出游一定是快乐而富有情趣的。

崇祯八年(1635)六月底,祁彪佳与商景兰离开杭州回到绍兴,举

---

① (明)祁彪佳:《祁彪佳日记》,浙江古籍出版社2016年版,第163页。

家团圆，祁彪佳正式开始了归隐生涯，直到崇祯十五年（1642）应召。这七年中，商景兰与丈夫共同在家乡生活，共同教养儿女，共同操持家庭事务，这段时光，也是商景兰婚后和丈夫共同度过的最安定、最轻松快乐的一段时光。

由于商景兰这段时间的诗文很少，我们还是从祁彪佳的日记中来梳理商景兰的生活状态。

祁彪佳归乡之后，"屏绝诸应酬，独与郑九华与大楼整理书籍"[1]，并与兄长一起编辑父亲祁承㸁的文集共二十卷，刊刻行世。理书、读书，成为祁彪佳的日常主要工作，"观书之暇，与内子博弈"[2]，生活恬静悠闲。

崇祯八年十月，祁彪佳开始建寓园。寓山是梅市祁家旁的一座小山，祁彪佳幼年之时，二兄祁骏佳与从兄祁豸佳以斗粟换得，可见并非景色优美之地。祁骏佳和祁豸佳"剔石栽松，躬荷畚锸，手足为之胼胝"[3]，改造这座荒山，尚在幼年的祁彪佳也参与其中。二十多年过去了，寓山的松树已经长高，山石亦有沧桑古貌。祁彪佳偶过寓山，想起少年情景，感触颇深，因而决定在此兴建园林，作为归隐之地。

寓园的建筑从崇祯八年开始，到崇祯十一年（1638）春完工，成为"池馆之胜甲于越"的园林，也成为祁彪佳与商景兰幸福生活的见证。

明清之时江南地区兴建私家园林之风非常兴盛，越地风景秀美，园林众多。祁彪佳之父祁承㸁"生平有园林之好"[4]，祁彪佳对建造园林的兴趣更是浓厚。在建造寓园的过程中，祁彪佳投入了大量的时间精力。他广泛考察了越中园林，亲自设计了寓园的布局。在他的日记中，记录了大量有关寓园建筑的事项，商景兰也积极地参与到了寓园的建造之中。

为了更好地规划寓园，祁彪佳遍游越中园林，作为家庭主妇的商景兰，虽然家务繁忙，但还是抽出时间与祁彪佳一起探访考察。崇祯八年

---

[1] （明）祁彪佳：《祁彪佳日记》，浙江古籍出版社2016年版，第164页。
[2] （明）祁彪佳：《祁彪佳日记》，浙江古籍出版社2016年版，第167页。
[3] （明）祁彪佳：《寓山注》，载《祁彪佳集》，中华书局1960年版，第150页。
[4] （明）祁彪佳：《越中园亭记》，载《祁彪佳集》，中华书局1960年版，第211页。

(1635)七月二十八日,商景兰与祁彪佳操小艇到榕山,参观章庄。章庄池塘众多,绿树环绕,可采桑钓鱼,适于隐居。十月二十四日,夫妻二人再次登舟游镜湖之中的小隐园,未果,即转入众香园。众香园在鉴湖之滨,山峦叠翠,湖光山色,使人流连忘返,为"鉴湖最胜处也"①。

商景兰父亲亦喜园林,商家不仅有咏雏堂,还在西施山建质园。质园景色十分幽美。家庭环境的熏陶,使得商景兰不但有着极为敏锐的审美能力,也有着与祁彪佳一样对园林的爱好和兴致,因而夫妻二人在寓园的建造过程中配合非常默契。商景兰不但常常与祁彪佳一起考察探究越中园林,为祁彪佳的建园计划出谋划策,还主动地参与到寓园的建设中。祁彪佳在日记中多次记载了在建造寓园时商景兰所做的工作。

(崇祯十二年十二月)十二日,与内子至寓山,植芍药于八求楼前。——十四日,与内子出寓山,设器具于八求楼。②

(崇祯十三年七月)初十日,内子至外父家,从外父乞棕竹、芳竹归。③

夫妻二人也经常分工合作,祁彪佳在日记中记载:

(崇祯十二年八月初一)田禾得雨,农夫有暇,皆应畚锸之役,是日几三十人,予躬督之。晚抵家,内子同商家姑偕张宅二甥女归。④

寓园建造过程中,商景兰多次与祁彪佳在寓山小住,度过一段段恬静闲适的二人世界:

---

① (明)祁彪佳:《越中园亭记》,载《祁彪佳集》,中华书局1960年版,第197页。
② (明)祁彪佳:《祁彪佳日记》,浙江古籍出版社2016年版,第415页。
③ (明)祁彪佳:《祁彪佳日记》,浙江古籍出版社2016年版,第454页。
④ (明)祁彪佳:《祁彪佳日记》,浙江古籍出版社2016年版,第395页。

（崇祯九年二月）初二日，与内子闲坐朝来阁，雨后山色，青翠袭人，不觉抚掌称快。①

（崇祯九年三月十三）午后与内子至寓山，读书及暮，见落日衔山乃归。②

（崇祯十二年二月二十九日）至寓山，定八求楼址。午后与内子入城，至驿前观戏，即宿舟中。③

（崇祯十三年正月）初三日，同内人至寓山，观梅与梅坡。④

崇祯九年（1636）十月初八是商景兰的生日。前一天傍晚，祁彪佳就与商景兰上寓山，宿于烂柯山房。当天晚上，"晚，悬灯山中，与内子观之为乐"⑤。第二天祁彪佳和商景兰归家为嫂子庆寿，并为祖母忌日祭奠。晚上二人再至寓山，"与内子举酌"。连续三天祁彪佳记录了因妻子生日而与妻子相伴庆祝的情景，可见祁彪佳对商景兰生日的重视，从中也可以看出夫妻间的深厚情感。

崇祯十二年（1639）十一月，祁彪佳至杭州云栖寺为父亲忌日作水陆道场，结束后商景兰与婆母先回绍兴，祁彪佳与朋友在杭州游玩数天，归家后，即"日晚邀内子至山，宿于烂柯山房"⑥。

结婚多年，并生育了多个子女的夫妻，却依然保持着深厚的情感及对彼此的吸引。夫妻二人有着共同的爱好、共同的生活情趣，一同读书赏月，栽花种梅，游赏烟霞，正是这种精神上的高度契合，使得他们相互欣赏，相互依恋。

夫妻间融洽的感情，也使得家庭的整体氛围非常温馨和谐。祁彪佳常常带儿子们在寓山读书，商景兰也经常偕儿女到寓园与祁彪佳会合，

---

① （明）祁彪佳：《祁彪佳日记》，浙江古籍出版社2016年版，第202页。
② （明）祁彪佳：《祁彪佳日记》，浙江古籍出版社2016年版，第209页。
③ （明）祁彪佳：《祁彪佳日记》，浙江古籍出版社2016年版，第376页。
④ （明）祁彪佳：《祁彪佳日记》，浙江古籍出版社2016年版，第421页。
⑤ （明）祁彪佳：《祁彪佳日记》，浙江古籍出版社2016年版，第235页。
⑥ （明）祁彪佳：《祁彪佳日记》，浙江古籍出版社2016年版，第412页。

共同感受小家庭的天伦之乐。

（崇祯九年十月十六日）携眉儿、貎侄至山读书，午后内子携朋儿、二女亦至。①

祁彪佳与商景兰有传统夫妻男主外、女主内的家庭规则。在日常生活中，祁彪佳大量的时间与精力用于社会活动和社会交往，商景兰也有自己的社交活动，二人虽然经常各自活动，但总是尽可能地时时团聚在一起，形成了一种表面宽松而精神上紧密的联系。崇祯九年三月初三，商景兰回娘家，祁彪佳处理家务之后就与友人泛舟出游，登寓山。第二天他又偕理孙、班孙与友同游，便道至商周祚家，与妻子团聚，傍晚再游怡园。初五日再与友人游怡园、兰亭，入城后邀商景兰同舟。初六日"晨末龙舟渐集，老母以他舟至，士女喧闐，兰风粉雨，极游视之盛"②，晚上商景兰再归商家，祁彪佳继续出游。从这段时间的记录中，我们可以清晰地感受到商景兰与祁彪佳的夫妻相处之道。

寓园建成后，成为越中著名的景点，游人众多。祁彪佳经常与朋友一起游寓园，而商景兰也经常与亲友一起游园，如：

（崇祯十年二月十四日）予督役扫除旷亭、牡丹矣一带，内子同诸姒去游寓山。③

（崇祯十一年五月初二）内子延云间张隆生夫人小酌，老母暨婶母亦在。④

（崇祯十二年四月十一日）午后内子至山，晤王云瀛令爱，予先归。⑤

---

① （明）祁彪佳：《祁彪佳日记》，浙江古籍出版社2016年版，第236页。
② （明）祁彪佳：《祁彪佳日记》，浙江古籍出版社2016年版，第207页。
③ （明）祁彪佳：《祁彪佳日记》，浙江古籍出版社2016年版，第319页。
④ （明）祁彪佳：《祁彪佳日记》，浙江古籍出版社2016年版，第331页。
⑤ （明）祁彪佳：《祁彪佳日记》，浙江古籍出版社2016年版，第382页。

（崇祯十二年四月二十六日）内子于午后出寓山晤云岫夫人。①

（崇祯十二年十月十三日），祁彪佳到柯园会友，"内子与诸侄女亦出摘香圆与齿圃"②。

（崇祯十三年十月十八）以小舟与陈绳之出寓山，内子亦与妯娌出迎吴期生夫人。③

从这些记录可以看出，商景兰的社会交往非常广泛，既有与家族中亲友的聚会出游，又有与友人的会晤。正像高彦颐在《闺塾师》中所说的："对于商景兰来说，在她所有的人生阶段中，女性朋友和亲属都是至为重要的，虽然她和丈夫很少分居两地，但他们通常过着各自的日常生活……但分开的社交领域，并不意味着祁彪佳和商景兰过着脱节的生活。"④ 情感的共鸣使得这对夫妻在婚后多年依然相亲相爱，成为那个时代难得的"伙伴式婚姻"。

传统的女性一生中有三种身份：女儿、母亲、妻子。作为女儿，出嫁之后生活的中心在婆家，除生儿育女、相夫教子之外，还有一个重要的职责，就是侍奉公婆。祁彪佳事母至孝，商景兰亦是一个孝顺的儿媳。在祁彪佳日记中，也多次记录了商景兰陪伴婆母的情况：

（崇祯八年八月）十九日，为老母诞日，诸儿媳祝寿毕，亲娅来贺者共举素酌，观《鹊桥记》。⑤

（崇祯八年十一月初七）老母偕诸媳出礼佛。⑥

---

① （明）祁彪佳：《祁彪佳日记》，浙江古籍出版社2016年版，第380页。
② （明）祁彪佳：《祁彪佳日记》，浙江古籍出版社2016年版，第406页。
③ （明）祁彪佳：《祁彪佳日记》，浙江古籍出版社2016年版，第471页。
④ ［美］高彦颐：《闺塾师：明末清初江南的才女文化》，李志生译，江苏人民出版社2005年版，第241页。
⑤ （明）祁彪佳：《祁彪佳日记》，浙江古籍出版社2016年版，第171页。
⑥ （明）祁彪佳：《祁彪佳日记》，浙江古籍出版社2016年版，第183页。

（崇祯九年二月初六）老母偕诸媳、诸女亦至观焉。①

（崇祯十年正月十二日）老母偕诸媳往陶堰看灯——十七日，稍霁，老母至陆庄看灯。②

（崇祯十一年三月初八）老母与内子至龟山女庵。③

（崇祯十一年五月二十六日）老母偕内子、诸媳至寓山。④

（崇祯十一年七月初八日）老母偕诸媳亦至，观戏于四负堂。⑤

（崇祯十二年正月初六日）予送老母及表娣、内子至山，商家姑已先待矣。⑥

（崇祯十二年十月）二十日，邀止祥兄、奕远侄出寓山，老母亦同诸媳至。⑦

从祁彪佳这些记录中可以看出，商景兰作为儿媳，在日常生活中有大量的时间是侍奉在婆母身边尽儿媳之职的。

祁氏家族俱喜爱戏曲，陪婆母观戏也是商景兰的职责。"老母观戏，演《千祥记》，予闭门读书，不及观。"⑧ 儿子可以自由行事，儿媳却需要陪伴婆母，祁彪佳的这段记录虽然简练，却很有意思，让人联想到《红楼梦》中王夫人、王熙凤等人围绕在贾母周围的情景。大家族的生活状态就在祁彪佳的记录中展示出来了。

祁、商两家为世家，屡结秦晋之好，祁彪佳的姑姑即嫁到商家，因而商景兰结婚之后与娘家联系十分密切。两家距离很近，商景兰归宁的次数非常多，而商景兰回娘家之时，祁彪佳也常常陪伴左右。从祁彪佳

---

① （明）祁彪佳：《祁彪佳日记》，浙江古籍出版社2016年版，第202页。
② （明）祁彪佳：《祁彪佳日记》，浙江古籍出版社2016年版，第314页。
③ （明）祁彪佳：《祁彪佳日记》，浙江古籍出版社2016年版，第323页。
④ （明）祁彪佳：《祁彪佳日记》，浙江古籍出版社2016年版，第334页。
⑤ （明）祁彪佳：《祁彪佳日记》，浙江古籍出版社2016年版，第341页。
⑥ （明）祁彪佳：《祁彪佳日记》，浙江古籍出版社2016年版，第368页。
⑦ （明）祁彪佳：《祁彪佳日记》，浙江古籍出版社2016年版，第407页。
⑧ （明）祁彪佳：《祁彪佳日记》，浙江古籍出版社2016年版，第471页。

的日记中也可以看出，祁彪佳与外家的联系也非常密切，与岳父和内兄弟的关系也很好。

（崇祯八年七月十二日）予入城谒外父，与内兄弟谈久，午后别归。①

（崇祯八年七月）二十九日，为外母之讳日，偕内子入城，先抵外父之旧宅。②

（崇祯九年正月）初九日，早至外父家，祝外父寿。③

（崇祯九年二月初五）再以一书致外父及内兄。④

（崇祯九年二月十三）与内子同舟拜扫外母墓，会外父于龙华寺前，小憩西施山。⑤

（崇祯九年九月十七日）是晚与内子放舟入城。十八日早至外父家……外父设酌于西施山之清暎轩。⑥

（崇祯十年正月）初六日，与内子入城，抵昌安门，水浅舟不得进，步至商宅贺年……及拜商宅诸外房与商家姑，饭罢已薄暮。⑦

商景兰回娘家，祁彪佳往往跟随而至，再与妻子一同还家。崇祯十一年七月《祁彪佳日记》记载：

连日溽暑，老母入城，内子至外家……二十九日，予偕眉儿入城，拜外母忌辰。至半野堂晤商八兄，访其屋式。别两兄，即同内

---

① （明）祁彪佳：《祁彪佳日记》，浙江古籍出版社2016年版，第165页。
② （明）祁彪佳：《祁彪佳日记》，浙江古籍出版社2016年版，第168页。
③ （明）祁彪佳：《祁彪佳日记》，浙江古籍出版社2016年版，第198页。
④ （明）祁彪佳：《祁彪佳日记》，浙江古籍出版社2016年版，第202页。
⑤ （明）祁彪佳：《祁彪佳日记》，浙江古籍出版社2016年版，第203页。
⑥ （明）祁彪佳：《祁彪佳日记》，浙江古籍出版社2016年版，第232页。
⑦ （明）祁彪佳：《祁彪佳日记》，浙江古籍出版社2016年版，第313页。

子归。①

（崇祯十年二月二十六日）与内子入城，会商缉庵昆仲，拜外母墓，小酌于西施山之质园。同内子归，酌茶于舟次。②

寓园建园从崇祯八年开始，至崇祯十一年完工，历时三年。但完工之后，祁彪佳除了广泛种植花草树木之外，还在不停地改建，时间、精力、金钱花费极多，祁彪佳"甚以土木频兴为悔"，却依然无法停止。商景兰对此亦有异议，崇祯十三年十二月初七《祁彪佳日记》中记载："内子亦至山，深以土木为予规。"③

寓园生活的悠然快乐很快就被外在的危机打破了，崇祯十二年（1639）正月十九日《祁彪佳日记》记载："阅邸报，见外父被谴之旨，且闻虏骑南迫，深为忧之。"④ 祁彪佳与岳父一直往来密切，翁婿二人对国事见解相同，岳父被谴，使得祁彪佳对国事深为担忧。而满洲铁骑南下的传闻，更是让他忧心忡忡。此后他在日记中连续记录对国事家事的忧虑之情：

（崇祯十二年二月二十五日）自二十日以后稍暇，即阅《保越录》《伪吴杂录》《靖康传新录》及《钓溪立谈》诸书，知守御之难、流离之苦，回思今日四方多事，如外父之欲归不能，为之三叹。⑤

祁彪佳已嗅到了国家危机的气息，然而朝廷依然是党争不断，祁彪佳只能是徒唤奈何。祁彪佳在日记中没有记录商景兰对此情形的感受，但从商景兰与娘家极为密切的联系来看，父亲的遭遇她不可能不知道，

---

① （明）祁彪佳：《祁彪佳日记》，浙江古籍出版社2016年版，第344页。
② （明）祁彪佳：《祁彪佳日记》，浙江古籍出版社2016年版，第321页。
③ （明）祁彪佳：《祁彪佳日记》，浙江古籍出版社2016年版，第478页。
④ （明）祁彪佳：《祁彪佳日记》，浙江古籍出版社2016年版，第371页。
⑤ （明）祁彪佳：《祁彪佳日记》，浙江古籍出版社2016年版，第375页。

而对于深明大义、知书达理的她来说，对朝廷之事虽不会如祁彪佳介入得那么深，但也一定有所耳闻。因而可以想见，此时的商景兰内心也一定与祁彪佳一样，忧心忡忡。

因母丧，商周祚得以归家丁忧。崇祯十二年三月二十八日，商周祚抵家，祁彪佳乘舟迎接，翁婿相见，相对悲泣。谈及京城之事，更感慨人心险恶。

崇祯十三年（1640）三月，祁彪佳母亲去世，祁彪佳悲痛欲绝。因越中春夏之时阴雨连绵，水涝成灾，稻米绝收，饥民遍野。祁彪佳深为忧虑。三月二十七日，处理完母亲的后事，祁彪佳独自入城拜谢吊唁母亲的地方官员，"饭于外父家，共言居乡之难，为之惕然，座中始知皇上撤镇守中贵。归将就寝，得余武贞书，深以越中米贵为虑"①。二十九日日记中又记载："邹汝功师自姚江至，言姚江饥荒之状，为之恻然。"② 四月十五日祁彪佳因"自朔日连雨将半月，是日转甚，深以米价为虑，与汝功师共商救荒之策"③。此后，祁彪佳积极参与救荒活动，他委婉劝告地方富户救济民众，设置粥场，自己出资在大善寺设药局。这一年，救荒活动占据了祁彪佳主要的时间和精力。对于祁彪佳的社会慈善活动，作为女性的商景兰无法参与，但宗族内部的慈善活动，商景兰是可以参与的。每到腊月之时，祁彪佳都会给宗族中贫困之家散钱送米，商景兰也会随同。《祁彪佳日记》中记载："（崇祯十年十二月）二十七日，与内子驾舟至各村，给贫家赡米。"④

崇祯十四年正月，绍兴大雪，祁彪佳担心"米价日高，当此积雪，人情必至汹汹"，与朋友"相对愁叹"，"雪不止，心更忧"。⑤ 正月十六日，祁彪佳与商景兰带着理孙、班孙入城到商周祚家，见霞头一带已有

---

① （明）祁彪佳：《祁彪佳日记》，浙江古籍出版社2016年版，第437页。
② （明）祁彪佳：《祁彪佳日记》，浙江古籍出版社2016年版，第437页。
③ （明）祁彪佳：《祁彪佳日记》，浙江古籍出版社2016年版，第440页。
④ （明）祁彪佳：《祁彪佳日记》，浙江古籍出版社2016年版，第308页。
⑤ （明）祁彪佳：《祁彪佳日记》，浙江古籍出版社2016年版，第485页。

饥民强抢之事发生。午饭之时,又听说多地发生抢米事件。祁彪佳投箸而起,去见地方官员,为治乱救荒献策。此后的几个月中,祁彪佳埋头于救荒活动,但他还是在日记中记载了他与商景兰共同活动特别是陪伴商景兰归宁时的情景:

(正月)初九日,早抵商宅贺外父寿,即出投陈公祖刺——予至光相寺,待内子舟至同归。①

(二月十六日)繇昌安门外候外父舟至,拜其太夫人及外母与谌轩外叔。暮小酌于西施山之质园……偕内子归,遇雨。②

(三月)初三日,与内子进城。……至外父家。③

(八月初三)至外父家问安,晚饭罢,同内子归寓。④

稍有空闲,祁彪佳即与妻子共同行动,崇祯十四年三月十九日族中有人以卑幼犯尊长,祁彪佳在祠堂处分完毕,即与商景兰至寓山采茶。四月二十五日祁彪佳再次记载:"与内子及女尼谷虚、诸女婢采茶寓山。……同内子至箖竹庵。"⑤ 二十六日"仍同内子至寓山"⑥。"(八月十七日)送孙开素入城,与内子儿女抵家,拜秋分……内子后予至山,构八求楼下卧室成,移居之。"⑦

寓园岁月,应是商景兰和祁彪佳这对神仙眷侣一生中最为平静幸福的时光,但在这段时光中,商景兰也遭受了人生中的一个重大打击。崇祯九年(1636)五月二十日,商景兰长子祁同孙出痘,九天之后即不治而亡,时年15岁。祁同孙生性笃厚,去世之前,犹关心询问父亲是否吃

---

① (明)祁彪佳:《祁彪佳日记》,浙江古籍出版社2016年版,第485页。
② (明)祁彪佳:《祁彪佳日记》,浙江古籍出版社2016年版,第500页。
③ (明)祁彪佳:《祁彪佳日记》,浙江古籍出版社2016年版,第506页。
④ (明)祁彪佳:《祁彪佳日记》,浙江古籍出版社2016年版,第553页。
⑤ (明)祁彪佳:《祁彪佳日记》,浙江古籍出版社2016年版,第524页。
⑥ (明)祁彪佳:《祁彪佳日记》,浙江古籍出版社2016年版,第525页。
⑦ (明)祁彪佳:《祁彪佳日记》,浙江古籍出版社2016年版,第556页。

饭。商景兰为之痛心不已。因祁同孙早夭，多数文献中都记录商景兰育有两子，商景兰后来也将次子祁理孙称为长子，三子祁班孙称为次子。我们此后也依此称呼祁理孙和祁班孙。同孙病逝之时，商景兰已身怀六甲。在生下女儿之后，《祁彪佳日记》中屡屡记录延医为商景兰诊脉之事，应是怀孕期间遭受了丧子之痛后身体复原不好。《祁彪佳日记》中还有很多关于为妻子延医诊脉的记录，看得出来，只要是商景兰身体有不适，祁彪佳都十分关心，并记录在日记中。

商景兰与祁彪佳伉俪情深，育有三子四女。祁彪佳在日记中详细地记录了商景兰每一次怀孕生产的过程，写出了对妻子生产时的担忧与悉心照料。崇祯十年五月十六日商景兰再次生产，祁彪佳在日记中记载：

午间内子临盆，几至危殆，幸复安痊。延医钱绎思至，留之宿。作书复张太羹，再至邓紫澜公祖，事竣例有公謁，以内子病不能去，并托外父致之。①

次日再记："送钱心绎去。为内子调治之余，得纵观王凤洲《弇山园记》及郦道元《水经注》。"② 商景兰生产后的第三天张岱组织文社活动，祁彪佳也借口生病推辞了。可见祁彪佳在商景兰生产之后，一直守护在妻子的身边。

崇祯十一年商景兰再生一女，生产过程应是很顺利，但祁彪佳"数日间内调产妇，外理家事，陈长耀佐予会计犹不及，加之应酬甚苦"③。在繁杂的事务中，依然将关心照料妻子作为生活的重心。

《祁彪佳日记》语言简洁，叙述平实，很少直接抒发对妻子的深情，但商景兰的活动时时在他的日记中留有记录，可以看出他对妻子的深情与关心，让我们深刻地理解商景兰在丈夫心目中的重要地位。

---

① （明）祁彪佳：《祁彪佳日记》，浙江古籍出版社2016年版，第274页。
② （明）祁彪佳：《祁彪佳日记》，浙江古籍出版社2016年版，第274页。
③ （明）祁彪佳：《祁彪佳日记》，浙江古籍出版社2016年版，第360页。

崇祯十二年（1639）十一月一日，是祁彪佳的父亲祁承㸁忌日，为了祭奠父亲，祁彪佳做了盛大的水陆道场，道场共进行了七日，到七天"复为众僧设斋，予再发心于内子四十岁时建水陆一坛，以祈其寿"[1]。连续三年的生产，对于商景兰身体的消耗是很大的，祁彪佳不仅频繁地为妻子请医治疗，调理保养，还发愿七年后建水陆坛，为妻子祈寿。一句话，表明了祁彪佳对妻子的深爱，越是珍惜越是害怕失去，因而才在妻子盛年之时就时时恐惧失去妻子，只要能为妻子祈寿，什么事情都可以去做。

崇祯十四年（1641）十二月初六，祁彪佳忙于救荒之际，还记录了为怀孕的妻子延医之事："适延倪姓太医，遂与共酌内子之药。"[2] 初九日，他在日记中记录："晚内子因未弥月而产，忽而血崩，几于昏厥，为彷徨者竟夜。"[3] "彷徨竟夜"四个字，写出了祁彪佳在妻子生命危急之时的担忧焦虑甚至是恐惧。第二天的日记中他接着写道："初十日，延医袁六卿、倪涵初及钱姓者相继至。向天童师借参补之病，亦少愈，连日以不肖侄孙之败露，其父子暨宁方兄求者接踵，心绪不宁，体亦疲困，诸医别，仍留袁六卿宿。"[4] 祁彪佳少时即以处事老成而闻名，此时却说因族中事而心绪不宁，体倦心劳，其实最主要的还是因为妻子的病而不安。接连聘请三位医生前来为妻子诊脉，并且将医生留在家中照看妻子，可以看出他对妻子之病的重视。待妻子病势稍好之后，他又至弥陀寺为妻子拜斗。而那时，正是他为各种事务所缠，"求一刻暇无有也"[5] 之时。十四日晚，商景兰病势出现反复，"内子体复不安，彷徨终夜"[6]。十五日，"张景岳再至调治……请无量师商捧礼《药师经》，保安内子"[7]。十

---

[1] （明）祁彪佳：《祁彪佳日记》，浙江古籍出版社2016年版，第410页。
[2] （明）祁彪佳：《祁彪佳日记》，浙江古籍出版社2016年版，第578页。
[3] （明）祁彪佳：《祁彪佳日记》，浙江古籍出版社2016年版，第579页。
[4] （明）祁彪佳：《祁彪佳日记》，浙江古籍出版社2016年版，第579页。
[5] （明）祁彪佳：《祁彪佳日记》，浙江古籍出版社2016年版，第579页。
[6] （明）祁彪佳：《祁彪佳日记》，浙江古籍出版社2016年版，第579页。
[7] （明）祁彪佳：《祁彪佳日记》，浙江古籍出版社2016年版，第580页。

六日:"商绳庵来问内子病,顷之张景岳亦至,以内子大有起色为喜。"①虽然商景兰的病有好转,但祁彪佳依然不放心,"晚与无量师再商功德之事,为捧《莲经》"。十九日在雨雪中,再去弥陀寺,为商景兰捧《莲经》六部。二十日,"出于系珠庵礼佛,因无迹师礼《药师经》,保安内子……及晚,邹培宇买参来,为内子修药"②。二十二日,再至系珠庵礼佛。其后几日,祁彪佳连续记载了为商景兰延医调理之事,关注之深,关爱之细,溢于言表。这一年,恰恰是祁彪佳最为忙碌的一年,而内心的焦虑与担心,更让他苦不堪言。他在日记中悲叹:"连日内为荆人治药饵,外理应酬诸务,大之如岁暮交际,细至米盐琐屑,皆一身兼之,苦不可言。"③

商景兰这次小产导致血崩,对她的身体伤害很大,直到第二年三月才渐渐好转。近四个月中,祁彪佳在日记中详细记录了商景兰的病状以及为她延医问药的情景。为了让商景兰安心养病,他将全家移至寓园。商景兰在病中曾许戏愿,祁彪佳因为道台有禁,所以特在商周祚家演戏还愿。

崇祯十四年(1641)是大明王朝走向灭亡重要的一年。崇祯十三年,山东、河南等地发生了大规模的旱灾和蝗灾,甚至到了"人相食"的悲惨地步。崇祯十四年,李自成部队攻陷河南,杀死福王。崇祯皇帝发布"罪己诏","痛自刻责"。这年六月,两畿、山东、河南、浙江、湖广等地再次爆发严重的蝗灾。松锦之战的失败,使得大明王朝在辽东战场上的局势非常危急。雪上加霜的是,又发生了大规模的鼠疫,大明王朝岌岌可危。这一年也是商景兰与祁彪佳静好岁月的转折点。这年十二月二十九日,祁彪佳在日记中总结一年来的生活,感慨自从"正月间民情抢攘,予出为调剂,自此而赈事、粥事、病坊事、药局事,以及于推赏、告成,几无暇晷。不觉倏抵岁暮,光阴如驹过隙,于今岁尤见之。而季

---

① (明)祁彪佳:《祁彪佳日记》,浙江古籍出版社2016年版,第580页。
② (明)祁彪佳:《祁彪佳日记》,浙江古籍出版社2016年版,第580页。
③ (明)祁彪佳:《祁彪佳日记》,浙江古籍出版社2016年版,第581页。

冬一月,愁肠苦趣,日如处漏舟,如在焦釜,不堪为人言也"①。国事、公事的重重负担固然让祁彪佳忧心不已,但深爱的妻子生命垂危,是让祁彪佳如处漏舟、如在焦釜的主要原因。此后对于祁彪佳来说,悠游山水、参禅礼佛的静好岁月结束了。而商景兰在大病初愈之后也面临着与丈夫的再次分别。

---

① (明)祁彪佳:《祁彪佳日记》,浙江古籍出版社2016年版,第582页。

第三章　亡国阴影笼罩下的家庭生活

祁彪佳归乡是托病请辞，到崇祯十二年（1639），祁彪佳已归乡四年，逾假已久，但他再次以身体不好、母亲年老上书朝廷，恳请继续休假，岳父商周祚对此十分支持。祁彪佳的日记中没有记载商景兰对此事的态度，但可以推测，商景兰与父亲和丈夫的看法应该是相同的。从祁彪佳的日记中可以看出，祁彪佳与商周祚往来密切，还经常书信往来，无论是家事还是国事，都常常与岳父商量。如崇祯十二年七月二十日祁彪佳在寓山听说外父失足摔倒，立刻催促商景兰归家问候父亲。二十三日祁彪佳归家后马上去商家探望岳父，"内子共话与听松轩"①，所以对于祁彪佳的政治社会活动，商景兰虽很少参与，但应该是了解的，也是赞同的。

崇祯十三年（1640），祁彪佳母亲去世，祁彪佳丁忧于家。崇祯十五年（1642）十月二十六日，祁彪佳接到消息，"乃知予受命叨视首篆，且奉有严催到任之明纶"②。祁彪佳做出山准备，十一月初九日记中记载："自闻命以来，日则应酬且复临邦父母如周简臣诸君书，夜则束装更简，一切帐籍付之内子，无日不至三更余，其劳其冗不可名状。至此日而行计已成，然倦亦极矣。"③ 隐居时光结束。离家之前，祁彪佳将家庭大权都交与商景兰，可见其对妻子的信任，从中也可知商景兰处理家庭事务的实际能力。

---

① （明）祁彪佳：《祁彪佳日记》，浙江古籍出版社2016年版，第394页。
② （明）祁彪佳：《祁彪佳日记》，浙江古籍出版社2016年版，第626页。
③ （明）祁彪佳：《祁彪佳日记》，浙江古籍出版社2016年版，第629页。

第一节　大厦将倾
——京城云暗凄凉处

崇祯十五年（1642）十一月祁彪佳启程赴京。此次赴任，对于祁彪佳来说，内心是非常沉重的。此时明王朝内外交困，李自成、张献忠的农民军屡破中原重镇。这年十月，清军又南下，攻下蓟州，逼近北京。十一月二十五日，祁彪佳得到确切消息，清军已进迫通州，京城初九日即已戒严。友人纷纷劝他返程。此时已有北上官员南下，而"士民、商贾闻此警，自中途返者纷纷而至，予乡尤多"①。祁彪佳停留在山阳县，忧心国事，"予胸中闷闷郁郁，不可言状"。② 他在日记中写道："三十日，为冬至节，遥礼玉阙，因思此千官拜舞时也，而旁警戒严，圣上不知若何焦劳，倍为怅然。"③ 国事如此危机，官场却贪污腐败依然。在赴任途中，沿路地方官员频频拜会祁彪佳，"应酬复纷纷且有意外之求"，祁彪佳更是"倍觉不快，真以日为岁矣"④。这期间，祁彪佳在日记中几次记载写家书安慰家人，并两次派遣随行仆人归家报信。可以想见，在家中的商景兰也对当时的形势有所了解，担心焦虑，多次询问，所以祁彪佳会频频报以平安书信，并派人归家报告情况。

闰十一月初，战事渐平，渐渐开始有北行之人，祁彪佳不顾朋友的阻止，决意北上。闰十一月十三日，祁彪佳再次踏上北上之路，到山东遇到从天津南下躲避战乱的很多难民。此时邸报已有十二天不通，消息不明，传言清军已至北京，友人因京城形式不明，苦劝祁彪佳暂留青州以待消息，但祁彪佳还是决意继续北上。北上的路途非常

---

① （明）祁彪佳：《祁彪佳日记》，浙江古籍出版社2016年版，第631页。
② （明）祁彪佳：《祁彪佳日记》，浙江古籍出版社2016年版，第632页。
③ （明）祁彪佳：《祁彪佳日记》，浙江古籍出版社2016年版，第632页。
④ （明）祁彪佳：《祁彪佳日记》，浙江古籍出版社2016年版，第632页。

艰辛，途中适逢祁彪佳生日，友人为他祝寿，祁彪佳治酒答谢，"然贫村止具一肉耳"①。到沧州则更是凄然，"求与宿处不可得，晤游戎郭廷藩，渠指宿于三里庄庵中……灯下，予腹痛欲绝，尤作书驰报冯留仙，乞护送"②。

祁彪佳在日记中记录了途中的情景："过兴济，乃虏所过之地，一望丘墟，即有茅屋数椽，亦寂无居人，抵青县尤是也……借宿于援引寺，是日遂不得中饭，离乱之景，伤心惨目……自庆云以北，民心惊惶，初苦于贼，继苦于兵……途中，闻范兵百数十骑时作残掠，乡民畏之，多望北逃徙。"③ 清兵、农民军与官兵，都给明末的百姓带来了极大的灾难。直至十二月初四，祁彪佳才到达京城，"朝士相晤，无不询予来路，以为若从天而降也"④。崇祯十六年（1643）正月初一，祁彪佳在日记中记载："是年为大朝贺之期，乃因虏警，各省多不至，予预事计典者亦不能举，为国家二百八十年一变局，念此能不郁郁？"⑤ 祁彪佳冒死入京，实为难能可贵，而他对国家前途的忧虑也是极为准确的。

此次赴京，与前几次赴任途中呼朋会友、游山玩水相比较，真是云泥之别。商景兰远在江南，不可能切身体会祁彪佳路途的艰难险阻，但商景兰毕竟是读书明理的知识女性，对于国事并非一无所知。虽然祁彪佳一路上频作家书报告自己的行踪和平安，但正值国家动荡之时，商景兰还是担忧不已。由于商景兰所留下的诗歌没有注明时间，我们只能从她诗歌的内容中大致推测其创作时期与心境。

月

绿暗寒窗下，新开素影明。

---

① （明）祁彪佳：《祁彪佳日记》，浙江古籍出版社2016年版，第636页。
② （明）祁彪佳：《祁彪佳日记》，浙江古籍出版社2016年版，第636页。
③ （明）祁彪佳：《祁彪佳日记》，浙江古籍出版社2016年版，第637页。
④ （明）祁彪佳：《祁彪佳日记》，浙江古籍出版社2016年版，第638页。
⑤ （明）祁彪佳：《祁彪佳日记》，浙江古籍出版社2016年版，第647页。

> 玉楼闻玉笛,银甲怨银筝。
> 树影山山动,莲歌字字清。
> 秦关光落处,谁复照从征。

这是一首拟闺怨诗。寒夜中,无法入眠的妻子看着象征团圆的明月,思念远戍边疆的丈夫。月色融融,笛声萧瑟,银筝幽怨。月光洒向千里之外的秦关,妻子的思绪也飞往千里之外的秦关。祁彪佳并非远戍,也非从军,但在战火已经点燃之时,远赴被清军围困的京城,商景兰内心中的忧虑无法排遣,只能借诗词来抒发心中的担忧与焦虑。

入京之后,祁彪佳任河南道掌道御史,主掌当年内外官吏的计典。此时清军虽未攻入北京,却攻破顺德、广平等地,直抵兖州。李自成军也已攻占河南大部地区。崇祯十五年除夕夜,祁彪佳回忆自辛酉年到京参加会试至此四次在京守岁,"惟今房在内地,无出口之期,流寇扰乱,中州一空,百余万之贼俱在楚中,圣上以焦劳之极,臣下无能仰体,颇有怒色,而举朝无能画一策以退虏御寇"[①]。国事如此,祁彪佳内心充满了悲哀与无力之感。

崇祯十六年(1643)三月,祁彪佳又闻家乡暨阳因征粮之事发生民变,惊骇忧虑。不久有又传闻楚地军中生变,叛军欲下江南,又有传闻说九江已被叛军攻下,祁彪佳忧愁至极。他既担心家人的安全,又恐家人为自己担忧,只能时时翻阅邸报,了解江南形势。四月十七日日记中记载祁彪佳族侄将南归,祁彪佳作家书请他带回,并记载:"家间正月初八书,知越中讹传不一,家中念予甚切。"[②] 上次收到家信已是三个月之前了,可以想见,邮路不通,让亲人的消息隔绝,无论祁彪佳还是商景兰,都是忧心焦虑而又无可奈何。

商景兰有《思帝乡》二首,其二曰:

[①] (明)祁彪佳:《祁彪佳日记》,浙江古籍出版社2016年版,第643页。
[②] (明)祁彪佳:《祁彪佳日记》,浙江古籍出版社2016年版,第668页。

鸳帐冷，烛光浮。帐冷光浮梦短思悠悠，添得满腔憔悴满身愁，纵到花间月底意难留。

此词写相思离别，但又非寻常之相思离别。满腔的憔悴，满心的忧愁，不但是对丈夫深深的思念，更有对丈夫深深的担忧。此词无法考证其创作年代，但从其中的情感来看，应不是早期别离之时的作品。前几次祁彪佳与商景兰离别，或是祁彪佳进京赶考，或是回京考核，都是文人与官员正常的生活状态。而祁彪佳此次赴京，却适逢战乱之时。祁彪佳一路艰辛，甚至是冒着生命危险。祁彪佳在日记中记载曾有人传言他在青州遭遇清军，祁彪佳听说此传言，担忧"不知予家之盼望如何也"。没有文献记载商景兰是否听说了此事，但当时社会的乱象她是知道的，因而除思念之外，更多的应是担忧与焦虑，所以才会"添得满腔憔悴满身愁"。

与祁彪佳第一次在京候选频寄家书不同，这次在京中之时，因邮路不顺，祁彪佳很少写家书。但只要有机会，祁彪佳即写家书，托人带回家乡，以慰商景兰之心。商景兰也是寻找一切机会，捎家书与丈夫。六月初二《祁彪佳日记》中记载："于邢淇瞻家人得家报，是四月廿二日发者，知予家平安，寓山景色如昨，但大旱，河井皆竭，然来人云行后已得雨矣。"[①] 可见当时邮路已经不通畅，消息传递非常缓慢。正如杜甫所说："烽火连三月，家书抵万金。"动乱之际，离别相思之苦尚在能忍受的范围，对亲人安危的忧虑则让商景兰日夜不安、焦虑万分。商景兰如此，祁彪佳也如此。祁彪佳得知家人平安的消息固然得到安慰，但家乡大旱之事又令他担忧，乱世之际再遇灾荒，民变随时可能发生。好在来人又告知其后已得雨，旱情可以缓解，让祁彪佳稍感宽慰。然而不久祁彪佳又接到岳父商周祚及内兄的书信，得知越中四月大旱，米价大涨。

越中荒灾不断，国事也是令人忧心不已。营建寓山园林时诸事奢华

---

① （明）祁彪佳：《祁彪佳日记》，浙江古籍出版社2016年版，第675页。

的祁彪佳形式风格也发生了改变。祁家长女祁德渊出嫁之期渐近，祁彪佳"作家书寄归，切切以嫁女之奁须俭"①。在祁彪佳营建寓园之时，商景兰就曾劝祁彪佳不要过分奢靡，祁彪佳没有记录商景兰当时的情况，但可以推测，在营建寓园时即劝阻祁彪佳不可奢靡的商景兰一定会按照祁彪佳叮嘱行事的。商景兰也会从祁彪佳的改变中了解国事的危机，内心的忧虑也会与祁彪佳相同。

崇祯十六年（1643）六月清兵退回关外，七月四日"闻闯贼破武昌，又闻午门前卫士夜惊，有白气之祟"②。国事如此，朝廷内部却依然党争不断。祁彪佳到京时间虽短，但也不可避免地卷入了明末的党派之争，祁彪佳内心十分不快，六月初十日记中记载："是日从衙门归，有种种拂意事，闻之不觉病发。"③计典完毕之后，祁彪佳提出辞呈，未获批准。祁彪佳又自请迁转外任，得以外放南京，任京畿道御史。八月十六日，祁彪佳离京南下。一路行来，颇不平安。清兵所过之处，往往数十里无人烟。而途中又恐盗贼偷袭，严加戒备，更感疲惫。"计出都一月矣，程始及半，郁郁不自得。"④祁彪佳十月十三日抵家，其时二兄祁凤佳（字德公）已去世。归家之后，祁彪佳即上疏以病请辞，再次隐居在乡。

祁彪佳虽隐居在家，但并不清闲。归家之后，先是忙于处理其兄后事，紧接着"闻流贼破江右之信甚急，于颖长公祖又有札，邀予入城商备御之策"⑤，此后祁彪佳大部分的时间和精力都用于地方防御与赈济灾民之上。商景兰则忙于家庭日常事务的处理。祁家被盗，是商景兰"归查其故"⑥，祁彪佳还记载了"内子返家收岁租"⑦。而许多家庭事务的处理，也是祁彪佳与商景兰共同完成的，如：

---

① （明）祁彪佳：《祁彪佳日记》，浙江古籍出版社2016年版，第677页。
② （明）祁彪佳：《祁彪佳日记》，浙江古籍出版社2016年版，第681页。
③ （明）祁彪佳：《祁彪佳日记》，浙江古籍出版社2016年版，第682页。
④ （明）祁彪佳：《祁彪佳日记》，浙江古籍出版社2016年版，第694页。
⑤ （明）祁彪佳：《祁彪佳日记》，浙江古籍出版社2016年版，第710页。
⑥ （明）祁彪佳：《祁彪佳日记》，浙江古籍出版社2016年版，第705页。
⑦ （明）祁彪佳：《祁彪佳日记》，浙江古籍出版社2016年版，第709页。

（崇祯十六年）二十八日，为德公兄三七之期，予兄弟延僧为礼水忏……抵暮完法事，乃与内子还山。①

（崇祯十六年）十一月初一日，先大夫讳日，予与内子抵家。②

（崇祯十六年十一月）十二日，同内子抵家，举宗祠冬至之祭。③

可以看出，商景兰拥有家庭日常事务的管理权与决策权，而祁彪佳对商景兰处理家务的能力也是十分信任的。商景兰与祁彪佳的婚姻和明清时期其他才媛的婚姻并不太相同，很多才媛与丈夫往往是文学上的知己，无论是在祁彪佳的作品中还是在商景兰的诗词中，都没有他们诗词唱和的任何记录，但这并不代表他们没有精神上与心灵上的默契。在祁彪佳的日记中，记录了他们生活上的许多琐事，描述了他们相亲相爱、相依相守的美满婚姻生活，也记录了他们共同度过的许多闲适时光，显示了他们之间精神上、审美上的默契与契合。即使是在这段令人忧虑的忙碌时光中，祁彪佳和商景兰也会抓紧一切机会共同度过：

（崇祯十六年十二月）十一日，雪，与内子会计长女装奁之费，午后至寓山小酌，看雪于远阁。④

（崇祯十六年十二月）二十七日，风。与内子至寓山，观方无隅累石小斜川，频与张轶凡相似，为之解颐。⑤

（崇祯十七年正月）十一日，风，寒。携家眷至寓山……予与内子定居于远山堂。⑥

（崇祯十七年正月）二十五日，晴，与内子同登梅花船。⑦

---

① （明）祁彪佳：《祁彪佳日记》，浙江古籍出版社2016年版，第705页。
② （明）祁彪佳：《祁彪佳日记》，浙江古籍出版社2016年版，第705页。
③ （明）祁彪佳：《祁彪佳日记》，浙江古籍出版社2016年版，第707页。
④ （明）祁彪佳：《祁彪佳日记》，浙江古籍出版社2016年版，第712页。
⑤ （明）祁彪佳：《祁彪佳日记》，浙江古籍出版社2016年版，第716页。
⑥ （明）祁彪佳：《祁彪佳日记》，浙江古籍出版社2016年版，第721页。
⑦ （明）祁彪佳：《祁彪佳日记》，浙江古籍出版社2016年版，第724页。

（崇祯十七年二月初二）薄暮，与内子看樱花灯于宛转环。①

寓园的建造已经完成，但种植花草工作一直在进行，商景兰也常常与祁彪佳同往寓山，关注寓园的美化：

（崇祯十七年三月初一日）与内子观新造花棚与选胜亭，植木香于棚下。②

（崇祯十七年三月初七日）同内子看笋竹圃，因饮茶于绛雪居。③

祁家与商家都在山阴，距离很近，商景兰经常归宁。祁彪佳与岳父关系也是非常密切的。从他的日记中可以看出，每一年岳父生日之时，他都会与妻子一起去商家为岳父拜寿。崇祯十七年正月，从初三日开始，祁彪佳就在为组建训练乡兵之事奔忙。但初八日，祁彪佳即与商景兰带理孙、班孙到商家为商周祚做寿，当日宿于商家。第二天是商周祚的七十大寿，为父亲拜寿毕，祁彪佳一家人才归家。祁彪佳在归家的舟中即草书信，抵家后又与当地官员乡绅商谈乡兵之事，可见其事务繁多。

与祁彪佳相比，商景兰的生活更悠闲一些，经常可以与友人外出游玩。"（正月二十八日）内子游湖塘胡氏园，予送之登舟，即抵家。"④ 祁彪佳虽不能陪同，却送妻子登舟。此时祁彪佳与商景兰成婚已二十多年，夫妻恩爱关切之情则在淡淡的叙述之中流露无遗。

这一年正月，商景兰的长女祁德渊出嫁。作为母亲的商景兰初次经历女儿出嫁，十分不舍，商景兰有《与弢英》诗：

壁上三弦子，怀人不忍弹。

---

① （明）祁彪佳：《祁彪佳日记》，浙江古籍出版社2016年版，第725页。
② （明）祁彪佳：《祁彪佳日记》，浙江古籍出版社2016年版，第730页。
③ （明）祁彪佳：《祁彪佳日记》，浙江古籍出版社2016年版，第731页。
④ （明）祁彪佳：《祁彪佳日记》，浙江古籍出版社2016年版，第724页。

若弹离别曲，泪洒月光寒。

此诗应写于祁德渊出嫁之时，母亲的伤感不舍之情溢于言表。幸运的是，祁德渊出嫁后与夫婿姜天梧十分恩爱，并且与娘家来往密切，让作为母亲的商景兰安心了许多。

第二节 末世风雨

——人如飘萍山河破

崇祯十七年（1644）三月，祁彪佳因请辞没有获批，于三月二十六日赴南京上任。商景兰带两儿、两媳及次女随祁彪佳一起赴南京。出发之时，即闻李自成部攻陷保定。是日下雨，一家人冒雨夜行。途中又闻李自成部逼近北京，京城戒严。祁彪佳决定让长子祁理孙与身怀有孕的长媳张德蕙归家，商景兰与祁班孙夫妻及次女依然同祁彪佳同行。四月二十七日知崇祯皇帝殉国，祁彪佳"为之彷徨彻夜"[①]。

崇祯皇帝自尽于煤山的消息传到南京之后，南京众臣拥立福王为监国。国事危机，祁彪佳竭力而为，商景兰担忧不已。祁彪佳"慰内子于寓中"[②]。

五月，福王在南京登基，祁彪佳先后出任大理寺丞，右佥都御史，巡抚江南、苏松总督。祁彪佳临危受命，尽心竭力。商景兰为了减轻祁彪佳的压力，也是想尽办法。崇祯十七年九月初九《祁彪佳日记》中记载："内子置酒，为予邀诸友素酌于水亭。"[③] 商景兰置酒为祁彪佳邀友共饮，是为了让祁彪佳在重重压力之下能稍稍放松心情。然而南明朝廷内部混乱，党争激烈，内讧不断。祁彪佳因为得罪权臣，受到排挤，心灰

[①]（明）祁彪佳：《祁彪佳日记》，浙江古籍出版社2016年版，第740页。
[②]（明）祁彪佳：《祁彪佳日记》，浙江古籍出版社2016年版，第744页。
[③]（明）祁彪佳：《祁彪佳日记》，浙江古籍出版社2016年版，第774页。

意冷,萌生退意。商景兰也急切地希望丈夫辞官归家,"以请告致吴门署内,因内子亦亟求予归也"①。"内子屡有书促予请告,且日祝于佛前。"②对于商景兰来说,南明王朝的覆灭,已是无法避免,她只希望能保得一家人的平安。

崇祯十七年十月,祁彪佳引病请辞,十一月下旬,朝廷批准。这段时间,商景兰虽然随宦官署,但因祁彪佳日夜穿梭于苏州、常州、宜兴、丹徒等地,夫妻常常分离。得到朝廷批准祁彪佳归乡的消息,商景兰带家人先行离开公署,泊舟于苏州葑门,祁彪佳听到消息,派人借偕赏园,夫妻团聚。

十二月二十日一家人回到绍兴,商景兰带家人先行归家,祁彪佳探访兄季超新居,"兄弟相晤,恍然如再生"③。十二月二十四日,祁理孙长子出生。

除夕日,祁彪佳闲坐咸畅阁,"若不知有度岁事者"④,迎接新年之事都交于商景兰,"内子率儿媳入内宅谒祖先,出而共守岁于远山堂"⑤。弘光元年正月初一,商景兰与祁彪佳闲坐梅花船,"不知有新岁俗套也"⑥。祁彪佳本是临危受命,欲为即将灭亡的明政府尽最后的努力,然而却因排挤倾轧而不得不回归家乡,可以想见他内心的失望与郁闷。他在诗中感慨:"孤亭缥缈如相失,危石骞腾不可攀"⑦,"如此风光真不再,前溪未敢听啼鹃"⑧。商景兰对于祁彪佳的心境是理解的,但也无能为力,只能全力承担起家庭事务,多多陪伴丈夫。

也许是因为过于劳累,弘光元年(1645)正月十二日,商景兰流产。

---

① (明)祁彪佳:《祁彪佳日记》,浙江古籍出版社2016年版,第786页。
② (明)祁彪佳:《祁彪佳日记》,浙江古籍出版社2016年版,第790页。
③ (明)祁彪佳:《祁彪佳日记》,浙江古籍出版社2016年版,第796页。
④ (明)祁彪佳:《祁彪佳日记》,浙江古籍出版社2016年版,第798页。
⑤ (明)祁彪佳:《祁彪佳日记》,浙江古籍出版社2016年版,第798页。
⑥ (明)祁彪佳:《祁彪佳日记》,浙江古籍出版社2016年版,第805页。
⑦ (明)祁彪佳:《祁彪佳日记》,浙江古籍出版社2016年版,第798页。
⑧ (明)祁彪佳:《祁彪佳日记》,浙江古籍出版社2016年版,第798页。

祁彪佳深为妻子担忧，延医求药，为她调治。这次流产，对于商景兰的身体损伤很大，十七日，商景兰突然因失血过多而晕厥，经灌服姜汤才苏醒，自此之后，时患潮热，身体非常虚弱。祁彪佳焦虑万分，请多名医生为商景兰会诊，还"自后村庙至梅墅谒土谷神，为内子许酬戏筵。又至古弥陀寺拜佛"①。商景兰的姒娌也为她诵《莲经》祈祷。然商景兰的病情依然严重，彻夜出虚汗，竟夜不能入眠。直到两天后才稍有好转。从商景兰流产起，《祁彪佳日记》中几乎每天都有关于妻子病情及延医用药情况的记录，可见他对妻子关爱之深。在商景兰病情有所好转后，他依然会亲自为妻子调治药饵。

弘光皇帝即位之后，即沉湎于酒色，祁彪佳记载："数日因奉旨选婚，越中嫁娶如狂，昼夜不绝。"② 商景兰次女出生于崇祯三年（1630），崇祯九年（1636）许配与朱燮元之孙、兵部郎中朱兆宣之子朱尧日。崇祯九年十二月《祁彪佳日记》中记载："朱六兄以结姻来，出晤之，留小酌，"③ 应是记录朱家求亲之事。弘光元年（1645），朱家因选妃之事催办婚事，祁彪佳次女婿朱尧日生于崇祯五年（1632），时虚龄十四。祁彪佳"以婿尚幼，且为嗣子，正在服中，乃至内宅托八弟妇坚辞之"④，又给亲家朱兆宣写信表达了自己的想法。祁彪佳拒婚之意十分坚决，因商景兰尚在病中，祁彪佳托弟媳坚辞。但朱家却坚持尽快办理婚事，并为催亲送来了聘礼。不得已祁彪佳只好答应送女儿出嫁。三月初三日，次女出嫁，商景兰因病无法亲送女儿。

商景兰的次女出嫁，是非常匆忙的。但从祁彪佳的态度来看，也有些令人不解。虽然女婿年幼，但当时因福王选妃，苏杭一带有女儿的人家都急于嫁女以逃避。祁彪佳侄子祁鸿孙为长子聘倪家女为媳，为避福王选妃，倪家多次催促，祁家从俗迎娶。祁彪佳族侄道瞻的两个女儿都

---

① （明）祁彪佳：《祁彪佳日记》，浙江古籍出版社2016年版，第808页。
② （明）祁彪佳：《祁彪佳日记》，浙江古籍出版社2016年版，第811页。
③ （明）祁彪佳：《祁彪佳日记》，浙江古籍出版社2016年版，第245页。
④ （明）祁彪佳：《祁彪佳日记》，浙江古籍出版社2016年版，第812页。

被选入宫中。从这些情况看，祁彪佳也应希望女儿早些出嫁。但从祁彪佳的日记中可以感觉到，祁彪佳拒绝朱家迎娶的态度十分坚决，而在朱家的坚持之下，也似万分不得已地将女儿送到朱家。①

商景兰有《浣溪沙·代人送女归》：

唱罢骊驹神暗伤，栏干小月印虚堂，花枝影度隔帘香。
人去空留千里梦，寒深午夜怯银床，独留灯烬照荒凉。

这首词，题为代人送女，是否真的代人而作，还是借代人而抒发自己的真实情感，无法确知。但我们可以从中读出作为母亲的商景兰在女儿出嫁之时的真实心境。送别女儿，黯然神伤。虚堂即空堂，空的不是房屋，而是内心。女儿出嫁，对母亲来说，都是恋恋不舍的。但在这首词中，那种凄凉之情分外浓重，尤其是最后一句"独留灯烬照荒凉"，更让人感觉到母亲内心无尽的痛苦与担忧，似与一般情况下女儿出嫁时母亲不舍之情又不尽相同，但如与商景兰次女出嫁时的情景相对应，就可以理解商景兰此时的心情。乱世之时，幼小的女儿匆匆地离开亲人，病中的母亲无法亲自送别女儿，内心的担忧这般的浓重是非常自然的。所以在女儿离开之后，虽然春光烂漫，鲜花盛开，隔帘都可嗅到花香，但在母亲的内心中，却是一片荒凉。十年之后，商景兰在得知次女生子后说"常恐红颜多薄命，今看白发见佳儿"，"十载愁肠方自慰，好音惟听凤雏奇"。可见她对女儿担忧之深，所以在听说出嫁十年的女儿终于得子的消息后十分高兴，更感欣慰。

商景兰身体好转后，过了一段平静安宁的生活。祁彪佳在日记中记载商景兰或与妯娌共同出游赏花，或与祁彪佳一起至寓山小住，或"悬灯瓶隐，小酌听歌"②，在乱世之中夫妻二人暂得安乐。然而很快这份短

---

① 本书附录中在探讨商景兰次女生平时分析了其中缘由。
② （明）祁彪佳：《祁彪佳日记》，浙江古籍出版社2016年版，第819页。

暂的平静就被打破了。弘光元年（1645）四月，驻守武昌的南宁伯左良玉以"奉太子传国密诏""清君侧"为名，发布檄文，沿长江顺流而下，进攻南京，争夺大明政权。已经丢失北京和西安的李自成部尾随其后。南明朝廷被迫调动江北四镇的军队迎击左良玉的军队，江淮防线空虚，清军乘势南下，破天长、六合，迫近瓜州、扬州。形势危急，祁彪佳与叔父、弟弟开始考虑避乱之地。此后，坏消息不断传来。五月初十，弘光帝星夜率内官逃出南京，投奔芜湖守将靖国公黄得功。十五日，清军进入南京。随后又收到消息，扬州沦陷，史可法殉难，清军破城后大肆屠杀。

各种传言不断，越中人心惶惶。祁彪佳一方面参与当地行保甲、练乡兵之事，另一方面也在做着逃难的准备。五月二十一日，祁彪佳"决计遣家入山"[①]。商景兰收拾行李，当天即离开家园，夜晚宿于舟中。二十三日，祁彪佳制道衣，为避世之计。三天后祁彪佳更换道服，一家人离家避难至平水。二十八日，祁彪佳听闻皇太后到杭州，马瑶草率黔兵驻扎涌金、钱塘门外，又得知弘光皇帝在芜湖的消息，浙江总镇王之仁也已统兵勤王，形势似有好转，便返回寓山。六月初二日，商景兰偕儿女归家。山阴令传太后懿旨召浙直诸臣到杭议事，祁彪佳也在其中，他以病推辞。初九日，祁彪佳得知潞王朱常淓应皇太后之命登监国位，友人传来消息，监国欲任祁彪佳为苏松总督。因清军迫近，监国之谕旨没有来得及颁发就中止了。

六月十三日，清军进攻杭州，百官各自逃生。监国潞王重犒军队，以抵御清军。及清军至，明军只发数铳就逃跑，监国潞王在杭州投降清军，而在湖北的清军镇压了李自成部队后沿长江东进，沿江十几万明军望风倒戈。祁彪佳听闻杭州失陷的消息，改换道服，辞别家庙，欲与叔父、婶母等一起赴南塘。中途他不放心家人，再至寓山，令商景兰收拾行装躲避战乱。在平水之时，商景兰因误用药，身患重病，祁彪佳亲自用人参为她解药。回家之后，病情依然未有多少好转。商景兰扶病出行，

---

① （明）祁彪佳：《祁彪佳日记》，浙江古籍出版社2016年版，第826页。

与祁彪佳夜宿止水庵。第二天因见溃兵未到绍兴，而商景兰病势沉重，祁彪佳欲送商景兰归家，夜宿兄季超家，"与季超兄感叹竟夕"①。然尚未到家，就接到理孙书信，得知越中之人纷纷逃到山中避难，商景兰只好抱病乘舟，准备入山躲避战乱。

第三节　国破夫亡
——沧桑顷刻风云换

清兵渡江逼近绍兴，地方官员纷纷投降，祁彪佳殉国。祁彪佳以死殉国，应该是早有心理准备的。其任苏松总督之时，署衙后有一池塘，淤塞已久。在军务极其繁忙之时，祁彪佳突然兴工疏浚，众人都很奇怪。祁彪佳对三兄祁骏佳（字季超）说："吾兄知我者，今寇孽未殄，北款未就，奸人满朝廷，骄帅垂涎江左，其济则社稷之灵也，不济则率将士决死战耳。"又指池塘说："若妻子则归于此乎？"② 彼时祁彪佳就做好以身殉国的准备了。当时妻子儿女都在署衙，他甚至想到为了避免家人受辱，全家都要以死殉国。

归乡之后，战事日紧，而南明朝廷更加混乱，满朝文武各怀心思，钩心斗角，无一人实心做事。祁彪佳悲叹"江南即燕都续矣"，他再次表示："死，吾分也。"③ 但他希望能保全家人，因而为妻子儿女在云门东二十里傅家峇购置房屋，作为躲避战乱之用。弘光元年（1645）四月，他接到吴中旧部书信得知清军即将抵达寿州，就以商景兰生病为由，预制棺木寄存古庙中，准备在父亲坟前自尽。友人劝祁彪佳以道服游于天台、雁荡山之间，以观时变，到事必无可为之时，再殉国也不晚，祁彪佳表示不愿跋涉偷生。闰六月四日，得知贝勒礼聘，祁彪佳密语季超兄："此

---

① （明）祁彪佳：《祁彪佳日记》，浙江古籍出版社2016年版，第832页。
② （明）祁彪佳：《祁彪佳日记》，浙江古籍出版社2016年版，第888页。
③ （明）祁彪佳：《祁彪佳日记》，浙江古籍出版社2016年版，第889页。

其时矣。"① 这日，他已下定了殉国的决心。蕺山学派的开创者刘宗周也接到了多尔衮礼聘的书札，以绝食抗命。刘宗周劝祁彪佳以书信拒绝贝勒的礼聘，又为他设三策，都可以以智谋保全性命，祁彪佳没有答应。他借口欲去杭州面辞官职，先至寓山，与幼弟翁艾、侄子奕远等人谈笑饮酒，待众人休息后，自沉于梅花阁前池塘中，留下遗书六封，绝命诗一首，时年四十四岁。

从现在的文献资料来看，我们无法了解商景兰在得知祁彪佳死讯时的心情，也无法知道商景兰是否了解祁彪佳以身殉国之志。从祁彪佳的日记中可以看出，在接到贝勒礼聘书信之前，尽管他已决心以身殉国，但没有到最绝望的地步，他依然带着妻子家人四处躲避兵乱，希望能够保全家人的性命。甚至在他自尽的前几日，还在为商景兰求药延医。求生是人的本能，但在他的内心中，早已做好准备，在名节无法保全的情况下，死是唯一的出路。因此，他的赴死显得从容而理智。他不忍心将自己的决定告知妻子儿女，所以他虽然做了充分的准备，但一直没有让病中的妻子察觉他的心思。儿子理孙在看到父亲自沉于水中之时，"呼号擗踊，欲入水效曹娥负尸，山人辈抱持之，竟闷绝"②。跟随在父亲身边的理孙伤心震惊如此，病中商景兰的伤心震惊可想而知。

商景兰在祁彪佳死后有《悼亡诗》两首：

其一
公自成千古，吾犹恋一生。
君臣原大节，儿女亦人情。
折槛生前事，遗碑死后名。
存亡虽异路，贞白本相成。

---

① （明）祁彪佳：《祁彪佳日记》，浙江古籍出版社2016年版，第890页。
② （明）祁彪佳：《祁彪佳日记》，浙江古籍出版社2016年版，第892页。

其二
凤凰何处散，琴断楚江声。
自古悲荀息，于今吊屈平。
皂囊百岁恨，青简一朝名。
碧血终难化，长号拟堕城。

从商景兰前期的诗词来看，她的诗词风格柔婉细腻，为典型的女性之作。国破夫亡，对于女性来说，是毁灭性的打击，尤其是对于商景兰与祁彪佳这样琴瑟和谐感情深厚的夫妻来说，一方的离去，对生者是永远无法忘怀的伤痛。商景兰与祁彪佳生前很少离别，一旦分别，往往是思念异常。从商景兰后期的诗词中也可以看出，对祁彪佳的思念是她诗词最主要的题材，丧夫之痛伴随其后半生。在她的《悼亡诗》中，我们可以感受到祁彪佳之死带给她的巨大痛苦，但从整体诗歌来看，她的情感表达是相当理性克制的。在诗中，她更多地表达的是对丈夫高尚节操的理解与景仰。这恰恰说明商景兰与祁彪佳这对恩爱夫妻在精神上与心灵上的相知相契。

我们先来看看祁彪佳留给商景兰的遗书：

自与贤妻结发以来，未尝有一恶语相加，即仰事俯育，莫不和蔼周详。如汝贤淑，真世所罕有也。我不幸值此变故，致于分手，实为痛心。但为臣尽忠，不得不尔。贤妻须万分节哀忍痛，勉自调理，使身体强健，可以区处家事，训诲子孙，不堕祁氏一门，则我虽死犹生矣。一切家务应料理者，已备在于儿子遗嘱中。贤妻必能善体我心，使事事妥当。至其中分拨多寡厚薄，我虽说如此，还听贤妻主张。婢仆非得用者，可令辞出。凡事须较前万分省俭，万分朴实，处乱世不得不尔也。贤妻闻我自决，必甚惊忧。虽为我不起，亦是夫则尽忠，妻则尽义，可称双美。然如一家男女，绝无依靠何？切须节哀忍痛，乃为善体我心也。世缘有尽,相见不远,临别惓惓。

夫彪佳书付贤妻商夫人①

  从祁彪佳的遗书中可以看出,为了减少妻子的哀恸,他做了许多努力。祁彪佳去世前,商景兰一直在病中,所以他在遗书中切切嘱咐妻子,一定要节哀忍痛,调养好身体,只有这样,才能"区处家事,训诲子孙,不堕祁氏一门"家风。这是对商景兰的期望,其实更是用责任让商景兰能够扛住丧夫之痛的打击。虽然在苏松总督任上,他曾经想到过如果亡国之后,妻子儿女会受侮辱,那么宁可一家殉国而死,但在他自尽之时,杭州已经为清军所占,并没有发生像扬州、嘉定那样的惨剧,所以他还是希望妻子儿女能保全性命,这也是人之常情。然而他担心爱妻会殉节而死,所以先在遗书中说明,自己为国尽忠,妻子为夫尽义,可以并称双美,但是留下儿女无可依靠,祁氏家风如何传扬?因而他再次叮嘱妻子,只有节哀忍痛、保全家族,才是真正体谅理解自己。坚毅刚正的祁彪佳,给妻子的遗书却写得委婉细致,从中可以看出他对妻子的担忧与不舍,更可以看出他对妻子的了解与信任。

  从商景兰的《悼亡诗》中我们可以看出,商景兰完全理解祁彪佳的殉国之志与爱妻之情。因而在她的诗中,她非常理性克制地表达自己的哀恸,把诗歌的重点放在褒扬丈夫为国尽忠的高尚品德,并剖析了自己之所以忍死偷生,就是为了承担丈夫留下的重任:训诲儿女,传扬家风。在商景兰前期的诗词中,她很少使用典故,而在这两首《悼亡诗》中,商景兰一连用了六个典故,用历史上著名的忠臣比拟祁彪佳。"折槛生前事",用的是《汉书》中的典故。汉成帝时,朱云请诛安昌侯张禹,惹怒了汉成帝,反而要杀朱云,朱云手攀殿槛,槛折,左将军辛庆忌进言救朱云,朱云方得免死。后来成帝知道朱云是忠臣,修复栏槛时,下令保

---

① (明)祁彪佳:《别妻室书》,转引自曹晔《祁彪佳遗书补遗》,《浙江档案》2019年第4期。

持原样,以表彰朱云的直言敢谏。商景兰借这个典故来指祁彪佳在崇祯四年上疏遭贬斥之事,来表明丈夫的刚直不阿。"遗碑死后名",用的是羊祜的故事。羊祜镇守襄阳十年,有德政,死后吏民建庙立碑纪念他,碑名羊碑,又称堕泪碑。商景兰以此典故来表明祁彪佳两次在苏松任职,尽忠职守,吴中父老极为爱戴他,称其"为国朝二百年所仅见"[①]。"自古悲荀息",是用春秋之时荀黯的故事。荀黯,表字息,晋国大夫。晋献公听信宠妃骊姬的谗言,逼死太子申生,逼走了重耳和夷吾,立骊姬所生的儿子奚齐为太子,并于病榻前召见荀息,委以托孤重任,后朝中兵变,奚齐、骊姬及后立的国君被杀,荀息深感有负于献公,遂自杀。"于今吊屈平",则以因亡国而投水自尽的屈原比喻祁彪佳。南明之时,祁彪佳明知朝廷中奸臣当道,内斗不止,国事不可为,但还是毅然听从朝廷的召唤,出任苏松总督之职,奔波于吴中各地练兵以图抗清,然而在权臣的倾轧排挤之下,不得不辞官回乡。归乡之后祁彪佳依然心系国事,最终从容殉国。商景兰的《悼亡诗》,写出了恩爱夫妻死别之后的巨大哀痛,更写出了她对丈夫精忠报国的理解,也写出了她对丈夫从容殉国高尚情操的景仰。她确信,祁彪佳殉国的壮举,一定会如长虹化碧血一样流芳百世。而自己抚养儿女、传扬家声,虽然与丈夫存亡相异,却同样是坚贞高洁的。商景兰的《悼亡诗》与祁彪佳的《别妻书》,在精神上高度的契合,深刻地表明了他们夫妻不仅仅是"美风采,有令仪"的金童玉女,更重要的是他们在精神上、心理上相互理解与契合,这也是他们二十五年幸福婚姻最坚实的基础。商景兰的这两首《悼亡诗》,与其他女性诗人的悼亡诗相比较,情感抒发克制理性,没有呼天抢地的悲号,也没有哀婉幽怨的伤痛,反而呈现出女性诗歌中少有的刚烈坚强,这恰恰是因为她对祁彪佳"含笑入九原"心境的理解与呼应。

虽然商景兰在《悼亡诗》中对丧夫之痛的表达是理智与克制的,但

[①] (明)王思任:《祁忠惠公年谱》,载(明)祁彪佳《祁彪佳日记》,浙江古籍出版社2016年版,第866页。

事实上，祁彪佳之死对她的打击是巨大的，给她带来的伤痛是终身的。商景兰留下的诗词大部分作于祁彪佳死后，这些诗词中的大部分又都是在抒发死别带给她无法忘怀的哀恸。

    过河渚登幻影楼哭夫子
  久厌烦嚣避世荣，一丘恬淡寄余生。
  当时同调人何处，今夕伤怀泪独倾。
  几负竹窗清月影，更惭花坞晓莺声。
  岂知共结烟霞志，总付千秋别鹤情。

  祁彪佳在世之时，四次辞官回乡，对官场的钩心斗角非常厌恶。商景兰对祁彪佳的辞官也是非常支持的。尤其是在南明时期，商景兰多次劝说祁彪佳请辞。她最希望的是能与丈夫在寓山安然恬淡地度过余生。祁彪佳建造寓园，本来也是为隐居生涯做准备，所以夫妻二人对寓园的建设倾注了大量的心血。祁彪佳的殉国，打破了她的梦想，志同道合的丈夫已经离去，留给她的只有无限的哀伤、无尽的泪水。清夜竹窗之下，花坞晓莺声中，只有孤独的伤心人。烟霞之志，已成幻影。比翼双飞的夫妻则已阴阳两隔，离别之痛永远无法释怀。

  祁彪佳在崇祯八年辞官之后，直到崇祯十五年，一直居住在家乡。回到家乡后不久即开始了寓园的建造，其间他亲自设计规划寓园布局。崇祯十七年他第三次辞官回乡后，还在精心布置寓园花草树木的种植。商景兰也参与了寓园的建设。在祁彪佳的日记中，多次记载夫妻两人共住寓园的快乐时光。对于商景兰来说，寓园是她和祁彪佳幸福婚姻的见证，在寓园的山水中留下了太多幸福的回忆。然而回忆越幸福，现实就越痛苦。商景兰寡居后的诗词中，常常写到寓园带给她的痛苦回忆。

    卜算子·春日寓山看花
  烟暖碧云楼，楼迥春山秀。风落残红水面飘，池内清波皱。

柳外小莺啼，花鸟声相斗。唤起当年万种愁，泪湿青衫袖。

春日是寓园最美的季节，寓园建成之后，成为当地著名的游览之地。张岱在《寓山士女游春曲》中描绘了春日游人参观游览寓园的盛景："春郊漆漆天未曙，游人都向寓山去。大舠小舠来不已，仓促莫辨村与市。……今见名园走士女，沓来连至多如许。倩装灼灼春初花，笙歌嘈杂数部蛙。"① 祁彪佳也有同题诗写寓园游览之盛况。商景兰与祁彪佳也经常同宿寓园，共同欣赏寓园美丽的风光，共同在寓园度过一段平静如世外桃源般的生活。在寓园的建设过程中，祁彪佳往往亲自规划寓园花木的种植，商景兰也常常参与其中，寓园赏花在《祁彪佳日记》中也经常出现。祁彪佳在世时，商景兰常常与祁彪佳分别活动，祁彪佳与自己的朋友一起游览，而商景兰则与女性亲友和闺中之友去赏四时花卉。那时两人虽然不在一起活动，但只要知道对方安在，则心底总会有一种对幸福生活的笃定。然而此时，深爱的丈夫与自己已是阴阳两隔，心中的痛苦哀伤是无法忘怀的，内心的空虚也是眼前的美景无法填满的。寓山依然秀美，春景依然是莺啼柳绿，然而当年的甜蜜不再，美景带来的不是欢乐，鸟语花香唤起的是无限的忧愁，因而面对美景，只能是"泪湿青衫袖"。

寓山看芙蓉
水面芙蓉红满舟，两堤衰柳不胜愁。
夕阳西下长天色，双泪何时尽碧流。

此处的芙蓉，应是指荷花。荷花是在农历五、六月时盛开，此时柳树正应是茂盛之时。但在商景兰眼中，却是两堤衰柳不胜愁。因为柳代

---

① （明）张岱：《寓山士女游春曲》，载夏贤淳辑校《张岱诗文集》（增订本），上海古籍出版社2014年版，第58页。

表离别，而她与丈夫的离别却是永远的，因而她的内心感受到的是无法忘却的哀愁，映到她眼帘中本应浓荫蔽日的绿柳，则变为衰败的残柳。思念的泪水也如日夜奔流的碧水，无穷无尽。

如梦令·寓园有感

  此地春光如绣，画槛名花依旧。独立悄无言，梅比腰肢还瘦。僝僽，僝僽，林外鸟声依旧。

春光如旧，名花如旧，鸟声也如旧，不同的是独立无言的女主人公，容颜憔悴不再如旧。岁月流逝会让人衰老，但对于商景兰来说，国破夫亡，更让她在无尽的伤痛中憔悴衰老。

  商景兰留下的诗词大多数是在祁彪佳去世之后所做的。她不断地用诗词来抒发自己的丧夫之痛，抒写对丈夫无尽的思念。

对镜二首

  独启纱窗日影斜，几多情绪到菱花。
  照人颜色萦人恨，两处啼痕似一家。

  从来恩逐红颜尽，此际愁同白发长。
  世上已无京兆尹，蛾眉应减黛螺光。

  自古以来，女为悦己者容。对于美貌的女子来说，更是重视自己的容貌，但对镜之时，却在镜中看到自己面容中难以掩饰的哀伤。在那个女性无法自主的时代，女子最担忧的就是色衰爱弛，忧愁最易让人衰老。可是，这个世界上已经没有了深爱自己的丈夫，"蛾眉应减黛螺光"不是正常的吗？而"世上已无京兆尹"，又何用担心容颜的衰老呢？

  恩爱夫妻的死别是无法忘怀的痛，但对于商景兰来说，她不能沉浸在丧夫的痛苦中，在她的肩上，还担负着"区处家事，训诲子孙，不堕祁氏一门"的重任，因而在祁彪佳去世后，商景兰一方面长歌当哭，用笔记录了突然降临在她身上的致命打击；另一方面，她也在努力地调整心态，使自己从痛苦中挣脱出来，完成祁彪佳的重托。

雪夜即事
夜长无计却春寒，玉树妆成万里观。
窗外已迎隋柳动，岭头尤滞庾梅残。
五丝空老琴中凤，百岁难饶镜里鸾。
绿鬓缘愁还似雪，人前几度强为欢。

  初春之际，深夜无眠，更感春寒入骨。柳丝低垂，梅花已残。对于失去至爱的商景兰来说，春天的到来不能给她带来欢乐，却更让她感受到失去伴侣的悲伤。身负家族重任的她虽然因忧愁而白发如雪，但在儿女面前，却不得不强颜欢笑。祁彪佳去世之时，长子祁理孙二十岁，次子祁班孙十七岁，两个小女儿祁德琼和祁德茝尚在幼年。对于祁家来说，商景兰是家庭的支柱，更是家庭的精神领袖。因而无论内心如何悲伤，在人前，特别是在儿女面前，她更是不得不"强为欢"，让这个大家庭不至于因沉浸于痛苦之中而变得颓唐衰败。

  从目前的文献我们无法得知商景兰如何处理家中的事务，但从祁彪佳的遗书及其日记中，我们可以得知商景兰在家庭事务中有很大的决策权。决策权必然来自其对家庭事务的参与度，也来自其对家庭事务处置过程中给予他人的信任度。祁彪佳在世之时如此，祁彪佳去世之后更应如此了。因文献资料的缺乏，我们无法对商景兰"区处家事"方面的情形进行考证，但我们可以从她的诗词和现存的文献中看到她是如何"训诫子孙"，以"不堕祁氏一门"家风的。

第四章　传承家风的精神领袖

第一节　训诲二子
——行当立清标,读书成大儒

祁彪佳自幼聪慧,弱冠之年即中进士,进入仕途之后又有能员之称,后以身殉国,更是声名远播。这样的一位父亲,自然会成为子女的人生榜样,对儿女有着积极的影响。祁彪佳和商景兰琴瑟和谐的夫妻关系,也使这个家庭充满了温馨和幸福。在这样的家庭中成长起来的孩子,性格往往是开朗自信、独立,有强烈的责任心和进取精神。祁彪佳的突然去世,对于整个家庭来说犹如晴天霹雳,使他们的生活发生了巨大的改变,每一个人都沉浸于巨大的痛苦当中。在失去家庭顶梁柱的情况下,如何维护家庭内部秩序,并使家庭在没有丈夫的支撑下继续兴盛发展,家族的文化传统继续传承并发扬光大,这是商景兰所面临的最重要的问题。商景兰用自己超强的意志力和忍耐力,用自己乐观和积极的生活态度,使得一家人度过了国亡家破的巨大灾难,使得儿女能够摆脱父丧的阴影继续坚强快乐地成长,使得家族的文化传统得以继续传衍。

不堕家风,最重要的是教育好子孙。传统的寡母抚孤,往往通过课子读书,让儿子走上科举之路,以维系家族的稳定和繁荣,这是一条漫长而艰辛的道路。因为其前途光明,所以虽然艰辛,但也充满了希望。对于商景兰来说,教子之路则更加艰难与苦涩。

商景兰生有三子，长子祁同孙早夭，以次子祁理孙为长子。祁理孙，字奕庆，号杏庵。理孙自幼聪慧，十五岁就补绍兴府生员。祁彪佳巡抚苏松之时，祁理孙在父亲身边，得以参谋议事。经历了实战锻炼的祁理孙文武兼备，据《绍兴府志·祁理孙》记载，祁彪佳举贤不避亲，拔擢儿子祁理孙，"军中无弗服者"。祁理孙性格沉静稳重，具有长子风范。祁彪佳去世对理孙的打击很大，他本欲随父殉国，但因"以母在而不敢为"①。祁彪佳在遗书中告诫儿子"时危世乱，还以山中为隐"②，祁理孙谨遵父训，绝意仕途。但作为祁家这样的文化仕宦之家的子弟，从幼年起所受的教育就是以读书入仕为目的，仕途无望，如何选择新的人生目标呢？这对于遗民之家的后代是一个非常大的难题。《祁忠惠公遗集》中沈复粲引魏耕《今粹集》中记载："雪窦尝曰：'予每至梅市，与奕喜读书紫芝轩，而奕庆不一省顾，作画之外，唯焚香誓佛。向作诗千余篇，悉毁弃之，不欲堕文士习。'"③ 可见在经历了家国巨变之后的祁理孙一心向佛，对其他事情并未有太多的关注。这也表明，在祁理孙的内心中，国家的沦陷，父亲的逝去，前途的无望，都给他带来了巨大的痛楚，而作为失怙家庭的长子，又不得不坚强地承担起家族重担，内心承受着巨大的压力，却无法向他人吐露心声，因而只能在诵经礼佛中自我疏解。作为母亲，商景兰如何不知儿子内心的痛楚？但她却又无能为力，只有抓住一切时机，谨慎小心地劝解儿子，勉励他们树立坚强的信念。

喜得次孙兼示长儿

节令尽三春，吾儿意气新。

---

① 绍兴县修志委员会辑：《绍兴县志资料第一辑》，台北：成文出版社1983年版，第2614页。

② （明）祁彪佳：《父临诀遗嘱咐儿理孙班孙遵行》，转引自曹晔《祁彪佳遗书补遗》，《浙江档案》2019年第4期。

③ （明）祁彪佳：《祁彪佳集》，中华书局1960年版，第366页。

殷勤养后嗣，怀哺念前人。
庭树堪吾老，园葵欲汝贫。
若能逢汉武，当复傲平津。

商景兰在诗中表示，虽然三春已尽，但儿子依然意气风发，这对母亲来说是最为欣慰的。虽然祁家经历了巨大的变故，无法延续官宦家族的传统，也无法维持过去富有的生活，但喜得贵子，家族得以开枝散叶，能够好好地养育后嗣，依然是充满希望的。在诗的结句中，商景兰用了平津侯的典故。平津侯指汉武帝时期的公孙弘，公孙弘少年为吏，后因事被免职，贫困潦倒，以牧猪为生。四十岁时开始读书，七十岁入仕，快八十岁时被汉武帝拜为丞相，并封为平津侯。商景兰以平津侯大器晚成的故事勉励儿子，虽然此时因家国之变，绝意仕途，但不要失去信念，如逢盛世，依然可以大有作为。商景兰以公孙弘比拟儿子，既是对儿子才华的肯定，也用来表达自己对儿子未来的肯定，以此来鼓舞儿子及整个家族的士气。作为遗民家庭的家长，深明大义的商景兰不会为了家族和儿子的前程违背丈夫的嘱托，让儿子入仕清廷，但在那个学而优则仕的年代，读书而不能入仕，前途自然是无望的。如何让儿子在无望中保持乐观向上的心态，商景兰煞费苦心。

商景兰的次子祁班孙字奕喜，小字季郎，大排行为六，人称祁六公子。祁彪佳去世时班孙只有十七岁，但亦有文名。祁班孙性格豪爽，好结交朋友，善剑术。全祖望《祁六公子墓碣铭》记载："忠敏夫人商氏尝梦老衲入室，生公子。美姿容，白如瓠，而双足重跰，颇恶劣，日堪行数百里，又时时喜跏趺。"[①] 对于这个性格豪爽好交朋友的小儿子，商景兰更是期望其通过读书来涵养心性。

---

① （清）全祖望：《祁六公子墓碣铭》，载《全祖望集汇校集注》，上海古籍出版社2000年版，第256页。

>喜次儿读书紫芝轩
>莲花争笑日，佳客解悲秋。
>水绿香迷院，花红影动楼。
>凤毛池上出，鹤发镜中愁。
>万卷如能破，空阶月未收。

祁彪佳去世之后，其族侄祁鸿孙应郑遵谦之招，起兵抗清，理孙、班孙兄弟罄家资助。顺治三年（1646）郑遵谦溃于江上，祁鸿孙走匿山中。祁班孙岳父朱兆宪劝诫祁班孙"勿更从事于焦原矣"①，祁班孙不听。祁氏兄弟与反清人士的交往多由祁班孙出面，商景兰对于两个儿子与祁鸿孙的交往是否知晓，我们现在没有文献资料可以得知。但可以推测，商景兰即使不知理孙、班孙在外活动的情况，在时危世乱之时，她对于这个性格豪迈、喜爱结交各路朋友的儿子还是充满了担忧的。经历了国破夫亡的她，期望的是一家人平安。紫芝轩在寓园，原为祁彪佳的书房，一个"喜"字，写出了她对儿子的期望：继承父业，静心读书，在文化上传承家业。

商景兰对儿子们的期望，在她《五十自叙》中坦露得最为清晰：

>岁甲午十月，我年当五十。
>知命尤未能，知非正其日。
>堂中伐大鼓，笙竽张四壁，
>大儿捧兕觥，小儿列瑶席。
>诸妇玉面妆。诸孙亦林立。
>跪拜不可数，彩衣分如织。
>各各介眉寿，深杯几盈百。

---

① （清）全祖望：《祁六公子墓碣铭》，载《全祖望集汇校集注》，上海古籍出版社2000年版，第256页。

九微夺明月，满座皆佳客。
颂祝吐奇葩，珠玑已成袭。
人生遘欢会，欢会莫此极。
我心惨不乐，欲泣不成泣。
酸风射眼来，思今倍感昔。
两儿长跪请，问母何怆恻。
或者儿罪深，孝心不上格。
俯首不能言，中怀自筹画。
凤凰不得偶，孤鸾久无色。
连理一以分，清池难比翼。
不见日月颓，山河皆改易。
如彼断丝机，终岁不成匹。
忍泪语两儿，汝曹非不利。
行乐难及时，避难须俭德。
我家忠孝门，举动为世则。
行当立清标，繁华非所识。
事事法先型，处身如安宅。
读书成大儒，我复何促刺。
我本松柏姿，甘与岁寒敌。
扬名显其亲，此寿同金石。

商景兰秉承的是祁彪佳"不堕祁氏一门"的遗训，对儿子们的期望是"读书成大儒"，她更对儿子们提出了处事原则：行当立清标。而她自己，更是以"我本松柏姿，甘与岁寒敌"的精神，为子女以身作则树立了榜样，以引领这个遗民家族在改朝换代的大变革中继续走下去。

在继承家族文化传统上，两个儿子都没有辜负母亲的希望。祁彪佳去世之后，理孙以读书奉母为事，守制尽礼。他酷爱读书，手不释卷，每遇善本，尤加意校雠，日常以赋诗作画、礼佛诵经为主。理孙还继承了祁家的藏书传统,建立了奕庆藏书楼,藏书四万多卷,并用十年之功,将先人所藏书籍和自己增益的部分汇编成《奕庆藏书楼书目》。祁理孙的《奕庆藏书楼书目》首创了丛书与四部并列的体系,为藏书家学的弘扬做出了新的贡献。另有《诗学内传》六卷,《寓山诗稿》一卷,《藏书楼诗稿》一卷。祁班孙虽因通海案远戍宁古塔,但在流放地建漠北书斋,亦是对家族藏书传统的继承。祁班孙有手批《唐宋八大家文钞》20册,每篇后都有墨笔批语,间或附纪事,可见其读书之细、思考之深。班孙亦工诗,有《紫芝轩集》传世。《紫芝轩集》中的佳作多为远戍东北之后的作品,写东北流人的生活状况,真实感人。风格与明亡之前所作不同,多为慷慨悲愤。

第二节　祁氏才女

——检书开绣户,论诗抚玉钩

在清代初年的女性诗坛上,山阴祁氏是一个光耀照人的文学集团。朱彝尊在《静志居诗话》中记载:"(祁)公怀沙日,夫人年仅四十有二。教其二子理孙、班孙,三女德渊、德琼、德茝,及子妇张德蕙、朱德蓉。葡萄之树,芍药之花,题咏几遍。经梅市者,望若十二瑶台焉。"[①]

商景兰晚年时为三女儿祁德琼《未焚集》所作的序中说:"吾女自幼工诗,每得句即为先忠敏所称赏。"[②] 由此可以得知,祁彪佳对女性文学创作是持赞赏态度的。不过,祁氏家族之所以出现这么多女诗人,主要是商景兰的母教之功。

明清时代的文化世家对女子的教育都很重视,其原因是希望女性有良好的才德,为家族培养出更优秀的继承人。清代陈宏谋在《教女遗规序》中说:"有贤女然后有贤妇,有贤妇然后有贤母,有贤母然后有贤子

---

① (清)朱彝尊:《静志居诗话》,人民文学出版社1990年版,第727页。
② (明)祁彪佳:《祁彪佳集》,中华书局1960年版,第297页。

孙。王化始于闺门,家人利在女贞。女教之所系,盖綦重矣。"① 这一观点应是清代女性教育繁荣的理论基础。因为大多数科举仕宦家族的男性成员将主要精力不是用于读书应举就是要用于处理政务,这时具有良好文化素养的女性在家庭教育中就要起关键作用了,她们往往身兼严父、慈母二职,以治家教子。儿子尚可聘请名师进行教育,女儿则多数由母亲亲自课读。

明清两代的女性教育,往往是以诗教为主。诗教是中国社会主流教育的传统。孔子认为"兴于诗,立于礼,成于乐",诗礼传家是传统社会文化家族自上而下的基本要求。明清时期江南地区的女子教育更是注重诗文教育,认为诗歌可以明性情,和心志。因而文化世家往往希望女子在女红妇职之暇能够"浏览坟素,讽习篇章"②,这样可以"多识故典,大启性灵,则于治家相夫课子,皆非无助"③。从商景兰回忆祁德琼幼年因工诗而被父亲赞赏来看,祁家的女子教育也是遵循了这种传统,少年之时即开始从母学诗,有着良好的文学功底。

与儿子们相比,商景兰和女儿、儿媳相处的时间更多,影响更大。祁彪佳去世之时,祁德琼和祁德茞尚在幼年。父亲的去世、家庭的变故,对于年幼的儿女心理影响往往更大,因为年纪越小,对父母的精神依赖越多。长女祁德渊虽然已经出嫁,但从祁彪佳的日记中可以得知出嫁之后的祁德渊与娘家互动十分频繁,女婿姜廷梧与祁彪佳来往密切,祁彪佳的离世对女儿、女婿也会有影响。如何让幼小的女儿健康成长?如何让这个大家庭不沉溺于痛苦之中,商景兰除了强压自己的悲伤,"人前强为欢"之外,更采取了积极的态度,引领祁氏家族的女性成员进行诗歌创作,让女儿、儿媳用诗歌抒写心中的哀思与忧闷,在诗歌的世界中忘却痛苦,追求精神上的满足与充实。

---

① (清)陈宏谋:《教女遗规序》,《五种遗规》卷3,清光绪二十一年浙江书局刻本,第1页b。
② (清)陈兆仑:《紫竹山房诗文集》卷7,清乾隆陈桂生刻本,第6页b。
③ (清)陈兆仑:《紫竹山房诗文集》卷7,清乾隆陈桂生刻本,第6页b。

《两浙𬨎轩录》记载了祁氏家族女诗人创作的情景:"夫人有二媳四女咸工诗,每暇日登临,则令媳女辈载笔床砚匣以随,角韵分题,一时传为盛事。"① 商景兰在《琴楼遗稿序》中也自述:"平生性喜柔翰,长妇张氏德蕙,次妇朱氏德蓉,女修嫣、湘君,又具解读书,每于女红之余,或拈题分韵,推敲风雅,或尚溯古昔,衡论当世。遇才妇淑媛,辄流连不能去。心不啻如屈到之嗜芰,嵇公之好锻也。"② 在商景兰的带动之下,祁氏家族的女性没有因家国巨大的变故而沉沦,反而是通过文学创作使得生活丰富多彩。她们共同出游,彼此唱和,共同构成了明末清初山阴地区著名的女性文学群体,在女性文学史上留下了亮丽的一笔。

诗歌创作活动使得这些闺中女子的生活状态变得丰富多彩,也使得她们的交游范围扩大了许多。除了家族内部成员外,很多家族以外的女诗人也参与了祁氏女性诗歌群体的活动。在传统社会中,一家之主的去世,会给家庭带来许多变化,其中一个变化就是交游范围变窄。但是祁氏女性却因其诗文创作声名鹊起,吸引了当时的女性文人参与到她们的出游和创作活动中。商景兰与祁氏女性诗人也积极主动地与当时的女性文人联系,形成了一个以祁氏女性诗人为中心的女性诗歌创作群体,带动了山阴地区女性诗歌的发展。毛奇龄在描述祁氏女性诗歌群体时说:"闺秀,则梅市一门,甲于海内;忠敏擅太傅之声,夫人孕京陵之德。闺中顾妇,博学高才;庭下谢家,寻章摘句。楚缥(张德蕙)赵璧(朱德蓉),缘妇诚以著书;卞容(祁德琼)、湘君(祁德茝),乐诸兄之同砚。其他巨室名姝,香奁绣帨。董、陶、徐、郑,咏览颇多;玉映、静因,流传最久。编题姓氏,约十二家。闺阁风流,莫此为盛。"③ 祁德琼在《喜吴夫人过访》中记载了女性文人雅集的状况:"论诗红烛短,对酒白雪飞。明珠映双鬓,啸歌不自持。"雅集给这些难得出闺门的女子带来了

---

① (清)阮元:《两浙𬨎轩录》卷40,清光绪十六年浙江省局重刻本,第8页b。
② (清)商景兰:《锦囊集》,载《祁彪佳集》,第289页。
③ (清)毛奇龄:《越郡诗选凡例》,转引自陈维崧《妇人集》,载王英志主编《清代闺秀诗话丛刊》,凤凰出版社2010年版,第19页。

欢乐,挥毫作诗也使这些平日里柔弱矜持的女子变得豪迈了许多。祁德琼《春夜同诸姊妹分韵》诗:"遥天月色照华堂,酒罢幽窗待晚妆。雪散庭前香气暖,风开玉树斗芬芳。"写春夜宴罢,姐妹们分韵作诗,轻松愉悦,诗歌创作是家庭的凝聚力,是家庭快乐的源泉。

祁氏家族女性文学群体以商景兰为中心,其三女二媳为主要成员。商景兰的《锦囊集》大部分作品作于这个阶段。长女祁德渊有《静好集》,四女祁德茝有《寄云草》,只可惜现在都不可全见。留下作品最多的是三女祁德琼,有《未焚集》收诗六十六首,但也不是她创作的全部。商景兰在《未焚集序》中说这只是祁德琼所作诗歌的"十之二三"。商景兰的两个儿媳张德蕙、朱德蓉也是祁氏女性诗歌群体中的重要成员,她们俱出生于文化仕宦之家,在闺中时期即受过良好的家庭文化教育,嫁到祁家之后,在婆母商景兰的熏陶之下,亦积极地参与了祁氏家族的诗歌创作活动。虽然现存的诗歌不多,但亦有鲜明的特色。

从祁氏女性诗人现存的诗歌中可以看到一些同题之作,显然是她们共同出游相互唱和之作。《小腆纪传》记载:"夫人从事简册,教其三女及子妇张氏、朱氏,操翰吟咏,著有《东书堂合稿》。"① 可惜的是这本诗集没能流传下来,我们也无法看到祁氏女性诗人群体创作的全貌,无法对她们文学活动有全面的了解。幸而清代杜煦、杜春生所编《祁忠惠公遗集》后附商景兰的《锦囊集》及祁家三女二媳之诗,根据有限的记载和祁氏才女的诗歌,可以部分还原商景兰和她的儿女们在家国巨变之后的生活状态,也可以从中观察到商景兰对其子女的影响。

祁德渊,初名贞孙,字烎英。商景兰与祁彪佳长女。天启六年(1626)出生②,嫁给明大司农姜一洪次子姜廷梧。

祁德渊与母亲感情极好。商景兰在祁德渊出嫁之时作《与烎英》诗:"壁上三弦子,怀人不忍弹。若谈离别曲,泪洒月光寒。"写出了母亲嫁

---

① (清)徐鼒:《小腆纪传》,中华书局1958年版,第687页。
② (明)祁彪佳著,赵素文笺校:《祁彪佳诗词编年笺校》,浙江古籍出版社2016年版,第65页。

女时的不舍之情。祁德渊婚后与娘家联系十分频繁。在祁彪佳的日记中屡次记载了与姜廷梧的往来，可以看出翁婿之间的关系也甚为相得。祁彪佳去世之后，姜廷梧与理孙、班孙也有密切的往来。

祁德渊与丈夫婚后琴瑟和谐，感情甚笃，常以诗文唱和。王晫在《今世说》中记载："姜名廷梧，浙江会稽人，大司农一洪仲子。幼给捷行，文不起草，口所诵即成句。论者谓其诗类何景明，近为诗者莫过也。妇祁氏名娱英，忠敏公长女，贤有文章，每与姜倡和，或姜远游，则必诒诗相问讯。"① 毛奇龄在《祁夫人易服记》中也记载："予少至东书堂时，夫人从母商夫人学诗，而以予通家子，每出诸闺中诗属予点定，以故每读夫人诗而为之赏之。其后与先生倡和，更名静好集者是也。"② 可知祁德渊有诗集《静好集》。然而不幸的是康熙七年（1668），姜廷梧"罹祸下狱，得释，寻病卒"③，年仅42岁，时祁德渊43岁。《静好集》亦随葬姜廷梧。

祁德渊与姜廷梧生有五子五女。姜廷梧去世时，"诸子无长少，皆夫人教之"④。德渊缟素三年服丧后依旧不易服，直至其长子姜兆熊于康熙三十二年（1693）中举时还着素服，后在毛奇龄的劝说下始易服。祁德渊的女儿大都没有留下姓名，清乾隆元年重修本《浙江通志》中记载"《南楼草》，又《纫芝草》，山阴姜倩徽著，廷梧女"⑤，可知祁德渊一女名倩徽，善诗文，应亦是母教而成。祁德渊的人生经历与母亲商景兰极为相似，而由她所秉承的人生态度和选择的人生道路，可以清晰地看出

---

① （清）王晫：《今世说》卷1，《粤雅堂丛书》第七集，道光光绪间南海伍氏刊本，第11页a。

② （清）毛奇龄：《西河集》，《四库全书》第1320册，台北：台湾商务印书馆1986年版，第628页。

③ （清）徐鼒：《小腆纪传》卷60，中华书局1958年版，第687页。

④ （清）毛奇龄：《西河集》，《四库全书》1320册，台北：台湾商务印书馆1986年版，第627页。

⑤ （清）沈翼机等：《浙江通志》，《中国省志汇编之二》，京华书局1967年版，第4159页；转引自李贵连《明末清初山阴祁氏家族女性文学研究》，硕士学位论文，南京师范大学，2009年，第16页。

母亲商景兰对她的影响。

黄媛介有《赠祁弢英》诗：

> 古今彤管各流芳，此日才华属孟姜。
> 机上流黄皆锦字，怀中美玉尽珪璋。
> 簪花媚格曾师卫，咏物新诗渐逼唐。
> 月里围棋赢弟妹，一时欢笑动高堂。①

可知祁德渊不但善诗，也善书。而从"月里围棋赢弟妹，一时欢笑动高堂"句也可推知祁德渊虽然早已出嫁，但经常能回到娘家与弟妹母亲团聚。对于这个饱受社会变革打击的家庭来说，祁德渊的归宁，让家中充满了欢笑。

祁德渊的《静好集》殉棺，现已不可见。《祁彪佳集》附录中有其《送黄皆令归鸳湖》一首，王端淑《名媛诗纬初编》有《访黄皆令不遇》《夜坐有怀皆令》《绝句》三首。黄媛介到祁家时，祁德渊亦出嫁多年，而祁德渊仅存的四首诗就有三首与黄媛介有关，可见其与娘家联系之密切，亦可见其与其母商景兰共通之处："遇才妇淑媛，辄流连不能去。"②

> 访黄皆令不遇
> 漫传佳客至，急放木兰舟。
> 阔岸千山远，寒波夹浦流。
> 怀人追访戴，作赋慕登楼。
> 更惜缘仓促，空帘静玉钩。

---

① （清）黄媛介：《赠祁弢英》，载李雷主编《清代闺阁诗集萃编》卷1，中华书局2015年版，第43页。
② （明）商景兰：《锦囊集》，载（明）祁彪佳《祁彪佳集》，中华书局1960年版，第289页。

"漫传佳客至，急放木兰舟"，首联即写出急切欲见黄媛介的心情，转而却写沿途所见之景。"阔岸千山远，寒波夹浦流"，景色辽远，意境开阔，情虽切语却舒缓从容。颔联用王献之雪夜访戴的典故，写出了访友不遇虽遗憾但并不沮丧的情绪，表现了祁德渊潇洒的个性。全诗情感真挚，雍容舒缓，有大家闺秀的气度。

送黄皆令归鸳湖

西湖江上雁初鸣，水落寒塘一棹轻。
绕径黄花归故里，满堤红叶送秋声。
片帆南浦离愁结，古道河梁别思生。
此去长途霜露肃，何时双鲤报柴荆。

别离之情通过秋日的萧瑟之境传达出来，哀而不伤，语言雅致温润，意境幽美。

王端淑在《名媛诗纬初编》中给予祁德渊诗歌很高的评价："发英以绝色绝才，为诗从无艳态，一归大雅。盛唐气格，直接蛾眉。忠敏之家，教使之然也。"[①] 祁德渊的诗歌留存太少，尚无法印证王端淑的评价，但从其所留诗歌来看，确是"无艳态，一归大雅"，体现出文化世家的教养。

三女祁德琼（1636—1662），字修嫣，嫁同邑明福建参政王以宁之孙王鄂叔。祁德琼早逝，去世十二年后，其夫王鄂叔将她的作品结集刊刻，共收诗66首，命名为《未焚集》。正是因为《未焚集》的刊刻，使得祁德琼成为祁家姐妹中存诗最多的人。

关于祁德琼的文献资料很少，我们现在已很难得知这个正值青春年华就离开人世的女子一生中经历了什么，只能从一些只言片语和她所留下的诗歌中来大致推测她的人生轨迹和心路历程。

祁德琼自幼聪慧，商景兰曾云："吾女自幼工诗，每得句即为先忠敏

[①] （清）王端淑：《名媛诗纬初编》卷13，清顺治清音堂刻本。

所称赏。"① 祁彪佳自沉之时，祁德琼年仅 9 岁。商景兰在康熙十三年（1674）为祁德琼《未焚集》作序时说："吾女德琼之长逝也，盖十有二年矣。"那么就可以推算出祁德琼去世于康熙元年（1662），年仅 27 岁。在祁德琼去世前一年，即顺治十八年（1661）十二月，通海案事发，两位兄长理孙、班孙被捕。第二年理孙得释，班孙遣戍宁古塔。现在不可考证班孙远戍是在祁德琼去世之前还是去世之后，但通海案事发应是在她生前。在祁德琼短促的一生中，经历了祁氏家族的两次巨变，这应对她的内心有着深刻的影响。

从祁德琼的诗歌中，可以更真切地感受到祁氏女性诗人的生活状态。

祁德琼有很多描写闺中生活的诗歌。

父亲去世后，母亲商景兰竭力维持着大家族的正常运转，使得祁家女性依然能在一个平静富裕的家庭中健康成长。在祁德琼描绘闺中生活的诗歌中，可以看到她们的少女时代是平安而快乐的。

赠湘君晚妆

窗外莺声静，金炉袅篆香。
野花侵绿鬓，初月照红妆。
云覆罗衣薄，风飘绣带长。
真珠成下秀，落雁绕飞梁。

从祁德琼对小妹湘君晚妆的描述上可以看出，祁家此时依然保持着世家大族富裕的生活。尽管经历了明末清初的国家巨变，经历了家庭的顶梁柱祁彪佳的猝然离世，但祁德琼、祁德茝姐妹的闺中生活依然是无忧无虑、轻松愉悦的。商景兰在祁彪佳去世之后，用自己柔弱的肩膀支撑起一家人的精神世界。正是商景兰的"人前几度强为欢"（《雪夜即事》），将

---

① （明）商景兰：《锦囊集》，载（明）祁彪佳《祁彪佳集》，中华书局 1960 年版，第 297 页。

自己无尽的悲愁藏在心底，尽心竭力课女教媳，用诗词来充盈祁氏女性的精神世界，使她们能从明清鼎革带给祁氏家族巨大的打击中重新站立起来，使得父亲去世时尚在髫龄的祁德琼、祁德茝能够健康成长。

> 赠妹湘君
> 纱窗红日曙，两岸晓莺愁。
> 柳叶蛾眉妒，娇花鸾镜羞。
> 捡书开绣户，无语倚朱阁。
> 何惜频相过，论诗抚玉钩。

前四句写小妹湘君晨妆，充满爱意地赞美妹妹姣好的容颜。这几句与一般写女子清晨梳妆的诗句并未有什么不同，但后四句则写出了文化世家中女性独特的闺中生活。"捡书开绣户，无语倚朱阁"，梳妆完毕的湘君不是如其他闺中女性一样从事女红，而是倚窗读书。姐妹之间来往频繁，为的是作诗论文。才媛生涯是充满了书香之气的，诗书传家的传统在闺阁中亦是显现无遗。

祁德琼还记录了家族诗歌唱和时的情景。

> 春夜同诸姊妹分韵
> 遥天月色照华堂，酒罢幽窗待晚妆。
> 雪散庭前香气暖，风开玉树斗芬芳。

> 和诸姊妹
> 独倚栏干动远思，忽凭燕语报新诗。
> 日长春去愁无尽，空对斜阳弄柳枝。

前首应是祁德琼尚在闺中或婚后归宁之时所作。月明花香的春夜，姊妹们酒后吟诗。在祁家，这样的场景似为常态，读之令人想到《红楼梦》中大观园的女子们赏菊斗诗的场景。后一首诗应是祁德琼出嫁之后，收到家中姊妹诗作时的感受。因无法与众姐妹共同聚会吟诗，内心深感惆怅，但家中的亲人并未忘记出嫁的女儿，专程派人送来新诗，而祁德琼收到姊妹们的诗作之后即急忙和作。可以看出，以商景兰为中心的祁氏女性诗人团体，并没有因为女儿的出嫁影响她们的诗词团体创作活动，还是可以通过书信传递诗歌继续社团的运作。两首诗从不同方面写出了祁氏家族女性诗人"角韵分题"的盛况。

亲情诗亦是祁德琼诗歌的重要题材。

祁德琼诗歌中与姐妹和嫂子唱和、寄赠的诗歌很多，从中可以感受到祁氏家族浓郁的亲情。祁氏女性的诗歌创作，即是文化世家传统的延续，亦成为家族的精神凝聚力。通过共同的诗歌创作，加强了彼此之间情感的联系，她们之间不仅仅是母女、姊妹、姑嫂、妯娌的关系，事实上，也已成为思想上、精神上的知己和知音。在传统社会中，女子往往在及笄之后就会离开娘家，成为他人之妻。出嫁的女儿很少能够回到娘家，所以姐妹之间的联系相对要少得多，情感链接也不是很紧密。而在一般家庭中，姑嫂又往往是最容易产生矛盾的，能够和平相处已经相当不易，产生深厚情感的就更是少之又少。祁德琼所留下的六十八首诗歌中，写给姐妹和两位嫂子的诗歌就有十七首，可以看出祁氏姐妹、妯娌之间密切的联系和深厚的情感。诗歌是她们之间除了血缘亲情之外最重要的纽带，思念长嫂之时是"旧侣梦中见，新词枕上歌"（《寄怀楚缥》），见到小妹时，是"相见无言含笑立，闻君白雪有新裁"（《和湘君韵》）。

大姐祁德渊出嫁之时祁德琼尚在幼年，但祁德渊出嫁之后与娘家联系非常密切，祁德琼与姐姐的感情也是十分深厚的。《祁彪佳日记》中记载了与女婿姜廷梧的多次来往，祁彪佳去世之后，姜廷梧与祁德渊的两个兄弟理孙、班孙来往也很密切。因而祁德渊也得以经常回到娘家，与姐妹们相聚，并参与家族诗会。祁德琼听到大姐一家从会稽搬到梅市居住之时，即作《喜弢英姊移居梅市》：

春色照江篱，娇花满客帷。
蜀琴司马操，梁釜孟光炊。
香暖芙蓉帐，风开柳叶眉。
祥烟何事起，双凤绕林时。

全诗语气欢欣，充满了对大姐移居到娘家附近的喜悦。而"蜀琴司马操，梁釜孟光炊。香暖芙蓉帐，风开柳叶眉"，描写了大姐与夫君举案齐眉的恩爱婚姻，为姐姐的幸福生活深感欣慰，姊妹情深于此而现。与此欢愉之词相反的是《步月怀弢英》：

独倚闲庭月色幽，双双紫燕宿南楼。
兰房琴韵弦应冽，绣户炉烟香自浮。
惜别孤帆江上远，怀人双鬓夜来愁。
更阑几度增惆怅，不禁风吹万壑流。

此诗作于何时不可知，但从"惜别孤帆江上远"来看，此时祁德渊尚未移居梅市，或祁德琼已经出嫁离开娘家，但事实上无论是祁德渊在会稽姜家还是祁德琼出嫁到王家，都相隔不远，远的是不能相见的感觉。

小妹祁德茞与祁德琼相差一岁，感情更是深厚，二人唱和最多。一起长大的姐妹俩，因出嫁不得不分离，分别之后祁德琼用诗歌来表达对妹妹深深的思念之情。

寒夜怀湘君
沉沉夜雨倚楼台，九曲愁肠望雁来。
窗外寒风吹木叶，孤灯无焰独徘徊。

江南的冬雨往往是绵绵不断的，雨夜阴冷潮湿，湿寒入骨。这样的时刻，不是早早地躲进温暖的被中，而是倚楼望雁，期待能收到妹妹的来信，可见其思念之切、思念之深。窗外寒风吹落叶，屋内孤独人徘徊，意境凄冷，心境孤凄。景随情冷，情因景伤。

春夜怀湘君
春雨着花花自发，长堤垂柳柳萦烟。
可怜泪湿罗衣薄，不见双鱼寄远天。

春雨绵绵，春风送暖，百花盛开，应是一年中最美的季节。然而面对着如烟垂柳，祁德琼却泪湿罗裳，只是因为没有收到妹妹的来信。与《步月怀发英》一诗相比，可以看出祁德琼与祁德茝的感情更为深厚。

祁德琼的两位嫂子张德蕙、朱德蓉与她虽然没有血缘亲情，但长期相处，感情也是十分深厚。祁德琼有《寄怀楚纕》：

别后愁无极，夜长思更多。
轻风拂帘幕，寒月隐藤萝。
旧侣梦中见，新词枕上歌。
莺笺何处达，归雁过前坡。

"别后愁无极，夜长思更多"，写出了与长嫂分别后的思念之情。而"旧侣梦中见，新词枕上歌"则写出了她们之间文学知己的情谊。

经历的明末清初的战乱，经历的父亲的死亡，使得祁德琼对亲情更为珍惜，因而在她的诗歌中，时时会流露出对亲人的思念、对离别的伤感。而在赠与两位长兄的诗歌中，则更多了一层家国之叹。

登庆兄藏书楼
楼倚白云平，书床过邺城。
花飞春色暮，山对夕阳明。
窗列江湖色，檐栖鸟雀声。

寂寞追往事，空负谢家名。

理孙，字奕庆，此处指登理孙所建奕庆藏书楼。理孙继承祖父祁承㸁、父亲祁彪佳的藏书传统，在澹生堂、远山堂基础上再建奕庆藏书楼。在祁班孙遣戍之前也就是祁德琼去世之前，祁理孙虽然醉心佛法，但也着意于藏书。祁氏藏书传统在祁理孙手中继续发扬光大，因而祁德琼登奕庆藏书楼时见到的是"楼倚白云平，书床过邺城"的盛况，但看到家族传统在延续并光大的祁德琼却是"寂寞追往事"。一方面是国破父亡的痛楚一直存于心底，稍有触碰即浮上心头；另一方面可能还是因明亡之后本是少有才名、意气风发的兄长变得内敛理性、沉默颓唐，心思细腻聪慧的祁德琼敏锐地感受到长兄内心深处的消沉伤感却无法明言，只能是感叹"花飞春色暮"。

在《寄怀仲兄客游姑苏》中则更深刻地表露出遗民家族无奈的家国之叹。

良马不受羁，化龙不困沼。
男儿志四方，风尘安足道。
仲兄天下才，声名著少小。
不惜黄金尽，但言知音少。
朝游燕市旁，筑音震天表。
暮宿青楼上，春风任潦倒。
落月旅灯寒，晓露帆樯饱。
抱琴觅钟期，拟合管与鲍。
但恐鸾凤姿，修翮摩苍昊。
燕雀无远知，阳春和者杳。
仰见归雁行，中怀恶如捣。
功名不厌迟，团圆不厌早。
何如归故乡，北山亦堪老。

班孙自幼颖悟绝伦，读书习武，本应有良好的前程，然而明朝的灭亡，遗民家庭的身份，使得传统的科举求仕之路受阻。而无法忘怀的国仇家恨，又让年轻的班孙内心不得平静。祁彪佳去世之后，理孙班孙兄弟罄家资助祁鸿孙的反清义军和后来交结魏耕集团的情况，作为闺中女子的祁德琼应并不知晓，但仲兄内心的悲愤勃郁之情祁德琼是非常了解的，因而诗歌的开首她即用"良马不受羁，化龙不困沼"来劝慰兄长终会走出困境，才华也终有得以施展的一天。"男儿志四方，风尘安足道"是表示对兄长出游的理解。兄长少有才名，心怀大志，惜无知音，更无用武之地。祁德琼深知兄长内心的悲愤，但也满心无奈，只能是以"仰见归雁行"，用亲情来表达对兄长的思念，期望兄长能够早日归家。用"功名不厌迟"来安慰兄长，用"团圆不厌早"期待兄长早日归家。全诗感情真挚，字里行间充满了兄妹深情，然而遗民家庭的无奈却从对兄长的深情与劝解的无力中透露出来。

剩国听雨和仲兄韵

帘前春去愁难尽，江上云深动远思。
细雨浮天催暮色，轻风满地拂新枝。
茫茫雾合千山暗，漠漠烟平万壑悲。
闲倚曲栏堪野望，渔翁蓑笠有垂丝。

班孙原诗已不可见，从祁德琼的和诗中可以感受到兄妹听雨时伤感的情绪。春雨绵绵，愁思难尽。本应是"轻风满地拂新枝"的初春之际，兄妹两人却在"细雨浮天催暮色"之时默默听雨，看到的是茫茫烟雾，千山暗淡，万壑悲凉。尚在青春年华的兄妹俩为什么会有这么浓重的愁思、这么深沉的悲哀，作者没有明说，然而一句"江上云深动远思"，却让人想到了祁家最深的痛楚：家仇国恨。这痛楚是扎在祁家人，也是扎在所有遗民后代内心的刺，时时会让他们感受到锥心的痛，却又无法治愈，因而也就不愿言说，只能是宕开："闲倚曲栏堪野望，渔翁蓑笠有垂丝。"

在祁德琼的诗歌中，很少有婚后生活的记录。《美人晓妆》一诗云："美人日日斗新妆，粉黛匀调百和香。妆就问郎低玉晕，画眉争似昨宵长。"如是夫子自道，亦可知其婚后生活还是很幸福的。另有《怀远》诗：

　　星河祇接越王城，雨过南楼月倍明。
　　独倚熏笼香细细，含愁空自理银筝。

诗写夫妻离别时的孤独与思念，哀而不怨，从中可以感受到夫妻感情还是不错的。祁德琼去世八年后即康熙九年（1670），其夫王谷韦中进士，历任淮安知府等职。祁德琼去世十二年后，王谷韦将祁德琼的诗歌结集刊刻。从此举动来看，王谷韦对妻子的感情还是很深厚的。

从祁德琼的诗歌中，我们还可以很清晰地看到祁氏女性诗人的文学交游。

黄媛介是祁氏女性诗人文学交游中最为重要的诗友。顺治十三年黄媛介来梅市拜访商景兰一家，并在祁家生活一年。在这一年的交往中，祁氏女性与黄媛介结下了深厚的情谊。在祁德琼《未焚集》六十六首诗歌中，与黄媛介有关的诗歌就有九首。与黄媛介相见之时她充满欢欣："江花迎客路，画舫到门来"，"须留十日话，还访旧楼台"。与黄媛介游密园时，她感慨"十年乱事悲星散，千里交情喜月圆"（《和黄皆令游密园》）。祁德琼比在明清鼎革之际经历痛苦磨难的黄媛介年纪要小很多，但由于家庭的变故，对黄媛介的痛苦经历有着超出一般人的理解，因而在"十年乱事"的沧桑慨叹后即表示现在最欣喜的是相隔两地的文学知己能够相见。而在与黄媛介离别之时，她更是"别路不辞远，别酒不辞多"（《送黄皆令归鸳水》），"离别当此际，长使忆同游"（《送黄皆令往郡城》）。分别之后，则是"独作长吟无别恨，为君几度损红颜"。从这些情感浓郁的诗歌中，可以感受到祁氏才媛与黄媛介之间深厚的友谊。

与祁氏女性交往密切的还有吴夫人。吴夫人，即胡紫霞，山阴人，锦衣都督吴国公继配。在《喜吴夫人过访》一诗中，祁德琼形象地再现了女性诗人们相聚的场景："论诗红烛短,对酒白雪飞。明珠映双鬓,啸歌不自持。"祁德琼笔下的女性诗人们,文思敏捷,风度潇洒,令人神往。

除了同胞姐妹之外,与祁德琼诗歌唱和的还有祁熊佳之女祁德茝。祁德茝,字楚佩,嫁与山阴白洋朱兆宪之子朱用调。明朝灭亡后,白洋朱氏生计艰难,但祁德茝与丈夫相濡以沫,不离不弃,由此可见其人品。祁德琼有《送楚佩归白洋》《答楚佩》《喜楚佩过访》等诗,《送楚佩归白洋》有"别后相思何日尽,空留明月照楼头"之句,可见二人感情深厚,亦可以从中感知祁氏才媛的文学活动已经从小家庭扩展至大家族。

祁德琼的诗歌既有轻灵婉丽的闺中意趣,又有辽远沉静的境界,从其诗歌的风格,可以感受到祁家文化传统对于祁氏才媛性格及精神世界的深刻影响。

母亲商景兰用自己坚韧的精神力量给女儿们构造了一个平静安宁的闺中世界,因而祁德琼的少女时期是轻松快乐的。她韶华早逝,虽为不幸,但也避开了班孙远成后祁家的衰败没落,使得她能够在短暂的一生中尽情沉浸于诗歌的世界中,应亦是幸运的。在祁德琼描写闺中生涯的诗歌中,往往呈现出轻灵婉丽的风格,很少出现一般女性诗歌中的忧伤哀婉。

采菱
采菱歌逐彩云飞,画舫轻随暮色归。
枫叶两堤摇碧水,湖光一带入罗衣。

诗写采菱少女放歌归来,晚霞映照彩云,画舫在暮色中轻轻移动。枫叶的倒影在绿水中摇曳,粼粼波光映衬着采菱少女轻盈的罗衣。画面动静结合,景色优美,语气活泼。

春夜即事
阶前落月伴金卮,新燕知春舞玉墀。
帘外何人翻短笛,梅花吹散满清池。

春夜把酒望月,不忍入眠。小燕子也知春意到来,不肯归巢,在玉阶前上下翻舞。远处传来悠扬的笛声,月光散落池塘,波光粼粼,似梅花飘落水中。从《梅花落》之曲想象到落梅飘落水面,声音与画面相通,显其巧思。两首诗都没有直接写抒情主人公,但作者之情思时时显露于字里行间。

初春病起
倚栏强自对花明,不忍窗前小燕鸣。
粉落妆台皆旧色,鸟来画阁半新声。
青山漠漠晴烟淡,绿树重重晓雾轻。
忽见玉阶杨柳发,可知寒过复春生。

闺中女子往往多愁善感,见花流泪,对月伤心。外在景物的变化,总会引起女性内心情感的幽微变化。尤其是四季的更替,荣枯的转化,往往让女子感受到时光流逝,青春不再,因而伤春悲秋成为女性诗歌中永恒的主题。而人在生病时,感情往往更加脆弱,对外界景物的变换也更加敏感。病弱的身体与伤感的情绪往往使得女性诗人的内心更加愁闷与凄苦,这种情绪反映到诗歌中,也会形成幽冷哀婉的诗风。但从祁德琼这首《初春病起》来看,则依然是氤氲着平和乐观的情韵。"倚栏强自对花明"写出了久病之后身体的虚弱,也写出了诗人久病之后对春光的渴望。初春之际处处生机勃勃,春花耀目,小燕啼鸣。因为生病,梳妆台上的脂粉都好久没有用过了,画阁梁间的鸟巢中已孵出雏燕。远处青山漠漠,绿树重重,阶前杨柳业已吐绿,时光在病中流逝,病起才觉寒冬已经过去,春天已经到来。全诗没有久病带来的伤感,却有着冬去春来的欢喜,战胜疾病的达观。

清代女诗人江淑则有《病起见花事阑珊春光去矣聊拈二绝句以写闷怀》:

杜鹃声里送春回,懒向风前饯一杯。

燕子不知春去恨，尚衔花片入帘来。

解识愁根即病根，任他风雨打黄昏。
无端触目生愁绪，花落春归又断魂。①

诗题写病起，却无病愈的欣喜，而直书是写闷怀。前一首以杜鹃啼鸣送春写起，写出了诗人内心的愁思。病虽然好了，但精神依然慵懒，不愿为春饯行。不解人意的燕子时时衔落花入帘帷，提醒诗人春已归，花已落。第二首直抒胸臆，愁根即病根，正是因为"无端触目生愁绪"，所以才会病魔缠身，而此时花落春归，更让人愁肠百结。与祁德琼的《初春病起》相比较，江淑则的诗显得哀怨凄婉。

祁德琼的诗歌中，写景记游诗也是一个重要的题材。祁德琼生活的范围较为狭小，不但不能如清代中晚期的才媛一样相对自由地与同性文人出游，也不如她的母亲商景兰的足迹广泛。商景兰随丈夫祁彪佳北赴京城，南至福建，眼界极为开阔。即使是浙江地区，商景兰也经常随性好游览的祁彪佳游山玩水。祁德琼未出嫁时，父亲已经去世。其丈夫王谷韦在她去世八年后才中进士，因而她也没有随宦的经历。她的出游，往往是与家人或朋友游览寓园或山阴周边之景所作。然而因家庭浓郁文化氛围的熏陶，受母亲超脱思想的影响，再加上自身的颖悟能力，祁德琼的写景记游诗一改女性的柔弱婉约，显示了辽远沉静的境界。

和楚佩游寓山
白云高阁上，烟水正茫茫。
天外收残雨，山前过夕阳。
落花随地满，芳草拂堤长。
鸟宿疏钟静，空林十里苍。

---

① （清）江淑则：《独清阁诗钞》，载胡晓明、彭国忠主编《江南女性别集》二编下，黄山书社2010年版，第1165页。

同样的景色，往往由于关注点的不同、审美风格的不同，作品所呈现出来的意境风格也不同。寓山在祁彪佳的精心建造后，成为越中著名的私家园林。在建造中，祁彪佳精心规划，种花栽竹，每到春日繁花似锦，美不胜收。祁德琼与祁德芷游寓山时正值暮春时节，"落花随地满"，女性在这时往往会叹惋落红，感慨时光，祁德琼的关注点却不在细微的景物上。她笔下的景色十分的开阔辽远，向上看是直插白云间的雄伟高阁，向远望是直接天际的茫茫烟水，天边云收雨住，山前夕阳西照。她也看到了满地的落花，拂堤的芳草，却不会因此而感伤春日将尽，感慨青春易逝，而是将笔触一转，写暮色将临，飞鸟归巢，钟声传来，万籁俱静，十里空林尽显沧桑。如水墨画大笔挥洒，虽无色彩，浓淡之间，自然绘出一幅开阔静谧的山水图。

女性感情细腻，生性大多敏锐，因而观察事物与男性相比往往更善于发现事物的细微之处并敏锐地感知到事物的细微变化，用细致的笔触将其表现出来。因而女性诗歌中的意象往往有纤细、精巧、柔美的特征，往往喜爱选择一些色彩明丽的词句来营造偏阴柔之美的意境。但在祁德琼的诗歌中，却往往会出现高大、粗犷甚至有些荒凉的意象。如"朔气晴开万户烟，寒林落日点红泉"（《和黄皆令游密园》），再如"野渡渔舟沙岸远，空园花树隔帘明"（《暮春庆新楼》）。即使是在怀人诗中，她也喜欢用这样的意象来表达空间距离的遥远，如《雨夜怀湘君》中有"千峰雨急花光暗，一夜风回木叶愁"，《寄怀黄皆令》中有"迢迢春树千重雪，漠漠愁云万叠山"等。

同皆令游寓山

一舟携远客，池馆白云边。
归鸟寒栖树，苍松暮拂烟。
看山高阁上，待月画楼前。
堂构今零落，无心整翠钿。

此诗极有画意。一叶扁舟送来远方之客,寓山之上的池馆如在白云之中。暮色四合,松柏苍苍。登上高阁俯瞰群山,一轮明月缓缓升上画堂。阔大辽远的景色中静无声息。"堂构"一词有两层含义,一是说建筑物的构筑,一是比喻子承父业。在此也应为两层含义,表面写家中的藏书楼经历三代,现已残败,深层写经历了明清鼎革,祁家已渐渐走向衰败。从空间的延续写到时间的延续,在空间与时间两个维度上形成辽远的境界,亦有一丝淡淡的伤感暗含其中。家族的悲剧在商景兰的鼎力支撑之下,虽然表面上在祁氏女性的生活中似影响并不大,但实质上依然深深地埋藏在每一个人的内心深处,稍有触动,便有隐痛浮上心间。

祁德琼韶华早逝,未能有更丰富的人生经历,对社会人生的认识还不够深刻,诗歌的技艺也未能进一步得到打磨。因而她的诗歌还缺乏厚重感,意境也有重复之处。如能假以时日,以其聪慧颖悟,应能在诗歌创作上取得更高的成就。

四女祁德茝,字湘君,出生于崇祯十年(1637),卒年不详。祁德茝嫁与同邑沈萃祉。祁德茝自幼聪慧,计六奇在《明季南略》中记载:"女德茝,字湘君,年十三四即韶慧绝人。其哭父诗有云:'国耻臣心在,亲恩子报难。'时盛称之。"① 计六奇的记载应有误,商景兰的《哭父》诗亦有"国耻臣心切,亲恩子报难"之句。祁彪佳自沉之时,祁德茝年仅9岁,应该还未能写出这样沉痛深刻的诗句,所以应是误传所致,而计六奇未加考证就将此句加于祁德茝。但从现有的文献资料来看,对祁德茝的评价都很高。梁绍壬《两般秋雨盦随笔》中评价祁德茝的诗:"丰神绰约,齿颊生香。"② 毛奇龄也说:"越中闺秀,以祁湘君、徐昭华为最。"③ 毛奇龄还称"越中闺秀旧称伯仲商夫人,其后伯商夫人女有祁湘君者继

---

① (清)计六奇:《明季南略》,中华书局1984年版,第279页。
② (清)梁绍壬:《两般秋雨盦随笔》,上海古籍出版社1982年版,第147页。
③ (清)毛奇龄:《西河集》,《四库全书》第1320册,台北:台湾商务印书馆1986年版,第193页上。

夫人起"①，将祁德茝视为商景兰诗风的继承者。可惜的是祁德茝的《寄云草》遗失严重，现在所留下的只有很少的一部分，无法判断祁德茝诗歌的真实水平。但商景兰曾出示自己和三个女儿的诗词作品请毛奇龄点定，毛奇龄对祁德茝的诗词有全面的了解，做出的评判应该是可信的。祁班孙有《青春行赠女弟茝》：

绿满瀛洲草欲生，香满芳堤花欲明。
花发间关鸟双鸣，来傍玉楼春风情。
玉楼栏杆各宛转，面面风摇珠帘轻。
深闺小妹动盈盈，盘中题诗早得名。
初见落梅能弄笛，还宜新月照弹筝。
弹得瑶池彩云曲，吹入金枝杨柳青。
柳絮飞来忽飞去，东家西家归何处？
闲屏独倚翠蛾颦，愁绝春光春不住。
春光点点逐春江，春水悠悠渡夕阳。
空留匣琴千种恨，空留锦字三载香。
匣琴锦字无消息，故将天壤怨王郎。

此诗是祁班孙代小妹抒发相思之苦。"深闺小妹动盈盈，盘中题诗早得名"，可以看出，祁德茝少有才名。班孙对于这个聪慧的小妹的才华非常欣赏，盛赞小妹的多才多艺，不但工诗，还擅长吹笛弹筝。最后替小妹抒发了因夫君远离的相思之怨。

朱彝尊《祁六公子座上逢沈五（沈五配祁夫人湘君，善诗）》云："东阳年少沈休文，五载相思两地分。今日谢家群从在，青绫障外更逢君。"②朱彝尊的诗透露了几个信息，一是沈萃祉曾和祁德茝不知因什么

---

① （清）毛奇龄：《西河集》，《四库全书》第1321册，台北：台湾商务印书馆1986年版，第15页上。

② （清）朱彝尊：《曝书亭全集》，吉林文史出版社2009年版，第84页。

原因分别五年，即班孙所说的"空留匣琴千种恨，空留锦字三百香。匣琴锦字无消息，故将天壤怨王郎"。祁德茝写了很多抒发相思之苦的诗歌，但现已失传。二是祁德茝的才名的确是很早就为人所知。朱彝尊与班孙相识是在顺治十二年（1655），时祁德茝18岁，朱彝尊将祁德茝比作青绫做屏障舌战众人的谢道韫，可见祁德茝不但善诗，还富有辩才。三是沈萃祉亦如祁德渊之夫姜廷梧一样，与魏耕集团有来往，但是否参与了魏耕集团的活动，现不可知。

毛奇龄《祁湘君催妆》记载了祁德茝出嫁时盛大的场面，可知祁德茝出嫁之时祁家尚未衰败。

祁德茝在母亲去世之后的生活状态如何，现已不可知。其诗集《寄云草》也不可见，现《祁彪佳集》附录中存诗十首，另《名媛诗纬初编》辑佚八首，《撷芳集》辑佚两首，《晚晴簃诗汇》辑佚一首，共二十一首。①

祁德茝现存的二十一首诗题材多样，《名媛诗纬初编》中收其写与祁德琼的诗三首，与祁德琼多首思念小妹之诗对照，可知姐妹情深。其中《忆修嫣姊》与《又寄修嫣》为七绝，字句基本相同。

寄修嫣姊

别去花阴晚，新妆镜里羞。
江城今夜月，绣阁此时秋。
声落高梧细，光摇翠竹幽。
相思凭梦寄，萧瑟感离愁。

从诗意看，诗应写因出嫁而与姐姐离别，诗虽写别后思念，但并未有太多的伤感。也许是因为新婚生活还是很甜蜜的，所以离别并未带来

---

① 参见李贵连《明末清初山阴祁氏家族女性文学研究》，硕士学位论文，南京师范大学，2009年，第40页。

太多的痛苦。和祁德琼思念小妹时"九曲愁肠望雁来"的担忧相比较，做姐姐的在情感上付出的似乎更多一些。当然这也是正常的，因"人往下疼"是感情输出的规律。

作为"最小偏怜女"的祁德茝应是受到了最多疼爱的，虽然在商景兰现存的诗词中没有出现祁德茝的身影，但在祁德琼、张德蕙、朱德蓉的诗歌中都有与祁德茝互动的诗歌，从班孙《青春行赠女弟茝》一诗中也可以看出他对这个小妹的喜爱和欣赏。但在祁德茝现存的诗歌中，却让人感到这个集全家之宠爱于一身的女子内心中似有许多悲愁。

黄媛介有《同祁夫人商媚生、祁修嫣湘君、张楚纕、朱赵璧游寓山分韵》①，祁德琼、祁德茝、朱德蓉亦有游寓山诗，或可是同游寓山之作，可对比看：

张德蕙《游寓山》：

> 先朝留故苑，彼美此登台。
> 步点青苔滑，歌翻黄竹哀。
> 衣香万树锁，山势两眉开。
> 同为作赋客，输尔谪仙才。②

祁德琼《同皆令游寓山》：

> 一舟携远客，池馆白云边。
> 归鸟寒栖树，苍松暮拂烟。
> 看山高阁上，待月画楼前。
> 堂构今零落，无心整翠钿。

---

① 李雷主编：《清代闺阁诗集萃编》第1卷，中华书局2015年版，第44页。
② （清）王端淑：《名媛诗纬初编》卷15，清顺治清音堂刻本。

祁德茝《游寓山》：

> 一水通双桨，无心对旧山。
> 石苔荒曲径，木叶满柴关。
> 寒尽愁难尽，鸟闲人未闲。
> 梁园何寂寞，不禁泪潸潸。①

张德蕙的诗虽以"先朝留故苑"起，但全诗并未沉浸于家中巨变之中，而是着重写寓山之美和游山之乐。祁德琼的诗虽有"堂构今零落，无心整翠钿"这样双关之句，但对于家国巨变的感伤写得非常含蓄和克制。在祁德茝的诗中，却是充满了伤感。开首即写"一水通双桨，无心对旧山"。黄媛介来祁家，祁家女性是非常欢迎的，一起游山，即是游玩，也是招待客人的礼节，因而无论是张德蕙还是祁德琼，都不愿在诗中流露出伤感的情绪。但祁德茝却直接用"无心"与"旧山"两词来写出自己面对父亲当年精心筹划营造的园林之时内心的抑郁感伤。中间两联描写寓山的荒凉衰败，最后一句，更用汉梁孝王梁园之典故，写出了今夕变化带来的伤心之感。梁园为汉代梁孝王所营建规模宏大的皇家园林，历代文人墨客多有吟咏，最为著名的是李白的《梁园吟》，李白面对荒凉颓圮的梁园，慨叹"梁王宫阙今安在？枚马先归不相待。舞影歌声散绿池，空余汴水东流海"。历史的沧桑变化总是让人无限感慨，而对于祁德茝来说，家庭的巨变却是在猝然间降临，所以面对着"旧山"，"无心"于游玩，只能是"泪潸潸"。祁彪佳去世之时，祁德茝只有9岁，幼年丧父的伤痛，往往是在成长过程中才渐渐感受到痛楚，而这种痛楚，在某种情境之中，往往会让人更加伤痛，尤其是对于情感丰富细腻之人更是如此。在她的《游密园》诗中也可以看出这样的特色。黄媛介在《密园唱和同祁夫人商媚生祁修嫣湘君张楚纕朱赵璧咏》中写密园的景色

---

① （清）王端淑：《名媛诗纬初编》卷16，清顺治清音堂刻本。

是"近水流霞通户牖,拂云高阁住神仙",而在祁德茝的笔下密园则是"日落荒园澹晚烟,石遍渺渺听飞泉"。黄媛介亲身经历了明末的战乱,被虏逃脱后又受到种种非议,家贫无生计,以做闺塾师为生,可以说历经磨难得以重生,因而坚强乐观,不轻易吐露心声。而年轻的祁德茝却还未有这种承担苦难的能力,也未有"却道天凉好个秋"的深沉,因而会将自己的痛楚不加掩饰地抒发出来。

据朱彝尊《祁六公子座上逢沈五》诗可知祁德茝曾与夫君沈萃祉分别五年,祁班孙说她在离别之后"空留锦字三百香",应是有许多抒发离别相思之苦的诗歌,可惜现在亦不可见,只有《古意》一首,可以了解其心境:

忆昔与君别,杨柳丝堪结。
芳草积如烟,飞花乱成雪。
数载客京华,念君远别家。
欲知遥塞雪,但看故园花。
芳时处幽独,蜘蛛网金屋。
细雨昨夜零,春苔上阶绿。
对镜厌孤鸾,凌云怨黄鹄。
憔悴玉台人,肠断珠帘曲。
为欢须忆故,为衣莫道新。
愿持江国月,流照苏门春。

诗用古体,写与夫君离别之后内心的感受,十分真切。"芳时处幽独,蜘蛛网金屋",青春岁月在孤独中度过,即使有藏娇的金屋,也挂满了蜘蛛网。一个"金屋",写出了丈夫对妻子的宠爱,但被蜘蛛网笼罩的金屋,却写尽了独处的荒凉。"对镜厌孤鸾,凌云怨黄鹄",写出了独处女子内心无处诉说的孤独感。最后以"为欢须忆故,为衣莫道新"告诫远方的丈夫,莫忘故人,莫贪新欢。祁德茝婚后夫妻感情应是深厚的,但离别使得年轻的祁德茝品尝到了内心的孤独与痛苦。

祁德茝多情亦多思,正是因为深于情,让她更易感受到人世间的痛苦与磨难;深于思,更让她从家庭的变故中思考世事的多变与不可把握。她的《雨中忆凌家山桃花》与其《游寓山》的凄凉冷清相比,则绮丽浓艳了许多:"阳春三月东风起,灼灼桃花映秾李。远翠深山抹晚霞,游人错认桃源里。今年花似去年红,年年人醉桃花中。油壁青骢罗绮艳,碧桃花里长相逢。"灼灼的桃花,秾妍的李花,再加上天边的晚霞,色彩鲜艳耀目,而油壁香车青骢宝马中绮丽的青年男女,更给这烂漫的画面中再添艳丽的色彩。然而笔锋一转,却写出了骤然间的激变:"忽然春雨连宵急,春风漂泊娇无力。桃叶桃根绝可怜,鲜香万树空颜色。"连宵春雨,万树凋零,繁华转眼成空。不由得让感慨"人生盛衰各有时",更让人思索"昔日繁华更何处"。

虽然鼎革之变带给了祁德茝幼年丧父的沉重打击,但母亲商景兰还是用自己的坚忍为她们姐妹营造了一个富裕平安的生活环境,所以在祁德茝的诗歌中,依然会有少女轻灵隽秀的作品,如《惜花》:

花事阑珊又一年,当门岩壑总依然。
落红满地休轻扫,也算留春在目前。

闺中女子惜春伤春是永恒的主题,而祁德茝惜花却别出心裁:留得满地落红,即算留得春天,少女巧思怡人。

可惜的是,祁德茝的《寄云草》散佚,不得见其诗歌全貌,无从领略这个本是商景兰诗歌继承者的女子的风采,只能从吉光片羽中感受她的灵慧与情思。

商景兰的长媳张德蕙,山阴人,字楚襄,张元忭玄孙女,张岱族弟、雄武将军张萼之女,出身亦为官宦文化世家,受过良好的家庭教育。其母为商周祚之女,与祁理孙亦为姨表兄妹。

张德蕙生年不详,祁理孙生于天启七年(1627),张德蕙与祁理孙成婚时间没有明确记载。《祁彪佳日记》中记载,崇祯十七年(1644)三月祁彪佳赴苏松巡抚任时理孙夫妇随同，之前没有关于理孙妻子的记载。在祁彪佳日记中还明确记载了张德蕙和祁理孙的长子祁昌徵出生于崇祯十七年十二月二十四日，可以推测他们成婚于崇祯十六年或崇祯十七年初。张德蕙应与理孙年龄相差不大，大致出生于1627年。祁理孙去世于清康熙十四年（1675），张德蕙与其共同生活了三十一年。而这三十一年，对于祁家来说，是历经磨难的时光。张德蕙与祁理孙成婚之后不久，即随祁彪佳赴南京，途中因李自成军队逼近北京，形势危急，而张德蕙正好怀孕，不得不让他们夫妻归家。祁彪佳去世之后，祁理孙作为家中长子，承担着家庭重担，国破父亡对其打击非常大，祁理孙内心压力很大，耽于佛法，不暇他事。祁理孙痛苦颓唐，作为妻子的张德蕙的生活可想而知也是痛苦与压抑的。

祁彪佳去世之后，祁家虽然失去了家庭的顶梁柱，但祁家的经济状况没有太大的变化，更重要的是商景兰作为一家之长，竭力维持着家族的文化传统，一家人没有被家国之变打垮，精神上保持着祥和安宁的状态。尤其是家族中的女性在商景兰的带动下，经常诗歌酬唱，相互切磋，"间率群从子姓及祁氏、商氏、朱氏懿亲闺秀吟咏其中"①，使得这个大家庭的女性成员能有一个较为轻松愉悦的生活氛围。

张德蕙的诗歌没有结集的记载，现可以看到的是《祁忠惠公遗集》中所收的五首诗，从王端淑《名媛诗纬初编》可辑佚六首，现存十一首。张德蕙现存的诗歌创作年代无法考证，但从其诗歌内容可大致了解其创作背景与情感。

游寓山

先朝留故苑，彼美登此台。
步点青苔滑，歌翻黄竹哀。
衣香万树锁，山势两眉开。
同为作赋客，输尔谪仙才。

---

① （清）赵昱：《春草园小记》，丁丙、丁申辑《武林掌故丛编》卷8，广陵书社2008年版，第2189页上。

寓山是祁彪佳与商景兰精心设计建造的园林,"池馆之胜甲于越"①,为明末越中著名游览之地。祁彪佳去世之后,以商景兰为首的祁氏家族女性亦经常出游寓山,分韵拈题,联袂赋诗。张德蕙此诗为家族女性与黄媛介一起游寓山所作,在商景兰、祁德茝等人诗歌中也有同题之作。从诗中可以感受到,此时游山赋诗的作者内心还是平和快乐的,花木繁盛、风景优美的寓山带给她精神上的解脱与愉悦。"同为作赋客,输尔谪仙才",谦逊之中,依然有着在智力角逐中的快乐。

祁氏家族的女性在商景兰的带动之下,互相之间不仅仅有着血缘、姻亲之情,更成为精神上的知己和文学创作中的诗友,因而在她们的相处中,不但没有寻常人家的婆媳、姑嫂的矛盾,更多地表现出来的是彼此之间的友爱和关心。

赠祁湘君
兰房起独迟,无语对罗帏。
此意无人解,深闺未嫁时。②

张德蕙嫁入祁家之时,祁德茝尚不满十岁。作为长嫂的张德蕙与年幼的祁德茝相处时间最长,因而感情很深。这一首《赠祁湘君》写出了深闺中待嫁女儿的情态,有戏谑的成分,可见姑嫂相处之随意,也可知其相知亦很深。张德蕙还有《怀湘君》诗,应是作于祁德茝出嫁之后:

晴烟袅袅正清明,不耐春光满院生。
风送谢楼双燕舞,月含梁苑百花轻。
闺中少妇杼机懒,陌上王孙芳草平。
空有黄莺歌伐木,无人解是断肠声。

---

① (清)孙静庵:《明遗民录》,浙江古籍出版社1985年版,第368页。
② (清)王端淑:《名媛诗纬初编》卷15,清顺治清音堂刻本。

春光满目，百花盛放，本应是最为快乐之时，却因思念旧友而伤感。可见姑嫂之间感情之深。

商景兰次女为避南明福王选妃而匆匆出嫁，亦让家人怜惜不已，而出嫁之后，夫妻之间琴瑟不谐，更让家人痛惜。作为长嫂的张德蕙，更是直接为小姑鸣不平：

闺怨为卞容作

掌上原无价，愁云锁蕙香。

白头吟自好，红袖恨偏长。

已写班姬扇，谁怜西子妆。

不知真薄命，验取嫁时箱。①

原本是父母的掌上明珠，出嫁之后却为愁云所笼罩。"白头吟自好，红袖恨偏长"一句，应是说卞容之夫另有所爱，才高貌美、品性幽娴高洁的卞容则备受冷落。语句平淡而情绪激愤，对卞容遭际的怜惜、对妹婿薄情的痛恨灼然可见。

祁德琼在张德蕙与祁理孙成家之时，也只有10岁左右，出嫁之前与张德蕙朝夕相处，出嫁之后也常常归宁与娘家女性亲人相互唱和，因而与两位嫂嫂既是姑嫂亦是知音。祁德琼有《寄怀楚纕》诗，直书思念之情，"别后愁无极，夜长思更多"，"旧侣梦中见，新词枕上歌"，写出了姑嫂深情，诗友厚谊。祁德琼韶年早逝，张德蕙痛惜不已，有《秋日哭修嫣》：

梨花白雪斗芬芳，风雨摧残一院香。

惟有妆台杨柳叶，春来还欲比眉长。

落叶梧桐满院秋，秋蝉竟不解人愁。

可怜人已悲纨扇，犹送秋声上画楼。

---

① （清）王端淑：《名媛诗纬初编》卷15，清顺治清音堂刻本。

王端淑评张德蕙诗歌"庄重不趋时蹊,真三唐之余音也"[1]。又说其诗"清迥闃寂,想见高人庭户之肃"[2]。张德蕙的诗歌无法划分创作年代,但其《赠祁湘君》《游寓山》等诗歌读起来淳朴流畅,并无萧疏之感,应为班孙流放之前所作。

朱德蓉为商景兰的次子祁班孙之妻,山阴白洋人。与张德蕙一样,朱德蓉出身于官宦世家,其祖父朱燮元为明末名臣,其父为朱燮元第三子朱兆宪。白洋朱家与祁家都为山阴望族,数代联姻。祁彪佳的五弟祁象佳的妻子即为朱燮元之女。祁彪佳的堂弟祁熊佳之女祁德茝为朱燮元三子朱兆宪独子朱用调之妻,祁彪佳次女祁德玉为朱燮元四子朱兆宣长子朱尧日之妻。

朱德蓉与祁班孙成婚应在祁彪佳去世之后。据全祖望《祁六公子墓碣铭》记载,祁彪佳去世之后,其侄祁鸿孙起兵抗清,理孙、班孙罄家相助。祁鸿孙兵败之后,为了避祸,祁班孙与朱德蓉成婚。朱德蓉之父朱兆宪对祁班孙与抗清人士的往来非常担忧,屡屡劝诫,但班孙并未听从。

通海案事发之前,朱德蓉的生活应该还是比较平静安乐的。虽然现在无法得知其婚后夫妻生活的情景,但从朱德蓉留下的诗歌中亦可以感知一二。朱德蓉留下的诗歌并不多。《祁忠惠公遗集》收录其诗十首,其中《寄修嫣》与《名媛诗纬初编》中所收的祁德茝的《又寄修嫣》仅有一字之差,现无法论证真正的作者是谁。除了《祁忠惠公遗集》中的十首之外,《名媛诗纬初编》中还收录了朱德蓉诗七首。朱德蓉诗歌写作年代不可考,但从内容大致可区分为班孙远戍之前与之后。

坐剩国书室
草阁书窗映碧流,横塘落木鸟声幽。
凭君笔底阳春调,赋剪寒云一段秋。[3]

---

[1] (清)王端淑:《名媛诗纬初编》卷15,清顺治清音堂刻本。
[2] (清)王端淑:《名媛诗纬初编》卷15,清顺治清音堂刻本。
[3] (清)王端淑:《名媛诗纬初编》卷16,清顺治清音堂刻本。

商景兰、祁德琼都留有同题诗，应是她们"角韵分题"所做的。商景兰、祁德琼同题诗如下：

平湖森森白云轻，霜照黄花石底明。
画槛疏帘真寂寞，鸟声长伴读书声。①

——商景兰

隔槛枫林不禁霜，曲房香气接风长。
半帘水色摇波影，几队飞鸦乱夕阳。②

——张德蕙

白云片片绕寒塘，乱木蒹葭客路凉。
漫卷疏帘凭画槛，渔舟双桨动鸣榔。

——祁德琼

诗写秋日的剩国书室，同样的季节，同样的景色，每一个人的心境不同，关注点也不同。对于商景兰来说，国亡夫死，巨大的变故在她内心中留下了难以忘怀的伤痛。但作为一家人的精神支柱，她必须要以坚强和乐观的精神来支撑鼓舞整个家族，因而会"几度人前强为欢"。带着女儿、儿媳"或对雪联吟，或看花索句"都是商景兰为支撑家族精神世界做出的努力。因而她虽然感受到了家庭出现变故后所呈现的落寞之态，却不愿过分地沉溺于其中，而是将关注点放在读书上，强调安静的剩国书室恰恰是读书的最佳之地，这实质上是商景兰对两个儿子"读书成大儒"的殷切期望。张德蕙亲身经历了明末的乱象，也亲身体验了祁家的变故与衰落，因而在她的内心中，是会有繁华衰落之感的，因而会不自觉地关注到水色摇波影、

---

① （清）王端淑：《名媛诗纬初编》卷11，清顺治清音堂刻本。
② （清）王端淑：《名媛诗纬初编》卷15，清顺治清音堂刻本。

飞鸦乱夕阳的动荡与衰败之景。祁德琼幼年即经历了父亲殉国的巨大变故，因而比一般的闺中女性更为成熟和敏感，但又因年纪尚轻，还不善掩饰自己的情感，因而在她的诗歌中更明显地表现出秋日的萧瑟带给诗人内心的伤感。而在朱德蓉的诗歌中，我们却很难找出秋景带给诗人的伤感与萧瑟。在她的笔下，是碧绿的流水，是清幽的鸟鸣。而"凭君笔底阳春调，剪赋寒云一段秋"，既显示了她的巧思，更显示了她的豪情与自信。此时的朱德蓉年纪尚轻，成婚不久，家世相当、年貌相称的婚姻生活也是琴瑟和谐，并未遭受生活太多磨难的闺中少妇的心情是轻松愉悦的。

游山
寂寞佳山水，楼台薜荔间。
野桥分竹路，高树绕溪湾。
径曲留琴语，杯宽破客颜。
夕阳钟磬外，犹有暮云闲。

我们现在无法得知此次游山的背景，但诗歌呈清疏淡远之气，写山景之宁静安适，可见作者内心安宁平和。这些诗歌，都可以让我们感受到在朱德蓉前期的生活中，主色调应该还是平静而愉快的。

采莲曲
绿叶罗裙一色裁，芙蓉映水两边开。
欲将新曲频频唱，恐有鸳鸯飞入来。

诗歌仿南朝乐府民歌，轻松愉悦，尽显闺中女子的活泼娇俏。应为其早期所作，也许还是在待字闺中时的作品。朱德蓉之族兄朱用调在《与祁奕喜书》中嘱咐祁班孙："家妹孱弱，弟当时时相慰，毋烦回首。"[①] 殷殷

---

① （明）朱燮元、朱兆宪、朱用调：《山阴白洋朱氏三世文编》，清抄本。

关切，尽显纸上，可见朱德蓉是家中非常宠爱的女儿，出嫁之后，虽然祁家经历了家国巨变，但年轻的小夫妻应还有一段甜蜜的生活。在商景兰的带动之下，朱德蓉和祁氏家族的才媛在诗歌创作中也度过了一段平静愉悦的时光。

第三节　文学交游
——今朝把臂怜同调

在祁彪佳生前，商景兰与丈夫感情甚笃，祁彪佳任职之时商景兰大部分时间都伴随身边，但两个人往往都有各自的生活空间和各自交游的对象。祁彪佳去世之后，商景兰并没有如她的儿媳朱德蓉一样在孤独中度过孀妇生涯。可以说，在祁彪佳去世之后，商景兰的文学活动更加积极主动，文学交游更加密切广泛。从商景兰和祁氏家族女性诗人所留下的诗歌中我们可以看出，酬答的诗词数量很多，也表明了她们借诗歌创作得以广泛交结朋友，而广泛的交游又促进了她们的文学创作。

在她们的文学交游中，与黄媛介的交往最为受到关注，对祁氏女性来说，黄媛介也是她们最为重要的交游对象。黄媛介，字皆令，浙江秀水人（今浙江嘉兴）。黄家本为书香之家，到黄媛介出生之时黄家已经家世中落，但其家族文化传统依然影响深远，叔父黄葵阳、哥哥黄象三在当时都颇有文名。黄媛介与其姐黄媛贞俱为当时著名才媛，其从姊黄德贞亦有才名。黄媛介"髫龄即娴翰墨，好吟咏，工书画"[①]，明末复社才子张溥因其才而欲纳黄媛介，黄媛介拒绝了这个声名显赫的翰林，嫁给了自幼订亲的杨世功。姜绍书《无声诗史》中说："（黄媛介）适士人杨

[①] （清）姜绍书：《无声诗史》，《续修四库全书》1065 册，上海古籍出版社 2002 年版，第 551 页。

世功，萧然寒素，皆令黾勉同心，怡然自乐也。"① 黄媛介诗、词、赋俱佳，在闺阁诗人中声望很高，当时的一些名士大儒如钱谦益、吴伟业、王士禛等都对她称赞有加。姜绍书在《无声诗史》中更是评价黄媛介"此闺阁而有林下之风"②。然在清兵攻陷嘉兴时黄媛介不幸遭乱被劫，后虽逃脱，却被质疑她是否保持了清白之身，因而不得不离开家乡，辗转金坛、云间等地。为了生计，黄媛介以卖文鬻画、充当闺塾教师为生，也接受一些文人的资助，时人对其颇有微词。朱彝尊在《静志居诗话》中借俞右吉言批评她"世徒盛传皆令之诗画，然皆令青绫步障，时时载笔朱门，微嫌近风尘之色，不若皆德（即黄媛贞）之冰雪聪明也"③。

顺治十三年，黄媛介到山阴，"继从风雪中渡西兴入梅市，与商景兰诸闺秀唱和"④，被商景兰聘为闺塾师，在祁家留居一年之久。商景兰出身高贵，又是殉国忠烈的遗孀，应是非常爱惜羽毛的。虽然黄媛介在《离隐歌序》中为自己辩白："虽衣食取资于翰墨，而声影未出于衡门……或者无曹妹续史之才，庶几免蔡琰居身之玷云尔。"⑤ 但连其兄长都不相信其清白，不希望她回家乡，以免带累自己的名声。商景兰却将黄媛介请到家中，作为女儿们的家庭教师，固然出于她爱才之心，更见她胸襟之豁达，行事之不拘泥于世俗的偏见。

黄媛介在梅市一年，与商景兰及其三女二媳游山泛舟、诗歌唱和，度过了一段非常美好欢乐的时光。商景兰《赠闺塾师黄媛介》：

门锁蓬莱十载居，何期千里觏云裾。

---

① （清）姜绍书：《无声诗史》，《续修四库全书》1065册，上海古籍出版社2002年版，第551页。
② （清）姜绍书：《无声诗史》，《续修四库全书》1065册，上海古籍出版社2002年版，第551页。
③ （清）朱彝尊：《静志居诗话》，人民文学出版社1990年版，第730页。
④ （清）邓汉仪：《诗观初集》卷12，《四库全书存目丛书补编》，齐鲁书社2001年版，第456页。
⑤ 李雷主编：《清代闺阁诗集萃编》卷1，中华书局2015年版，第52页。

> 才华直接班姬后，风雅平欺左氏余。
> 八体临池争幼妇，千言作赋拟相如。
> 今朝把臂怜同调，始信当年女校书。

商景兰对黄媛介的才华是非常称道的，她以历史上著名的才子才女来比拟黄媛介，并称"把臂怜同调"，显示了才女之间惺惺相惜的情感。

正是因商景兰的推举和称道，黄媛介受到了祁氏女性的由衷欢迎。祁德琼《喜黄皆令过访》有"江花迎客路，画舫到门来"句，可见对黄媛介到来的欣喜。《和黄皆令游密园》则写出了与黄媛介一同出游的快乐：

> 朔气晴开万户烟，寒林落日点红泉。
> 十年乱事悲星散，千里交情喜月圆。
> 松径尤能邀令客，桃源应信有群仙。
> 搴芳踏尽池塘路，泥印莲花步步妍。

因为黄媛介的到来，凛冽的冬日也变得晴朗，寒林的倒影在落日的点染之下也映出红光。明亡清兴中无论是祁氏还是黄家，都经历了巨大的磨难，但相聚之时不再回顾过去的沧桑，只为难得的相会而欣喜。众多的才女如群仙相聚，如群芳竞艳。

黄媛介也有《采菱同祁修嫣、湘君、赵璧二首》《春王五日同媚生祁夫人诸姊姒谦集世堂观鲜云童剧》《同谷虚、修嫣、湘君、赵璧游密园遇雨集韵牌》《同祁夫人商媚生、祁修嫣、湘君、张楚缥、朱赵璧游寓山分韵二首》等诗，写与祁家才媛共同游玩、结社赋诗的情景。

黄媛介离开祁家时，商景兰与祁家女性诗人都有送别之诗。商景兰《送别黄皆令》最为感人：

> 徵调起骊歌，悲风绕坐发。
> 人生百岁中，强半苦离别。

念君客会稽，釜不因人热。
兹唱归去辞，佩环携皓月。
执觞指河梁，愁肠九回折。
流云思故岛，倦禽厉归翮。
帆樯日以远，胶漆日以阔。
同调自此分，谁当和白雪？
交深多远怀，忧来不可绝。
伫立望沧波，相思烟露结。

商景兰一生经历了太多的生离死别，在与挚友离别之际更是深感离别之苦。与初见黄媛介时高度肯定她的才华不同，此时的商景兰更欣赏的是黄媛介的品性。黄媛介一生命运坎坷，屡受磨难，生活困顿，四处漂泊，然却能恬然自得，"牵萝补屋思偏逸，织锦成文意自如"[1]。她以闺塾师身份出入于仕宦之家，却依然能保持自己的尊严，不依赖于他人，用自己的才华得到他人的认可与尊敬。正是这样内在的高贵，让"我本松柏姿，甘与岁寒敌"的商景兰将黄媛介引为"同调人"。知己别离，分外伤感，"执殇指河梁，愁肠九回折"。她感叹"交深多远怀，忧来不可绝"，凝望挚友越走越远，直至不见，尤"伫立望沧波，相思烟露结"。一年的相处，商景兰对黄媛介的了解与感情都深了许多，我们可以比较一下商景兰的《赠闺塾师黄媛介》。这首诗虽然现在我们不能确定其写作年代，但从内容和语气上能感受到这时她们相识的时间并不久，很有可能是初识之时。题目直接称闺塾师，应该是黄媛介最早以闺塾师的身份与商景兰相见。商景兰对于黄媛介的作品是熟悉的，对于她的才华也是钦佩的，因而在诗中对于她的才华进行了热情的称道，将其比拟为古代著名的才女班昭、左芬，甚至将其比喻为男性才子司马相如。这种称赞

---

[1] （清）黄媛介：《和吴梅村》，载李雷主编《清代闺阁诗集萃编》卷1，中华书局2015年版，第47页。

是对黄媛介才华的认可，也是应酬诗歌中常见的套路。而最后一句将黄媛介比拟成唐代女冠诗人薛涛，则可以看出，在当时的商景兰内心中，对黄媛介的身份认同还是与明词综中所说的"微近风尘之色"相同，不然这个比喻是不可能用在一般的仕宦之家的女性身上。而从题目中看，商景兰对黄媛介直呼其名，而不称字，也不合一般仕宦之家交往的规矩。因而，虽然在《赠闺塾师黄媛介》和《送别黄皆令》两诗中商景兰都将黄媛介称为"同调"，但含义却不相同，前者的同调，是同为文学的创作者，后者才是相知相敬的知己与朋友。

祁氏其他女性诗人在与黄媛介分别时也是充满感伤、恋恋不舍。祁德渊在《送黄皆令归鸳湖》中也道出了离别的感伤："片帆南浦离愁结，古道河梁别思生。"祁德茞《送别黄皆令》写出了不舍："画阁联吟恰一年，此时分袂两凄然"，"怀君日后添离梦，寂寞荒村渡晚烟"。祁德琼留下的诗歌较多，也更多地反映了祁氏女诗人与黄媛介之间深厚的情感，在《送黄媛介归鸳水》中写道，"送君青雀舫，赠君金管箨。别路不辞远，别酒不辞多"。深情在反复的吟唱中流露无遗。分别之后，祁德琼又做《寄怀黄皆令》二首：

其一

惜别依依两地愁，何时重倚碧云楼。
风高乱木栖寒鸟，日落柴门望远舟。
百里孤城怀别恨，一帆江水忆同游。
晚烟漠漠相思处，不忍疏帘下玉钩。

其二

垂垂杨柳正堪攀，九曲愁肠未肯闲。
遥忆江湖人渐远，可怜关塞雁空还。
迢迢春树千重雪，漠漠愁云万叠山。
独坐长吟无别恨，为君几度损红颜。

分别之后是浓浓的思念，期盼着再次相聚。"风高乱木栖寒鸟，日落柴门望远舟"句中用了"风高""乱木""寒鸟""落日""柴门"等表示凄清孤寂的意象，来写友人离去后内心的凄凉与孤独，再用"望远舟"这个动作来写对友人的期盼。情浸于景，感染力非常强。结句"不忍疏帘下玉钩"则更写出了其对友人深切的思念。

朱德蓉的《送别黄皆令》则更凄楚缠绵：

> 青青杨柳枝，飘摇大道傍。
> 大道多悲风，游子瞻故乡。
> 执杯送行客，泪下沾衣裳。
> 忆昔弭远棹，明月浮景光。
> 杯筯极胜引，歌舞开华堂。
> 好鸟得其侣，举翼双翱翔。
> 胶漆两不解，金石安可方。
> 分袂起仓卒，永夜生悲伤。
> 吴山何渺渺，越水亦茫茫。
> 芙蓉被秋渚，采采有余芳。
> 愿言赠所思，曰归纫为裳。

祁彪佳的去世，明王朝的灭亡，使得祁家受到极大的打击。虽然商景兰勉力支撑，但祁家不可避免地在走下坡路。虽然黄媛介进入梅市之时，祁家还有着"东风暖拂华堂春，高张绮筵水陆陈"[①]的富贵景象，但已与祁彪佳在世时友人众多、访客不断、日日笙歌的情景不同了。长子理孙"作画之外，唯焚香誓佛"，心境低落而颓唐。次子班孙"仲兄天下才，声名著少小。不惜黄金尽，但言知音少。朝游燕市旁，筑音震天表。

[①] （清）黄媛介：《春王五日同媚生祁夫人诸姊妣谦集世经堂观鲜云童剧》，载李雷主编《清代闺阁诗集萃编》卷1，中华书局2015年版，第43页。

暮宿青楼上，春风任潦倒"（祁德琼《寄怀仲兄客游姑苏》）。而作为一家之主的商景兰，虽然是"人前强为欢"，但在内心中却是时时感伤"凤凰不得偶，孤鸾久无色"，而"不见日月颓，山河皆改易"的家国情怀也时时压在心中。因而这个遗民家庭之中其实是弥漫着伤感低沉的气氛的，只是由于商景兰的努力，将其压抑在心底。黄媛介的到来，带给了这个家庭新鲜的气息。黄媛介闺塾师的身份，使得她比起祁氏家族的女性有更多行动的自由，她广泛的交游网络，扩大了祁氏女性的交游范围，也拓展了她们的胸襟。她们一起赏花饮酒、采菱泛舟、寻幽访胜，相互诗歌唱和，切磋技艺，不仅仅提高了祁氏女性的文学创作水平，更使得她们的生活丰富多彩。

黄媛介离开梅市之后，还将与祁氏女性及王端淑等人交游唱和集的作品编纂为《梅市倡和诗抄稿》，毛奇龄在《梅市倡和诗抄稿书后》记载："《梅市倡和诗抄稿》者，闺秀黄皆令女君所抄稿也。皆令自梅市还归明湖，过予室人阿何于城东里居。其外人杨子命予选皆令诗，而别录皆令与梅市所倡和者为一集，因有斯稿。盖顺治十五年也。既而李子兼汝已刻《梅市倡和诗》，复命予序。则此稿遂不取去，遗簏中久矣。"[①] 可知《梅市倡和诗抄稿》还曾由李兼汝刊刻。非常可惜的是这部集子没能保存下来。

黄媛介闺塾师的身份，让她的行动自由远远大于商景兰这样的闺中女性，她与当时很多女性文人的交往都很密切。通过与黄媛介的交往，祁氏女性的交游范围扩大了许多，她们的声名也为更多人所知。而黄媛介还与很多男性文人有着诗词唱和往来，通过黄媛介，祁氏女性的文学声名也为许多男性文人所熟知。

除了黄媛介之外，祁氏女性诗人还有着较为广泛的交游对象。祁彪佳在世期间，商景兰除了以夫人的身份与祁彪佳的友人家眷交往，还有

---

① （清）毛奇龄：《西河集》，《四库全书》第1320册，台北：台湾商务印书馆1986年版，第545页。

自己独立的社交圈。在祁彪佳的日记和商景兰的诗词中，可以看出与商景兰来往最为密切的就是女尼谷虚。谷虚原为青楼女子，南京人，原名沙六（一名沙绿妓），有才名，后归绍兴商氏为姬妾，丈夫早逝，遁入空门，修行于祁彪佳姐夫何芝田的家庵果园。[①] 谷虚与商景兰交往非常密切，《祁彪佳日记》中多次记载了商景兰与谷虚共同出游或采茶等活动。在商景兰留下的诗歌中，有《喜谷虚师住密园》《坐谷虚大师新居对月二绝》《忆秦娥·雪中别谷虚大师》《诉衷情·雪中怀女僧谷虚》，两人交往时间也很长。祁理孙有《赠女僧谷虚出关》诗二首，王端淑《名媛诗纬初编》录谷虚《访黄皆令不遇》诗，可见谷虚与祁氏家族交往颇深，也参与了祁氏家族女性的文学活动，并与黄媛介有交往。黄媛介有《丙申予客山阴，雨中承丁夫人王玉映过访居停，祁夫人许弱云即演鲜云童剧，偶赋志感》，可证商景兰与山阴著名才女王端淑也有往来。商景兰诗词中还有《寄宝姑娘》《长相思·雪中作寄宝姑娘》，宝姑娘也应为其闺中密友，但现在已无法考证宝姑娘的生平了。《拟访故人值雪不果》《洞天春·初春同友坐剩国书屋》《青玉案·即席赋赠友言别》《题黄门夫人画兼赠甘二太娘》中的故人、友及黄门夫人、甘二太娘也都无可考证了。但从这些诗词都可以看出，商景兰通过文学交游，与其他的女性朋友建立了联系，扩展了自己的生活范围。

冼玉清在谈到女子才名传播时提出了三大条件："其一名父之女，少禀庭训，有父兄之提倡，则成就自易。其二才士之妻，闺房唱和，有夫婿为之点缀，则声气易通。其三令子之母，侪辈所尊，有后嗣为之表扬，则流誉自广。"[②] 这三个条件，商景兰应该都具备了。但商景兰文学声名的高扬，文学作品的流传，却并不是由于父、夫、子的传扬。祁彪佳生前对妻子女儿的文学创作持怎样的态度呢？从祁彪佳的著作和日记中都找不到相关的记载。在祁彪佳与商景兰现存的诗词中，也看不到他们的

[①]（明）祁彪佳：《越中园亭记之三》，载《祁彪佳集》，中华书局1960年版，第202页。

[②] 冼玉清：《广东女子艺文考》，商务印书馆1941年版，第185页。

诗歌唱和。商景兰在女儿祁德琼诗集《未焚集》序中回忆："吾女自幼工诗，每得句即为先忠敏所称赏。"可以看出，祁彪佳对女儿的诗才还是非常欣赏与肯定的。但欣赏与肯定却并不意味着祁彪佳希望家族中的女性作品传扬在外，以此获得才名，用文学创作得到社会的认可。从《祁彪佳日记》中的一个细节可以看出他对女儿和儿子的不同态度。《祁彪佳日记》记载了他从崇祯四年到弘光元年的仕宦生涯和生活状态，祁班孙和祁德琼、祁德茞都出生于这一时期，《祁彪佳日记》中对商景兰每一次生产都有记录。祁班孙出生之时，祁彪佳详细地记录了其出生情况及命名的情况。但此后三次商景兰生育女儿时则对女儿的情况一笔带过，连女儿的排序都没有记录，更不要说名字了。之所以会有这样的不同，是因为在传统社会中女性和男性在家族中的地位是不同的。祁彪佳在妻子生产时关切担忧，是源于对妻子的深厚情感。祁彪佳没有与妻子的唱和之作，没有对女儿才华的称道，更没有像同时代的叶绍袁那样对妻女的容貌和才华大加赞誉，并将妻女的作品刻印出版，以便流传后世，说明了在祁彪佳的内心中，对女性的身份有着清晰的家内家外的设定。因而他虽然欣赏妻女的才华，却因传统对女性角色的家庭化的设定，对女性的文学创作虽不反对，但并不支持其文学作品的外传。从商景兰的两个儿子来看，也基本上与祁彪佳采取了同样的态度。祁德琼诗歌中留有三首赠兄之作，但在祁理孙和祁班孙的作品中却没有看到相应的回赠之作。现在唯一可以看到的一首男性亲人写给女性家人的作品是祁班孙的《青春行赠女弟茞》。在这首诗歌中，我们也可以看出祁班孙对小妹才华的赞赏："深闺小妹动盈盈，盘中题诗早得名。"理孙和班孙与父亲一样，欣赏家中女性的才华，但并没有为她们文学作品的流传做出努力。在祁氏女性文人中，只有祁德琼的诗歌是在其去世十二年后由她的丈夫刊刻出版的。

那么商景兰与祁氏女性文人的声名是怎样传扬的呢？这与商景兰的努力分不开。

商景兰通过家庭女性文学群体的活动，使得祁氏女性的诗歌创作热情高涨。同时，通过文学交游，扩大了她们的交友范围，自然而然地让外界知晓了祁氏女性的文学才华。这之中，最为重要的是商景兰与男性文人毛奇龄的交往。

明末清初，随着女性求知欲的高涨，母教、家教已不能满足一些具有自我意识的知识女性了，她们开始通过拜师等方式与男性文化名流交往。而一些观念、见识超前的男性文人对女性文学创作也持支持鼓励的态度，甚至还有一些文人主动地给予女性创作者支持，他们通过收女弟子、编辑女性诗集或为女性诗集作序等方式积极支持女性的文学创作，同时为传扬女性声名做出了很大的贡献。毛奇龄，清代著名学者，文学家，浙江萧山人。毛奇龄与会稽商、祁两家为通家之好，往来密切，商景徽之女徐昭华即拜毛奇龄为师。毛奇龄在《徐都讲诗集序》中回忆与商景兰的交往："予弱冠时，过梅市东书堂，忠敏夫人出己诗，与子妇张楚缥、朱赵璧、女湘君四人诗，合作编摘，请予点定。"[①] 在《祁夫人易服记》中也满怀深情地回忆他与商景兰的交往："予少至东书堂时，夫人从母商夫人学诗，而以予通家子，每出诸闺中诗，属予点定，以故每读夫人诗而为之赏之。"[②] 由此可以得知，商景兰主动将自己与张德蕙、朱德蓉、祁德茝的诗集编辑成册，请毛奇龄点定，应是期望通过毛奇龄的指点，进一步提高祁氏女性的文学创作水平，同时也期望通过毛奇龄的声望，传播祁氏女性的声名。商景兰与祁彪佳对女性文学创作的观念是不同的，她并不因创作者为闺中女子而认为她们的作品只能在闺中流传。在她的内心中，女性文学创作也是家族文化传统的一部分，祁家女性才名的传扬，亦可光大祁氏门风。毛奇龄也确如商景兰所希望的，对于祁氏女性文学声名的传扬不遗余力。在毛奇龄的《西河诗话》中，毛奇龄对祁氏家族的女性诗人多有赞誉，特别是对商景兰及祁德茝更是赞誉有

[①]（清）毛奇龄：《徐都讲诗》，载《西河文集》，商务印书馆万有文库1937年版，第3175页。

[②]（清）毛奇龄：《西河集》，《四库全书》第1320册，台北：台湾商务印书馆1986年版，第628页上。

加。陈维崧在《妇人集》中记载："黄（名运泰）、毛（名奇龄）撰《越郡诗选》一书，其《凡例》曰：'闺秀则梅市一门甲于海内。忠敏擅太傅之声，夫人孕京陵之德，闺中顾妇，博学高才；庭下谢家，寻章摘句。楚缥、赵璧，援妇诚以著书；卞客（注：应为卞容之误）、湘君，乐诸兄之同砚。其他巨室名姝，香奁绣帙，董陶徐郑，咏览颇多。玉映、静因，流传最久。编题姓氏，约十二家。闺阁风流，莫此为盛。'识者以为实录云。"① 毛奇龄所编的《越郡诗选》已不可见，毛奇龄的《越郡诗选凡例》亦无法见到全貌，但从陈维崧记载来看，可以看到毛奇龄对祁氏女性诗人的奖掖，看到毛奇龄为女性诗词的保存和传扬做出的努力。

毛奇龄在《徐都讲诗集序》中回忆在他弱冠时商景兰请他点定自己与张德蕙、朱德蓉、祁德茝四人诗稿，应在时间上有记忆错误。崇祯十六年，祁德茝只有7岁，尚属儿童，不应有作品可以让外人点定。而朱德蓉那时尚未嫁入祁家，商景兰也不可能有她的诗文。祁德茝能够有作品和母亲、嫂嫂合编，朱德蓉亦嫁入祁家，时间应该是在祁彪佳去世之后，在商景兰的带动之下，祁氏家族女性文学活动兴盛之时。商景兰在引导祁氏女性进行文学创作之时，也在努力地弘扬祁氏女性的文学声名，期望通过祁氏女性的文学活动进一步传扬祁氏家族的文化传统。但她亦知女性文学作品流传之难，保存则更难。在祁德琼诗集刊刻之时，她感慨："生平吟咏十不存一二，每一念及，则为惘然。"② 女儿去世十二年，诗歌作品即十不存一，那么随着时间的流逝，更将会"香奁丽句，亦仅存片羽。予复何心，能无悲悼"③。从中可以看到，商景兰对于自己和祁氏女性作品的流传和保存是非常关注的，也是非常无奈的。祁理孙亦善诗，但不愿示人，成稿往往毁弃之，对家中女性诗歌创作的传扬应亦没

---

① （清）陈维崧：《妇人集》，载王英志主编《清代闺阁诗话丛刊》，凤凰出版社2010年版，第19页。
② （明）商景兰：《锦囊集》，载（明）祁彪佳《祁彪佳集》，中华书局1960年版，第297页。
③ （明）商景兰：《锦囊集》，载（明）祁彪佳《祁彪佳集》，中华书局1960年版，第297页。

有动力。祁班孙早年致力于反清复明活动，三十一岁时就被流放于东北，也无可能为祁氏家族女性诗歌的流传和保存做出努力。商景兰只能通过自己的文学交游，努力地传扬祁氏女性的文学声名，然而祁氏女性的作品，现在我们能看到的，也仅仅是吉光片羽，十不存一，这不能不让人唏嘘感慨。

第五章　祁氏家族的凋零败落

第一节　迢迢子去伤离别
——班孙的遣戍

康熙元年（1662）是商景兰晚年生活的分水岭。这一年祁理孙、祁班孙因涉通海案被捕，次年，班孙被流放宁古塔。这一打击使得祁氏家族走向败落，也使得商景兰苦心经营的家族诗会走向没落。

弘光元年（1645）闰六月初六，祁彪佳自沉殉国，之后潞王在杭州降清。余姚人郑遵谦于闰六月十一日在会稽起兵，杀死投降清朝的会稽县令彭万里和清朝的招抚使。祁彪佳之侄祁鸿孙响应郑遵谦，也举义兵。祁鸿孙，字奕远，为理孙、班孙辈中最长者，与祁彪佳同受业于刘宗周门下。理孙与班孙虽未加入反清义军，但是"罄家饷之"①。顺治三年（1646）五月，郑遵谦溃败，投海自尽，祁鸿孙走匿山中。祁班孙岳父朱兆宪劝班孙"更勿从事于焦原"②，班孙不听。

祁鸿孙逃匿之后，理孙、班孙兄弟并未放弃反清复明之志，而是

---

① （清）全祖望：《祁六公子墓碣铭》，载《全祖望集汇校集注》，上海古籍出版社2000年版，第256页。

② （清）全祖望：《祁六公子墓碣铭》，载《全祖望集汇校集注》，上海古籍出版社2000年版，第256页。

"自任以故国之乔木"①，广交朋友，"屠沽市贩之流兼收并蓄"，以求再谋同道，等待复明机会。在这种情况下祁氏兄弟结识了魏耕。魏耕，原名璧，又名时琦，字楚白，号雪窦。清兵入关后改名为耕，又名甦，字白衣。魏耕自幼聪慧，七岁从父读书，"日诵数百言，覆背如流"②。崇祯十二年（1639）浙江督学许豸主持岁试，魏耕名列第一，得以补廪食饩。听到清军入关的消息，魏耕"悬衣冠堂上，北面稽首曰：'予虽在草莽，然廪食胶库，亦君禄也，纵不殉国难，亦当潜身遁迹，为世外间人'"③。此后魏耕奔走山海之间，联络各方人士，以图反清复明大业。祁氏兄弟是何时与魏耕结识，现无确切时间。但在魏耕诗集中有《奉贺祁忠敏中丞公商夫人五秩二十韵》，可见在顺治十年（1653）时祁氏兄弟已与魏耕相识，并且交往已经非常密切了。

祁氏兄弟与魏耕相识之后很快成为莫逆之交，祁班孙与魏耕交情尤为密切。班孙性情豪爽，好交友，善剑术。《绍兴府志》记载："祁班孙，字奕喜，山阴人，明苏松巡抚彪佳次子也，年十四而彪佳殉国，班孙性敏慧，既无意进士也，乃学为诗。时同邑朱士稚、慈溪魏耕、归安钱缵曾俱以诗名，班孙与之游。馆耕与家，上下其议论，由是其诗日益进。自以义烈之后亡国余生，不敢放声肆言而幽怨所激，忧深思微以会合风人之旨。"④ 从这里可以看出，在祁彪佳去世之后，作为遗民后代，祁氏兄弟传统的科举入仕之路已经被断绝，但诗书传家的文化传统依然在传承，国破父亡的忧愤积郁心中，也表现在诗歌中。事实上，也不仅仅表现在诗歌中。与魏耕等人的交往，也不仅仅是传统文人的文学交游，更

---

① （清）全祖望：《祁六公子墓碣铭》，载《全祖望集汇校集注》，上海古籍出版社 2000 年版，第 257 页。
② 魏霞：《明处士雪窦先生传》，载《雪翁诗集》，浙江古籍出版社 1985 年版，第 195 页。
③ （清）冯可镛修，杨泰亨纂：《慈溪县志》卷 30，光绪二十五年，第 36 页 a。台北：成文出版社影印本 1975 年版，第 642 页下。
④ 绍兴县修志委员会：《绍兴县志资料第一辑》，台北：成文出版社 1983 年版，第 2614 页。

是政治上志同道合的盟友。

　　班孙比魏耕小十九岁，二人为忘年交。班孙为魏耕的学识、魏耕的忠义所折服。魏耕亦喜班孙的豪爽和聪慧。全祖望在《祁六公子墓碣铭》中说祁氏兄弟与魏耕"誓天成莫逆"，更多的是指班孙与魏耕的情谊。魏耕在山阴与班孙等人一起游山玩水，宴饮唱和。魏耕在《寓山园亭》诗中写道："山阴亭子多古迹，里山瑶草萋萋碧。若非祁生（班孙）为地主，何繇一踏萍洲客。"① 正是因为班孙的热情款待，魏耕才能在山阴滞留。魏耕在明亡之后装作披发游僧，奔走四方，境况十分艰辛。对于班孙的热情，他十分感动，"是时老夫颇潦倒，喧呼起舞无所惜"。班孙对魏耕的学识也非常敬服，请他校雠父亲祁彪佳诗集，"年来更忆祁忠敏，重为剪辟编荆榛"，即说此事。

　　魏耕在祁氏山阴不仅仅受到了班孙、理孙兄弟的热情款待，祁家其他族人也与魏耕有交往。魏耕有《丙申夏，以事之山阴，客祁生班孙宅。其伯净超，毗耶居士后身也，他日邀余游密园宴饮，因为醉歌》诗，写的是祁彪佳三兄祁骏佳在密园宴请魏耕。祁骏佳，字季超，与祁彪佳手足情深，祁彪佳得知清军征聘信息之时，即准备引决殉国。"季超兄力阻，谓且婉辞；辞之不得，就死未晚。"② 祁彪佳兄弟五人，长兄祁麟佳、二兄祁凤佳都在祁彪佳之前去世，因而祁骏佳力阻祁彪佳殉国的想法，但他对弟弟非常了解，知其不会苟且偷生，所以才会说"辞之不得，就死未晚"。对弟弟的殉国，祁骏佳痛惜不已，而对忠于明室、汲汲于反清复明事业的魏耕，祁骏佳自然是持欢迎态度的。魏耕《丙申夏，以事之山阴，客祁生班孙宅。其伯净超，毗耶居士后身也，他日邀余游密园宴饮，因为醉歌》一诗描绘了与祁骏佳相会的情景：

　　　　旅游昨借祁生榻，毒热正当三伏中。

---

　　① （清）魏耕：《寓山园亭》，载魏耕《雪翁诗集》，浙江古籍出版社1985年版，第82页。

　　② （明）祁彪佳：《祁彪佳日记》，浙江古籍出版社2016年版，第835页。

高栋层轩眠不得，开帘兀坐苦无风。
祁生有伯庞公亚，邀我置酒密园东。
铺地食单松阴冷，凭栏隔岸荷花红。
磨刀那藉设鱼脍，荐菹何烦罗辛葱。
冰盘雪藕堆四座，青芹锦带甘野翁。
凉飙飒来纷可喜，清觞遮留移日晷。
几载风尘仆马悲，新欢绕接祁翁美。
我欲溯流上荆襄，自伤枯槁已暮齿。
飘零会写千首诗，潦倒终当付泥滓。
维摩好道尚爱才，朗吟相对澄怀里。
后期握手赠牟尼，他年还驾琴高鲤。①

事实上，祁彪佳殉国之后，祁氏家族的很多人都与祁理孙、祁班孙一样，希望能延续祁彪佳的忠烈，反清复明，因而祁家与魏耕有交往的不仅仅是班孙。魏耕在《今诗粹》中说："予岁至梅市与奕喜读书紫芝轩，而从弟若奕仪、奕明，朋友若张南士、朱子彝辈咸来会集，摇首苦吟。"②"予尝与桐音姜廷梧、南士在梅市同笔砚。"③ 朱彝尊《梅市逢魏璧》中写道："山阴祁生贤地主，好奇往往相倾许，岂无上客朱与姜，齐向高堂饭鸡黍。"④ 在"朱"下自注"用调"，"姜"下自注"廷梧"。朱用调为祁班孙从姊妹祁德茞的丈夫，也是祁班孙之妻朱德蓉的哥哥。姜廷梧是祁彪佳的长女祁德渊的丈夫。祁班孙、朱彝尊都是魏耕集团的重要成员，祁氏子弟和祁家女婿朱用调、姜廷梧也经常参加他们的聚会。

---

① （清）魏耕：《寓山园亭》，载《雪翁诗集》，浙江古籍出版社1985年版，第83页。

② （清）魏耕：《今诗粹》，清初余带堂刻本；转引自胡梅梅《魏耕研究》，硕士学位论文，南京师范大学，2008年，第22页。

③ （清）魏耕：《今诗粹》，清初余带堂刻本；转引自胡梅梅《魏耕研究》，硕士学位论文，南京师范大学，2008年，第7页。

④ （清）朱彝尊：《曝书亭全集》，吉林文史出版社2010年版，第90页。

这些聚会，不仅仅是以诗歌相砥砺，更应是反清复明者的共同筹谋之会，现在虽然没有文献资料证明这一点，但可以推测，梅市祁家最终成为策划起义的大本营，祁氏家族的这些成员即使不是参与者，也应该是支持和默许的。

理孙与魏耕的交往比班孙少了许多。魏耕在谈到与祁氏诸人聚会时说："予每至梅市，与奕喜读书紫芝轩，而奕庆不一省顾，作画之外，唯焚香誓佛，向作诗千余篇，悉毁弃之，不欲堕文士习。"① 他在《题赠祁理孙画像引》中也描绘了理孙的状态：

> 余也不得安禅师粲可，茫茫奔走赤县里。
> 朝随屠贩上长安，暮逐吹箫涉江沔。
> 山阴祁生三十余，已能高蹈谢尘居。
> 昨出画像令我题，宛然跌坐凌清虚。
> 高斋漠漠闲花落，松风万树临绝壑，
> 披图俨向雪山行，缥缈金仙来绰约。
> 祁生闻尔获髻珠，门种朗公桔几株。
> 魏耕他年拂衣去，楞伽一卷须相与。②

沉浸于学佛礼经中的理孙，"宛然跌坐凌清虚"，与"朝随屠贩上长安，暮逐吹箫涉江沔"的魏耕的确不是一路人。但理孙真的只是一心礼佛而不再关心复明大业了吗？应该不是的。祁彪佳去世之后，理孙成为祁家的顶梁柱。虽然母亲商景兰是家中的长辈，也是家族的精神领袖，但商景兰毕竟是女性，对于家庭内部事务有处置的权力，家庭的外部事务及财产的处置，还是由长子祁理孙来掌握。祁鸿孙起兵之时，班孙才14岁，所谓祁氏兄弟"罄家饷之"，应该主要是理孙的主张。但正如我们

---

① （清）魏耕：《今诗粹》，转引自《祁彪佳集》，中华书局1960年版，第366页。
② （清）魏耕：《雪翁诗集》，浙江古籍出版社1985年版，第84页。

前面分析的，理孙个性稳重沉静，又承担着家族重任，因而不能也不会像班孙那样将大部分精力放在与魏耕等人的交往之中。沉重的家族负担也使他内心承担着极大的压力，因而须通过焚香礼佛来释放压力。不多参与魏耕等人的聚会，是个性和家庭责任使然，并不意味着对于他对反清复明事业的淡漠。作为祁家的长子，祁家成为反清遗民的秘密基地，没有理孙的支持是不可能的。明末清初著名学者、诗人屈大均曾参与反清义军，为避祸削发为僧，也与祁氏兄弟联系密切，曾居祁家寓园数月，[①] 屈大均的《翁山诗外》中有《客山阴赠二祁子》诗："相留暂向祇园住，正是中丞殉节处。"[②] 说明屈大均与理孙、班孙都有交往。而屈大均到会稽，本就是要与魏耕等人密谋反清。理孙、班孙与屈大均、朱彝尊交往密切，经常聚会宴饮，诗词唱和。朱彝尊《偕曹侍郎溶、施学使闰章、徐秀才缄、姜处士杉、祁公子理孙、班孙段桥玩月分韵得三字》就记录了他们同游西湖、分韵赋诗之事。在魏耕的《雪翁诗集》中也有多首与理孙有关的诗歌。

可以说，以山阴祁家为基地、以魏耕为核心的反清集团是一个秘密又松散的集团。集团的中心人物有祁班孙、祁理孙、朱士稚、张宗观等人。他们以明代遗民自居，以谈诗论文为掩护，暗中从事秘密的抗清活动。在他们的周围，还有祁氏家族其他人及文人如朱彝尊等，这些人也许并未参与真正的反清复明活动，但屈大均在其《梅市别祁四丈季超》诗中云"赖有二三友，金玉同坚贞。……风雪历四载，谋深竟难成"[③]，从这些诗句来看，他们对魏耕等人的反清复明活动是有所知晓并支持的。

顺治十六年（1659）五月，郑成功发兵北伐，与张煌言汇合，下瓜

---

① 邬庆时：《屈大均年谱》，广东人民出版社2006年版，第69页。
② （清）屈大均著，陈永正主编：《屈大均诗词编年笺注》，中山大学出版社2000年版，第131页。
③ （清）屈大均著，陈永正主编：《屈大均诗词编年笺注》，中山大学出版社2000年版，第152页。

州，平镇江，保卫南京，江南为之震惊。魏耕为郑成功、张煌言进言献策，发挥了很大的作用，陈寅恪先生认为"魏氏为顺治十六年己亥郑延平率舟师攻打南京之主谋者"①。但因郑成功骄傲轻敌，清军偷袭成功，郑成功仓皇退回福建，张煌言孤悬皖南，魏耕"遮道留张尚书，请入焦湖，以图再举"②。张煌言虽依计行事，但魏耕平时结交的寨主却在关键时刻叛变了，北伐最终失败。此为通海案始末。顺治十八年十二月，因孔孟文的告发，镇浙将军柯奎发兵缉捕魏耕，通海案事发。事发之时魏耕正在山阴梅市园中，班孙派死士护卫魏耕连夜出逃。追兵追至台州捕获魏耕，随后祁氏兄弟也被捕。次年初，魏耕被杀。

祁氏兄弟被捕之后，二人手足情深，争承罪名，"祁氏之客谋曰：'二人并命，不更惨欤？'乃纳赂而宥其兄，公子遣戍辽左"③。毛奇龄在《山阴张南士墓志铭》中记录了班孙、理孙被捕与营救的过程：

> 康熙二年，海上大狱起，归安魏耕走萧山，复走梅市。大将军刊章遮捕之，获耕。兼逮萧山梅市之藏耕者，以银铛锁李达、杨迁并祁忠敏公次子班孙，家人莫敢问，道路离立。南士挺身走三家，为经纪其事。县官遣伍伯戍守，惧漏所籍，而南士乘夜为涉帑，且时时渡江，入司狱，通奸狴往来。狱吏怪之，执以告提刑。提刑大惊，初以为异姓非家人窥探资给，拟坐。而既而察其无故，慰遣之。及耕伏法，南士阴匄之钱塘孙治收其尸，而班孙与达与迁并徙塞外，点解多一人，则杉也。解官斥之曰："汝欲偕往耶？"曰："当魏耕逃时，亦思至某家，而徒以舟楫未便，故某幸免。今某不忍三人者独行，欲送之过河，而执事以为欲偕往，吾岂畏往者耶？"解官义之，

---

① 陈寅恪：《柳如是别传》，上海古籍出版社1980年版，第1072页。
② （清）全祖望：《雪窦山人坟版文》，《全祖望集汇校集注》，上海古籍出版社2000年版，第175页。
③ （清）全祖望：《祁六公子墓碣铭》，《全祖望集汇校集注》，上海古籍出版社2000年版，第257页。

劝之返。乃嚎咷牵衣而别。①

张杉,字南士,与魏耕、祁氏兄弟交往密切,亦是魏耕集团中的重要人物。全祖望笔下的"祁氏之客"即是毛奇龄笔下的张杉。张杉在祁氏兄弟入狱后挺身而出,为营救祁氏兄弟"入司狱,通狴犴",最终使得理孙得以免罪,并在班孙远戍之时远送,可见其对友人的肝胆相照。毛奇龄在文中隐去理孙入狱之事,是出于对祁理孙安全的考虑,以防再给祁家招来麻烦。

通海案的事发,给祁家以巨大的打击。《祁忠惠公遗集》后附班孙《紫芝轩逸稿》。杜煦称:"遍访越中藏书家无知之(《紫芝轩集》)者。此诗一卷,从《越三才子诗》录出,同罩沈氏所藏,惜佚其下册,无从购访。"②《紫芝轩逸稿》中有作于流放途中及描写塞外生活的作品,抒发流放塞外荒凉苦寒之地后内心的悲凉郁塞之感,可了解班孙远戍之时的生活状态和心路历程。《壬寅杂诗三首》应为其离家之时所作:

其三

置酒北郭门,亲故别河干。
吐言未成音,垂泪但相看。
停尊思不饮,重嗟酒欲寒。
一觞还再劝,凄绝伤心肝。
吁彼泉下客,谁与勉加餐。
黄泉岂无人,谅不交新欢。
独行愁黯黯,昏雾蔽重关。
风吹昏雾散,忽成凄雨还。
冥冥川上路,潇潇松柏间。

---

① (清)毛奇龄:《山阴张南士墓志铭》,载《西河集》,《四库全书》第1321册,台北:台湾商务印书馆1986年版,第166页。
② (明)祁彪佳:《祁彪佳集》,中华书局1960年版,第365页。

>　　兔走东西下，鸟飞左右盘。
>　　长叹谢亲故，生别何悲酸。

　　离别总是让人伤神的，更何况是流放到荒凉苦寒的关外。告别的话语尚未出口，不舍的泪水早已流出。浓雾黯黯，冷雨凄凄，踽踽独行，悲凉凄苦之情让人不忍卒读。

　　班孙流放宁古塔初期，因为贿赂了当地的将军，生活尚比较自由，还可以与一些被流放在当地的文人如吴兆骞等人来往，还可以与他同案流放的李达、杨越等朋友在一起，从未离开过江南的祁班孙尚能忍受事业的失败带来的精神上的失落和塞外的苦寒荒凉带来的生活上的痛苦。

　　祁家几代人都对戏曲有很深的研究，浸润在这样的家庭氛围中的班孙也非常喜爱戏剧。在宁古塔，他与李达一起调教了十六名优儿，将江南的戏曲艺术传到东北。作为藏书家的后代，班孙还在宁古塔建了漠北书斋，让家族的文化传统在千里之外的苦寒之地继续传承。可以看出，班孙在痛苦中依然没有消沉，竭尽全力地用各种方式排解苦闷。然而在班孙到宁古塔一年多后，即康熙三年（1664）三月，又一个打击降临。班孙被充入吉林水师营，再迁往兀喇。班孙虽然性情豪爽，但本质上还是文人，出身官宦之家，自幼生活非常优裕，军营的生活使他极为不适应。他在《复迁》诗中悲叹："昔来花离枝，今去叶飘陌。花叶本无根，谁能不凄恻。……诗书负虚名，征途空戚戚。"[①] 远在异乡的班孙不但要忍受严酷的自然环境对他的折磨，更要承受流放生活带给他的精神上的折磨，双重的折磨让他对家乡和亲人的思念更加强烈：

>　　迁所其六
>　　寒冰结马尾，巉雪摧车轮。

[①]（明）祁彪佳：《祁彪佳集》，中华书局1960年版，第342页。

客来风雪中，叹息远还闻。
凄凄迎道左，或恐故乡人。
形容殊未识，声辞知可亲。
云家城西里，闾巷曾相邻。
君为名家子，我昔薄宦身。
一朝同祸患，悉事颇能真。
闻之肠百转，郁结怆心神。
北堂多白发，欲问涩口唇。
少妇处深闺，形影不出门。
同生苦奔走，昨岁离梁陈。
余此一身外，致询茫无伦。
田园绝人蹊，当已长荆榛。
迎门双桧树，定复生鬼燐。
乡城信渺渺，关山荡白云。
云山两难即，且当慰风尘。
衣底取双瓢，鞭前探酒尊。
一尊暖肠腹，重须问苦辛。①

异乡的风雪中，听到远来之客的叹息声，就满怀凄凉地迎在道边。虽然还没有看清来人的面貌，却听到了熟悉的乡音。他乡无须故知，故乡之人就备感亲切，更何况同是天涯沦落人。欲问白发老母的消息，却迟迟不敢开口，生怕得到不好的消息。得知青春年华的妻子，在自己流放之后自我禁锢于家中，为自己守节，内心更是痛苦。家园在经历了一次次的灾难后，已一步步走向衰败。远隔万里，音书难寄。酒可暖远来之客的肠腹，却解不了班孙浓郁的乡思。

一年半后，班孙逃回家乡，藏匿梅市一年，渐渐为人所知，"已而里

---

① （明）祁彪佳：《祁彪佳集》，中华书局 1960 年版，第 344 页。

社中渐物色之"①。不得已,班孙隐姓埋名,削发为僧,到苏州尧峰院出家。不久后主持毗陵马鞍山寺,号咒林明大师。班孙出家之后,为了避祸,不再与家中联系,但与理孙还有往来。康熙十二年(1673)十一月十一日,班孙去世。

《广阳杂记》中记载了班孙去世时的情景:

(班孙)言明末事,则掩面恸哭。十二年十一月十一日,忽沐浴曳杖绕室大呼曰:"我欲西归,有缘者随我。"如是者终日,观者如堵,骇不敢近。入暮,跏趺垂眉,久之,忽张目曰:"动一念矣。"遂卒云。②

可见出家并未能让班孙忘怀国仇家恨,内心积郁的悲愤之情至死无法排遣,才有了临终之前的曳杖呼叫。

理孙在班孙去世后回忆兄弟在一年前山中相互唱和时的情景,悲痛万分:

壬子夏在夫山,偶与昼林③和尚阅《五灯》,昼公忽掩卷问曰:"丹霞烧木佛一则,阿兄怎么看?"予口占一偈曰:"木佛一时烧却,千秋庆快非常。管取院主须眉,莫乱时人眼光。"昼公曰:"美则美矣,忒煞明破。"予曰:"某只如是,和尚怎么生看?"昼公亦口占一偈曰:"丹霞烧木佛,天阴赤脚行。院主须眉堕,生铁变黄金。"彼时互相酬唱,不以为乐,今乃不可复得矣,能不悲夫!④

---

① (清)全祖望:《祁六公子墓碣铭》,《全祖望集汇校集注》,上海古籍出版社2000年版,第258页。

② (清)刘献廷:《广阳杂记》,中华书局1975年版,第17页。

③ 即班孙。清代纪荫编纂《宗统编年》中亦将祁班孙称作"昼林运",转引自谢爱珠《贤媛之冠——商景兰研究》,硕士学位论文,台湾"中央"大学历史研究所,2008年。

④ 《水月斋指月录》卷九,万历辛丑严澄刻本,邓州丹霞天然禅师条批注,转引自黄裳《远山堂明曲品剧品校录》,《银鱼集》,安徽教育出版社2006年版,第250页。

本性理智沉静的理孙与性格豪爽热情的班孙经历了种种磨难，晚年都在礼佛参禅中度过，虽然一主动，一被动，但兄弟两人坎坷多难的人生不能不让人唏嘘。然而就是这样兄弟相互酬唱的快乐，也是非常短暂和稀少的。

就在班孙远戍的同一年，祁家还经受了一次重大的打击，27岁的祁德琼去世了，商景兰经历了白发人送黑发人的痛苦。

祁德琼去世与班孙远戍的时间顺序现在不可考，但祁德琼在去世之前，通海案已爆发，班孙、理孙被捕入狱，后理孙得宥，这些情况祁德琼应该是清楚的。祁德琼有《别赵璧》诗：

> 泪共青山远，孤舟别路轻。
> 凄凄林外鸟，多半断肠声。

这是祁德琼与二嫂朱德蓉分别时所作。与嫂分别即应是祁德琼离开娘家回婆家时所作。诗写得非常凄凉伤感。祁德琼的夫家也在山阴，与娘家距离很近，从她的诗歌中也可以看出，出嫁之后祁德琼与娘家来往很频繁，按一般情况来说，离开娘家不应如此悲愁。此诗很有可能是写在班孙被捕之后，为仲兄的生死而担忧，更理解嫂子朱德蓉内心的悲哀，却不得不离开最需要安慰的亲人，因而发出不忍分别的哀鸣。

祁德琼去世后，朱德蓉作长诗《哭修嫣》：

> 我怀朱明时，万山似凝碧。
> 秋气入帘栊，落叶纷如织。
> 景物逝若飞，感时想蕙质。
> 兰蕙徒芬芳，不能驻颜色。
> 琴台杳无声，穗帐渺无迹。
> 酸风射两眸，动止俱成泣。
> 自期长为歌，谁怜永幽隔。
> 含泪忆故姿，容光在瞬息。

忽焉委尘土，无由见彩笔。
愁深不忍言，忧思日盈积。
此意欲诉天，天高安可悉。
舒愤寄短章，哀响迷云日。
悲声绕座来，闻者应怆恻。
安得女娲方，一炼补天石。

祁德琼韶华早逝，每一位亲人都感到非常痛苦。商景兰在女儿去世十二年后依然感叹："觉昔时咏絮颂椒风度，恍在目前，不禁涕泪交堕。"①可想在女儿去世之时作为母亲的商景兰会怎样的痛惜。祁德琼的长嫂张德蕙有《秋日哭修嫣》诗，为祁德琼的早逝伤感不已。但朱德蓉的这首《哭修嫣》则是哀恸心伤以至于凄厉悲愤。她诉说痛失亲人的痛苦："琴台杳无声，穗帐渺无迹。酸风射两眸，动止俱成泣。"她为小姑韶华早逝而悲愤问天："此意欲诉天，天高安可悉。舒愤寄短章，哀响迷云日。"她期望能够力挽狂澜："安得女娲方，一炼补天石。"对于亲人的离世哀恸，对于命运的不公悲愤，不仅仅是因为祁德琼的早殇，更多的是对于自身遭际的无助与绝望。事实上，在这一年，命运的确是对朱德蓉太残酷了，丈夫获罪远戍，小姑兼知己韶年早逝，父亲也于同年辞世，生离死别的打击，只能是长歌当哭，无怪乎其哀伤几乎不能自持。

祁班孙远戍宁古塔时年仅三十，朱德蓉应与班孙年龄相当。班孙被难遣戍之时，朱德蓉与祁班孙并未有儿女。康熙四年（1665），班孙由流放之地逃回家乡，在家乡藏匿一年后行迹暴露，再次遭到追捕，不得已在苏州出家，从此再未回到家中，朱德蓉也应再未与丈夫相聚，也再不可能有生儿育女的可能。后祁理孙的次子祁曜徵过继给祁班孙，以继承祁班孙一支血脉。可惜的是在祁理孙去世同年，祁曜徵也因病而亡。全

---

① （明）商景兰：《锦囊集》，载（明）祁彪佳《祁彪佳集》，中华书局1960年版，第297页。

祖望在《祁六公子墓碣铭》中说:"公子被难,孺人尚盛年,朱氏哀其茕独,以侄从之。遂抚为女,孤灯缁帐,历数十年,未尝一出厅屏也。"[①]朱德蓉半生孤苦令人叹息。

祁班孙远戍宁古塔之时,预感自己有生之年无法再回江南,因而希望妻子朱德蓉不要苦苦等待,其《壬寅杂诗》其二:

> 金石非久常,恩情会有移。
> 达人已知命,即路还如归。
> ……
> 庶有同归愿,谅无白首期。

在当时,遣戍关外,大多数人的命运都是老死边陲,死后还要葬于当地。祁班孙没有想到自己还能逃回江南,因而已经认命。但妻子还在盛年,久别之后是否恩情常在,在他的心中似还有疑问。即使是情感不变,夫妻有同归黄泉之愿,却难有携手白头之日。因而他希望妻子不要孤独地守候终生。在《拟古》二首中,他更直接地表述了自己的意愿:

> 其一
> 双桧青葱摇天衢,交枝盘结巢凤雏。
> 凤凰将子朝天去,桧树前年同日枯。
> 东邻父老多叹息,不见山头秦大夫,
> 昔承君王亲顾盼,今朝颜色弃樵苏。
> 昨夜东风开玉李,芳桃零落嗟不如,
> 桃花虽落李花好,春风犹自暖城隅。
> 岂必双枝结连理,同招霜雪惨肌肤。

[①] (清)全祖望:《祁六公子墓碣铭》,载《全祖望集汇校集注》,上海古籍出版社2000年版,第258页。

嗟此一时多憔悴，何如各自分根株。

其二

鸳鸯交颈宿芳矶，翡翠双双振羽衣。
两两经过妒颜色，争来沙上斗容辉。
江上少年方挟弹，雄飞中弹雌何依。
夜夜悲鸣过江阁，凄绝哀音绕翠帏。
掩袖风中愁不尽，开笼阁上令雌归。
朝起衔花窥玉镜，夜深舞月伴珠徽。
愁杀今时陪独宿，悔令当日好同飞。

在大难临头之际，他自知无法避免，但希望能够保全妻子，因而在诗歌中，他苦苦劝慰妻子"桃花虽落李花好"，"岂必双枝结连理，同招霜雪惨肌肤"，他主动提出"何如各自分根株"。虽然提出的是分手的建议，但恰恰是爱的表示，不愿妻子受自己的连累，不愿妻子在苦守中孤独地生活。他担心"雄飞中弹雌何依"，担心自己远戍之后妻子"夜夜悲鸣过江阁，凄绝哀音绕翠帏"，因而想"开笼阁上令雌归"。放手正是源于深情，可以看出祁班孙对妻子深深的关爱。朱德蓉没有如班孙的劝告而抛弃远戍的他，而是在苦苦的等待中坚韧地生活。朱德蓉有《咏虞姬》：

歌罢伤心泪几行，江山旋逐楚声亡。
真心甘向秋霜剑，不欲含情学汉妆。

此诗现无法考证其创作时间，但"真心甘向秋霜剑，不欲含情学汉妆"正是朱德蓉借虞姬来表达自己对故国的坚贞之情，也表示了与丈夫的志同道合。也正是因为有这样坚定的故国之志，才能有其数十年的坚守。朱德蓉晚年在《张槎云诗集后序》中说："因念余生不辰，罹十六年颠沛迍邅，极人间所未有，今且茕茕称未亡人。昔日之触景增悲，间或托于词章以志慨者，虽未敢以诗自名，然亦余志所在也。"① 诗言志，亦言情。

接踵而来的惨剧，使商景兰受到了巨大的打击，她焚弃笔墨，之后少有作品问世。而祁德琼的去世，朱德蓉的自我幽禁，也使得祁氏才媛的角韵赋诗的盛况不复存在了。但是，从祁彪佳去世之后，商景兰所营造的家庭文化氛围依然在延续。

朱德蓉苦节生涯虽然充满了孤独与痛苦，但她在婆母商景兰的影响之下，依然以诗书传家为己任，她的养女后嫁与杭州德清县学训赵汝龙，生两子，即赵昱（字谷林）、赵信（字意林），后赵氏兄弟亦为杭州著名藏书家。《清稗类钞》中记载："谷林母孺人朱氏为处女时，尝追随中表姑湘君辈读书旷园，既嫔与赵，时时举梅里书签之盛以勖诸子，故谷林兄弟藏书，确有渊源，而世莫知也。"② 作为祁家第三代的朱氏，在朱德蓉抚养之时，也参与了祁氏家族女性的文学活动，更将祁氏家族的文化传统带入夫家，并在教育自己的后代之时将其传承下去。

第二节　并无点墨落人间
——理孙的伤痛

祁理孙作为家中的长子，很早就跟随在父亲身边，出入官署，参谋议事。在祁彪佳去世之后，祁理孙不仅仅是散家产以资助祁鸿孙的反清义军，还主动致书黄道周，表示支持新立的隆武皇帝，黄道周《关外谢赐袍膳疏》记载：

> 昨见绍兴刘宗周子汋、祁彪佳子理孙皆有书至臣，称扬恩命，远迩惬心。今倪元璐子会鼎、会覃，佺会绍等又领兵迎驾，暂止

---

① （清）朱德蓉：《张槎云诗集后序》，转引自黄裳《远山堂名曲品剧品校录》，载《银鱼集》，安徽教育出版社 2006 年版，第 249 页。
② （清）徐珂：《清稗类钞》，中华书局 1984 年版，第 3035 页。

臣所。浙东前日仅此三贤，谣歌讼狱不之彼而之此，彼中理势，亦可知矣。①

但在此后理孙将更多的精力放在了奉母养家、礼佛焚香之中。通海案中理孙虽得以逃脱罪名，但在班孙流放之后，陷入深深的自责之中，郁郁寡欢。清代藏书家赵昱之母为朱德蓉的养女，他的《春草园小记》中记载了理孙在弟弟流放后的生活状态：

> 吾母见之，复凄然曰："……六舅父坐事遣戍沈阳，旋出家为僧，终于戍所。五舅父暮齿颓龄，嗜书弥笃，焚香讲读，守而不失。惜晚岁以佞佛视同土苴，多为沙门赚去。"②

本来就笃好佛教的理孙在班孙远戍之后更是沉溺于焚香礼佛之中，但还能坚守家族传统，嗜书藏书。到晚年则更加颓唐，连世代珍藏的图书也视同土苴，不再珍惜。国愁家恨难雪，手足兄弟被流放于千里之外，家族重任又由他一肩承担，重压之下的理孙痛苦抑郁，只能是在青灯黄卷中得以暂时的解脱。

理孙之子祁昌徵在《先考奕庆府君行略稿》中记载：

> （理孙）每进见先祖母，必欢颜谈笑若无事者，退则终日戚戚，惟念先季父之在绝域，未尝片刻舒眉也。如是者又十余年，而先季父卒于戍。凶问至，府君大恸，自投于地。既而恐闻之先祖母，不敢出声，诫家人亦不得大哭。潜为治丧于别业，朝夕饮泣，遂遘疾濒危。逾半岁，始稍瘥，然而病由是基矣。③

---

① （明）黄道周：《黄漳浦文集》，国际华文出版社 2006 年版，第 68 页。
② （清）赵昱：《春草园小记》，丁丙、丁申辑《武林掌故丛编》卷 8，广陵书社 2008 年版，第 2189 页下。
③ （清）祁昌徵撰：《先考奕庆府君行略稿》，稿本。

终日戚戚的理孙在高堂老母面前却得做出欢颜谈笑状。因弟弟去世而朝夕饮泣却不敢在母亲面前稍露悲容，理孙的精神压力可想而知。精神上的压力反映到身体上，遂成重病。病虽愈，病根却未消除。祁昌徵又记录了祖母去世前后父亲的情形："又二年先祖母寝疾，府君朝夕侍床下，目不交睫、衣不解带者几一月。而先祖母逝世属纩之际，府君一恸遂晕绝……自初丧以至葬，晨昏痛哭不止。"事母至孝的理孙在母亲生病后衣不解带地侍奉，母亲去世后朝昏痛哭不止，可见其内心积郁的痛苦之深。

《绍兴县志资料第一辑·祁理孙传》记载："班孙卒，又三年，母亦卒。理孙以痛母哭弟，故尪羸致疾。日惟闭门绝迹，坐卧一室中，潜心身心性命之旨。"[1]

康熙二十六年（1687），六十一岁的理孙走到了生命的尽头。[2] 去世前，他自撰挽词："居室六十余年，不剩分文贻后代；读书百千万卷，并无点墨落人间。"[3] 反观祁理孙的一生，少年即有才名，15岁即补绍兴府生员。然未及弱冠，国亡父死。为报国仇家恨，勉力经营，却最终以失败告终。手足情深的弟弟远成辽左，最终隐姓埋名客死他乡。一连串沉重的打击落在理孙身上，却又因为身为长子，要承担家族重任，不仅无法摆脱，还需奉母承欢。理孙的痛苦是常人难以承受的。理孙的"并无点墨在人间"，正如辛弃疾所说："而今尝尽愁滋味，欲说还休，欲说还休，却道天凉好个秋。"不是不想说，而是不能说，是太多太多忧愁苦闷，无人可说，也无从说起。与辛弃疾悲愤郁闷相比，理孙内心的抑郁绝望更加难以言说，应更似蒋捷的"而今听雨僧庐下，鬓亦星星也。悲欢离合总无情，一任阶前点滴到天明"。哀莫大于心死，理孙

---

[1] 绍兴县修志委员会：《绍兴县志资料第一辑》，台北：成文出版社1983年版，第2614页。

[2] 参见李贵连《明末清初山阴祁氏家族女性文学研究》，硕士学位论文，南京师范大学，2009年，第11—12页。

[3] 绍兴县修志委员会：《绍兴县志资料第一辑》，台北：成文出版社1983年版，第2614页。

只能在压抑中麻木,在麻木中心死。因而理孙不仅仅是不留点墨在人间,甚至连倾注了祁家几代人心血,也倾注了自己心血的藏书都弃之不顾了。

张德蕙与祁理孙生有两子,次子祁曜徵,出生后出继祁班孙为嗣,其子祁昌徵在《先考奕庆府君行略稿》中记载:"先府君竟弃不孝孤而长逝耶……孟秋之望,始闻讣音……而亡弟又于是月以病卒。"一年当中,张德蕙经历了夫死子亡的打击。可以说,在张德蕙婚后经历了太多的苦难和艰辛。祁理孙去世之后,祁家走向败落,张德蕙的晚年生活如何,我们现已不可知。徐鼒《小腆纪传》中记载:"理孙、班孙以国事被祸,张氏、朱氏苦节数十年,未尝一出屏宁间。"[①] 由此可见,张德蕙与朱德蓉一样,晚年是在苦节之中度过的。《越郡诗选》评张德蕙诗曰"楚缥诗格律最峻",应为其艰辛生涯的影响所致。

通海案后,祁家又一次经历了巨大的打击,忧愁伤感之情弥漫于家族每一个人的心中,在张德蕙的诗歌中也有明显的感觉。其《芙蓉》诗写道:"澄澄江水接天涯,日落秋红带影斜。寂寞沙汀香暗远,无多晚景渡寒鸦。"王端淑给以两个字的评论:"凄寂",应很贴切。她的《题果园禅室》也让人感到幽冷凄清:

> 一径倚青莲,双环锁碧天。
> 鸟啼深树里,花发草堂前。
> 簟冷宜趺坐,窗幽惬静缘。
> 夜深清磬出,参破几多禅。

祁彪佳《越中园亭记》中记载果园为其姐夫所建家庵,与商景兰交往密切的女尼谷虚静修于果园。祁彪佳与商景兰都受佛教影响很深,到祁理孙,由于家国之变,更是深深耽于佛法。事实上,处于鼎革之际的

[①] (清)徐鼒:《小腆纪传》卷60,中华书局1958年版,第687页。

祁氏家族，在家庭走向没落之时，内心有着无限的痛苦和尴尬，而佛教作为抚慰人心、避世离尘的精神力量，对每一个人都有着巨大的吸引力。作为祁家的长媳，张德蕙应该比其他人更深刻地感受到变革给家族带来的巨大压力，因而也与丈夫一样，希望通过"参破几多禅"来取得内心的平静。

理孙去世之后，张德蕙的次子也在同年去世。一连串的打击，使得祁家迅速走向衰落。家族女性文人盛会不再，其生活状态也不得而知了。

通海案不仅给祁家精神上的打击，也让祁家在经济上走向败落。祁家仕宦传家，根基深厚。祁彪佳去世后，理孙、班孙兄弟为了支持祁鸿孙的义军，罄家饷之。此后祁家兄弟又广泛结交各方人士，梅市祁家成为魏耕集团反清复明的大本营，更重要的是作为魏耕集团重要的经济基础，祁氏家族的经济已经开始走向没落。但在顺治十七年屈大均到祁家时，看到祁家园林尤是"君家楼阁鉴湖边，杨柳千条春色妍……闲拥牙签披万卷，小谢风流诗更善"①。"（通海案发时）兄弟析产已久，班孙以结客且匿，理孙即自鬻其资产服玩数千金，募人走京师，谋所以脱班孙者，金尽而狱终不得解。班孙既出关，塞外苦寒，无以资生。理孙岁必拮据经营数百金以济其用。"② 通海案事发之后，祁家经济彻底衰败。祁理孙之子祁昌徵以"佣书官幕"③为生。商景兰去世后，祁家女性诗会不再。祁氏藏书在理孙晚年已经散失了许多，到理孙去世之后，祁家三代苦苦经营的藏书星散。祁家的悲剧，正像全祖望在《祁六公子墓碣铭》中所说的："岂特梅墅一门之衰，抑亦江东文献大厄运也。"事实上，祁家的悲剧，是文化的悲剧，更是时代的悲剧、社会的悲剧。

---

① （明）屈大均著，陈永正主编：《屈大均诗词编年笺注》，中山大学出版社2000年版，第131页。

② 绍兴县修志委员会：《绍兴县志资料第一辑》，台北：成文出版社1983年版，第2614页。

③ （清）祁昌徵：《先考奕庆府君行略稿》，稿本。

第三节　木落南园冷绣帷
——家族的败落

　　传统中，文人士大夫忠心故国，不参加科举考试，不出仕新朝，是为遗民。对于女性来说，既不需要参加科举考试，又不可能出仕为官，自然也就无所谓遗民了。但是在明清鼎革之际，一些女性通过各种方式表现自己对故国的忠贞与眷恋，特别是一些知识女性，有着非常强烈的故国情怀，她们用强烈的故国之思感染和改变了她们的男性亲属。明清易代之际，贤母德妻为遗民坚守志节提供了来自家庭的后盾。祁彪佳能抛下妻子儿女及家业，慨然赴死，一方面是对于故国的忠贞和个人气节的坚守，另一方面也是源于他对妻子商景兰的信任。信任妻子能承担起训诲子女、传承家声的重任。而这份信任，来源于他对妻子的了解。

　　理孙、班孙兄弟结交魏耕等人，密谋反清复明之事，商景兰是否全部知晓，现不可知。但从商景兰的作品中，可以看出其强烈的故国情怀。商景兰有《哭父》诗非常明显地体现了遗民意识：

　　　　南云烽火靖，乔木世家残。
　　　　国耻臣心切，亲恩子报难。
　　　　衣冠留想像，几仗启崔兰。
　　　　郁结空庭立，愁看星落繁。

　　商景兰之父商周祚去世时间不详，但从绍兴县志所载商周祚传记中可知商周祚在崇祯十一年被贬回乡，在家乡居住十载，应该是亡于祁彪佳之后。商家本也是绍兴望族，世代书香仕宦，然而经历了明末的战乱，家世衰落。商景兰在哀叹家族的衰落时，亦伤痛于故国的沦亡。对于父亲来说，最感耻辱的不是"乔木世家"残败，而是国家的灭亡。商景兰十五岁出嫁离开娘家,但与娘家联系非常密切。从祁彪佳的日记中可以看出,商景兰归宁的次数极多,因而对父亲的心境非常了解。明亡之后,商周祚应该与大多数遗民一样,国家沦亡的耻辱重重地压在心中,这样的精神上的痛苦不是亲人抚慰所能解除的。因而商景兰感慨,国家的沦亡对父亲来说是"国耻臣心切",对自己来说则是"亲恩子报难",郁结于心中的是深深的国仇家恨。独立空庭、愁看繁星的孤单身影表现了商景兰内心的忧伤与无奈。在遗民家庭中,这种内心无法解脱的精神痛苦弥漫于每一个人的心中。

在商景兰的作品中,我们可以看出,家国之恨是她深埋心底无法忘怀的痛楚,屡屡流露于笔端。《五十自叙》中商景兰描写了她生日时繁华热闹的场面:

堂中伐大鼓,笙竽张四壁。
大儿捧咒觥,小儿列瑶席。
诸妇玉面妆,诸孙亦林立。
跪拜不可数,彩衣分如织。
各各介眉寿,深杯几盈百。
九微夺明月,满座皆佳客。
送祝吐奇葩,珠玑已成袭。
人生遘欢会,欢会莫此极。

然而在欢乐的场面中,商景兰却是"我心惨不乐"。这"不乐"的根源就是难以忘怀的国仇家恨,她直言"连理一以分,清池难比翼。不见日月颓,山河皆改易"。正是因为如此,她对儿子们的期望是"读书成大儒",而不是如他们的父祖一样,科举入仕,显亲扬名。而她自己更是以"我本松柏姿,甘与岁寒敌"的自强姿态来激励儿女。

商景兰虽然有着强烈的故国之思,但作为女性,与男性遗民又有着很大的区别。她希望儿子们"行立当清标""事事法先型",但作为母亲,她并不希望儿子们去从事危险的反清复明活动。因而她期望已为人父的理孙"殷勤养后嗣，怀哺念前人"，鼓励个性豪爽的班孙"万卷如能破，空阶月未收"。

在商景兰内心中，家国情怀与血缘亲情是矛盾的。一方面，她对于丈夫和儿子的忠贞之情是高度肯定的；另一方面，作为妻子和母亲，她又强烈地希望亲人能平安。在她的《悼亡》诗中，她肯定丈夫祁彪佳殉国的忠贞，但在《过河渚登幻隐楼哭夫子》则表现出这种矛盾的心情：

久厌尘嚣避世荣，一丘恬淡寄余生。
当时同调人何处，今夕伤怀泪独倾。
几负竹窗清月影，更惭花坞晓莺声。
岂知共结烟霞志，总付千秋别鹤情。

从《祁彪佳日记》中可以得知，弘光年间祁彪佳任苏松巡抚之时，商景兰就曾多次苦劝祁彪佳辞官回乡，甚至烧香拜神以求一家人的平安。然而，为了君臣大节，祁彪佳还是走上了与明朝共亡的道路。祁彪佳的殉国，使得商景兰期望"一丘恬淡寄余生"的烟霞之志化为泡影。只能在竹窗清月影、花坞晓莺声中独倾伤心之泪了。祁彪佳可以"含笑入九原，浩气留天地"，但作为妻子的商景兰，则不得不独自承担国破夫亡后的家庭重任，承受着孤鸾独立的悲哀。

在传统社会中，丈夫的死亡，往往意味着女性生命状态的改变，这种改变，往往是在精神和物质两个层面的改变。男性丧妻后可以续娶，即使不再娶妻亦可以纳妾，一般不会独自度日。而女性则不同，改嫁是一般女性迫不得已的选择。作为书香仕宦之家的女性在丈夫死后守节几乎是唯一的选择。祁班孙流放宁古塔之后即在当地纳妾，而他的妻子朱德蓉则是"孤灯缁帐，历数十年未尝一出屏厅间"。商景兰虽然没有如儿媳朱德蓉一样过着自我囚禁般的守节生活，但也是度过了三十年"孤鸾久无色"的寡居生涯，其中的痛苦与孤独只有亲历者才能体会。

而作为一家之主的男性的死亡，对家庭经济和家族社会地位的影响是巨大的。商景兰晚年之作《烛影摇红·咏雏堂忆旧》写出了家国之变后的凄凉：

> 春入华堂，玉阶草色重重暗。寒波一片映阑干，望处如银汉。风动花枝深浅。忽思量、时光如箭。歌声撩乱。环佩叮当，繁华未断。　游赏池台，沧桑顷刻风云换。中宵笳角恼人肠，泣向庭闱远。何处堪留顾盼。更可怜、子规啼遍。满壁图书，一枝残蜡，几声长叹。

咏雏堂为商周祚的故居，是商景兰闺中生涯的见证。回忆中，是当年的繁华与热闹，而眼前所见到的，则是一片衰败。当年满壁图书的华堂，记忆中"静窗一一翻书史"（《偶作》）的情景尚在脑海，却是"沧桑顷刻风云换"。沧桑巨变的是咏雏堂，又何尝不是经历了每一个鼎革巨变的遗民世家的写照？面对着繁华转眼空的残败，只能是"几声长叹"。

晚年的商景兰经历了太多的打击。顺治十八年（1661）十二月，通海案事发，理孙、班孙兄弟被捕。第二年三女祁德琼去世，班孙远戍。商景兰在《琴楼遗稿序》说：

> 余七十二岁嫠妇也，濒死者数矣。乙酉岁，中丞公殉节，余不敢从死，以儿女子皆幼也。辛丑岁，次儿以才受祸，破家亡身，余不即死者，恐以不孝名贻儿子也。未亡人不幸至此，且老，乌能文，又乌能以文文人耶。

中年丧夫，商景兰为了"训诲子孙，不堕祁氏一门"而选择坚强地活下来。垂暮之年弱女死亡、爱子远戍，对于母亲更是致命的打击。然而为了儿子的名声，商景兰再次选择了坚强地活下去。很多时候，活下去比死更艰难，所以商景兰感叹"未亡人不幸至此"。

远戍的儿子时时牵动母亲的心。商景兰有《忆秦娥·初春剩国忆子》，写出了对班孙的思念：

莺声咽。柳梢烟雨梅梢月。梅梢月。谁家玉笛，十分凄切。迢迢子去伤离别。空亭寂寞愁心结。愁心结。梨花飞碎，香飘尘绝。

祁家为绍兴望族，从寓山的修建可以看出祁家的家境是非常富裕的。祁彪佳去世之后，祁家依然可以过着优裕的生活。在这样的家庭成长起来的班孙，从贵公子转瞬变为囚徒，心理上的打击一定是非常大的。并且班孙自幼生长于山软水媚的江南，被流放到关外白山黑水的苦寒之地，生活上的落差极大。这些变化会给儿子带来怎样的痛苦，作为母亲的商景兰一定会在内心中千回百折地思量与心痛。在思念的痛苦中，世间万物都染上了悲哀之色。黄莺的鸣叫不再婉转，却变得幽咽悲凉；梅花绽放、嫩柳如烟的春日，也带不来勃勃生机；玉笛声声，更感凄切，催人泪下。爱子远在千里之外，留在母亲心中的是千万个解不开的愁结。生命中一切美好的希望，都如梨花凋落，香飘尘绝。痛苦与绝望咬噬着商景兰的内心，但为了不让儿子承担不孝的罪名，商景兰还是要坚强地活下去，并且引领着一家人在艰难中顽强地生存下去。

虽然商景兰在《琴楼遗稿序》中说自己"焚弃笔墨，几三十年"，但事实上现存的商景兰的作品大多数作于祁彪佳去世之后，即使在通海案事发、祁家再次遭受破家亡身的灾难后，祁氏家族的女性创作也没有停止。

班孙流放之时，他的妻子朱德蓉尚在盛年。朱德蓉与班孙尚无子女，朱家怜惜女儿孤独，将朱德蓉的侄女过继与她，朱氏之女后嫁杭州赵家，生两儿：赵昱（字谷林）、赵信（字意林）。徐珂在《清稗类钞》中记载："谷林母孺人朱氏为处女时，尝追随中表姑湘君辈读书旷园。"[①] 可见祁氏女性读书作诗的风气已传扬到第三代。商景兰在三女祁德琼去世十

[①] （清）徐珂：《清稗类钞》，中华书局1984年版，第3035页。

二年后，看到女儿的遗稿："抚卷叹息，摘其警句，令诸女孙向月下朗吟。"祁氏家族第三代的女性也如前辈一样，在商景兰的带动之下，读书学诗，延续着诗书传家的家族传统。

随着女儿的出嫁，祁氏家族的文化传统也影响到夫家，影响到再下一代。赵谷林兄弟二人俱喜藏书，赵谷林有小山堂藏书楼，全祖望称"浙中藏书之富，必以仁和赵征君谷林为最"。又说"谷林太孺人朱氏，山阴襄敏尚书之女孙，而祁氏甥也，当其为女子时，尝追随中表姑湘君辈，读旷园书。即归于赵氏，时时举梅里书签之盛，以勖诸子，故谷林兄弟藏书确有渊源，而世莫知也"[1]。全祖望还记载了赵氏兄弟父子对图书的热爱：

> 谷林之聚书，其鉴别既精，而有弟辰垣，好事一如其兄，有子诚夫，好事甚于其父，每闻一异书，则神飞色动，不致之不止……每有所得，则致之太孺人。[2]

其爱书藏书之状深得当日祁氏三代藏书之神。

康熙十五年（1676），饱经忧患的商景兰走完了她的人生之路，祁氏家族女性创作走入低谷。商景徽的女儿徐昭华在《秋日过密园怀从母祁大中丞夫人》中感叹商景兰去世后祁氏家族女性一门吟咏的盛况不再：

> 木落南园冷绣帷，空亭弥望使人思。
> 不堪洛浦乘流去，还忆平湖放棹时。
> 风转碧芦啼鸟静，霜催玉树落花迟。
> 可怜爻抚今宵夜，曾照夫人两鬓丝。[3]

---

[1] （清）全祖望著，朱铸禹汇校集注：《全祖望集汇校集注》，上海古籍出版社2000年版，第1066页。

[2] （清）全祖望著，朱铸禹汇校集注：《全祖望集汇校集注》，上海古籍出版社2000年版，第1067页。

[3] （清）徐昭华：《徐都讲诗》，载毛奇龄《西河文集》14卷，商务印书馆万有文库1937年版，第3177页。

在商景兰生前，徐昭华应不止一次去过祁家，祁家兴盛之时，"阃门内外，隔绝人事，以吟咏相尚，青衣、家婢无不能诗，越中传为美谈"①，班孙的重外孙赵一清也曾回忆："王母尝为某辈言，少时见诸姑伯姊，岁时过从，笺题酬唱，娴令有则，风规礼法，彬彬盛矣。"② 赵一清所说的王母，即朱德蓉的养女、赵谷林之母祁朱氏。祁朱氏对于祁家女性创作的盛况记忆深刻，经常向儿孙描述，给赵谷林及其子赵一清留下了深刻的印象，也屡屡见诸笔端。徐昭华也是如此，重过密园，最为怀念的是当年祁氏女性"平湖放棹"游湖吟诗的盛况，然而此时斯人已逝，南园木落，帷冷亭空，一片凋零。

康熙二十六年（1687），祁理孙去世。理孙去世后，祁家三代藏书星散，世代仕宦书香传家的祁氏家族走向败落。

徐珂曾记录了赵谷林回忆商景兰去世之后祁家的情景：

> 方谷林尊人东白就婚山阴时，其成礼，即在祁氏澹生堂。是时澹生堂书尚未散，东白思得之，太君泫然流涕曰："亦何忍为此言乎！"东白默而止。蹉跎四十余年，谷林渡江访外家，则更无长物，只"旷亭"二大字尚存，董文敏所书也，乃奉以归。谷林所藏书亦多澹生旧本，欲于池北竹林中构数椽，即以旷亭铭之，以志渭阳之思，别于其他书籍之藏于小山堂也。及卒，书尽归广陵马氏矣。③

赵谷林之母即祁班孙与朱德蓉的养女祁朱氏。谷林父东白到山阴成婚时即在澹生堂举办婚礼，当时祁家藏书尚未散佚，东白欲得，祁朱氏阻止了夫君。东白欲得，是因为祁氏已衰败，所以才有得之的可能，祁

---

① （清）阮元：《两浙𬨎轩录》，浙江古籍出版社 2012 年版，第 242 页。
② （清）赵一清：《外氏世次记》，载《东潜文稿》卷上，辽宁教育出版社 1998 年版，第 29 页。
③ 徐珂：《清稗类钞》，中华书局 1984 年版，第 4235 页。

朱氏的"泫然流涕"与"何忍为此言"是因娘家的衰败而痛心。而四十年后赵谷林再至祁家之时,则澹生堂藏书已不见,只剩"旷亭"匾额,祁家衰败至此,令人不胜唏嘘。

全祖望曾作《小山堂藏书记》记录祁氏藏书下落:

> 旷园之书,其精华归于南雷(黄宗羲),其奇零归于石门。①南雷一火一水,其存者归于鹳浦郑氏,而石门则摧毁殆尽矣。②

祁氏藏书归于黄宗羲、吕留良,后又流出,赵谷林兄弟也极力搜购,全祖望记载:

> 二林兄弟聚书,其得之江南储藏诸家者多矣,独于祁氏澹生堂诸本,则别贮而奔之,不忘母氏之遗也。……而独惓惓母氏先河之爱,一往情深,珍若拱璧,何其厚也。③

祁氏三代藏书散佚殆尽,祁彪佳、商景兰倾注心血修建的寓园也随着家族的衰败而残破不堪。赵昱在《春草园小记》中充满感伤地记录了旷亭的沧桑变化:

> 吾母尝为某言昔时梅里园林人物之盛,澹生堂藏书十万卷,悉人间罕觏秘册,又东书堂为五、六两舅父诗坛酒社、名流往复之所。间率群从子姓及祁氏、商氏、朱氏懿亲闺秀吟咏其中,当时藉甚,至今称之。嗟乎!华裾簪戫,衰盛靡常。由后思前,

---

① 石门,在浙江崇德县,吕留良为石门人,此处代指吕留良。
② (清)全祖望著,朱铸禹汇校集注:《全祖望集汇校集注》,上海古籍出版社2000年版,第1066页。
③ (清)全祖望著,朱铸禹汇校集注:《全祖望集汇校集注》,上海古籍出版社2000年版,第1075页。

渺同隔世，某耳习之稔矣。忆初过旷园时，斯亭巍然修整，再过蔓草侵阶，日就倾圮，三过并亭亦无之。扁弃墙下，幸不为风雨所剥坏。急向园叟售之而归，谋于竹间构亭悬额焉。吾母见之复凄然曰："……今去故乡几六十载，渭阳音问久隔，遗书散帙，过眼云烟，而园林更不可问矣。"[1]

旷亭为祁承㸁所建。祁彪佳《越中园林记》记载："先子平生有园林之好，上公车时即废箸构此……旷亭一带以石胜。"[2] 旷亭匾额是明代著名书法家王穉登所题，在祁彪佳去世之后，理孙、班孙还在此与朋友诗酒相聚，而商景兰也带领祁家才媛与商家、朱家女眷吟咏于此。六十年中，沧桑变幻，旷亭从"巍然修整"到"蔓草侵阶，日就倾圮"，再到"亭亦无之"，正是祁家命运的写照。

祁氏三代藏书尽散飘零流转，让人不胜惋叹，但亦如全祖望所说："幸而得归于弥甥，以无忘其旧也，亦已悕矣。今幸得所归，吾愿二林子弟聪听彝训，世克守之，读之，使祁氏亦永有光焉。"[3]

---

[1] （清）赵昱：《春草园小记》，载《武林掌故丛编》卷8，广陵书社2008年版，第2189页下。

[2] （明）祁彪佳：《祁彪佳集》，中华书局1960年版，第211页。

[3] （清）全祖望著，朱铸禹汇校集注：《全祖望集汇校集注》，上海古籍出版社2000年版，第1075页。

下编

商景兰诗词研究

第一章　商景兰诗词分类研究

晚明时期是中国历史上一个非常特殊的时期，一方面，朝纪废弛，阉党横行，党争不断，政治极其黑暗。另一方面商品经济发展，尤其是江南地方城市经济极其繁荣，市民阶层扩大，丰厚的物质基础带来了文学的繁荣。而晚明的个性解放思潮又使得社会对女性教育更加重视，对女性的文学创作采取了宽容和欣赏的态度。许多仕宦书香之家的闺秀诗人在浓郁的家庭文化氛围的熏陶下，对文学艺术产生了浓厚的兴趣，而安定富足的生活状态，又让她们有大量的时间精力投入文学创作之中。文化家族的联姻，又使得她们在婚后依然有着进行文学创作的宽松环境，而夫妻唱和更使得她们有了浓厚的创作热情。然而明清鼎革，带来了巨大的社会变革，也使得大部分闺秀诗人的生活发生了巨大的变化。这些生活在深闺中的女性感受到了改朝换代带来的痛苦，她们的诗歌无论在内容题材还是艺术风格上都有了深刻的变化。

商景兰是明清鼎革时期具有代表性的女性作家。她的诗词突破了传统女性诗歌的伤春悲秋、离情别恨，极大地丰富和拓展了女性诗词创作主题，对清代女性诗词创作内蕴的嬗变有重要的意义。本章将其诗词主题归并为咏物、遗民、亲情、闺情、赠答唱和五类，通过对其诗词主题的分析，展示明末清初女性的家庭生活、社会活动与文学交游，从中厘清处于明清易代之时知识女性的生存状态与心理演变过程。

第一节 咏物诗词

咏物诗最早可以追溯到《诗经》，此后咏物诗成为中国诗歌的传统，历代不绝。词兴起之后，咏物词亦开始大量出现。咏物诗词主要有两类，一类为单纯刻画描摹所咏之物，一类则是通过所咏之物寄托或象征作者情思。在女性诗词中，咏物诗词的比例是相当大的。其主要原因是女性生活范围狭窄，她们的主要活动场地基本为室内和庭院，因而诗词的题材只能是以所见之物作为咏叹对象。但女性往往心思细密，感觉敏锐，日常生活中的花草树木、风云雨露，都会引起她们内心细腻的变化，因而她们往往通过对这些日常所见之物的吟咏，来表达她们对社会人生的思索和理解，抒发她们对生活的感想与寄托。

商景兰的诗词作品中，咏物诗词共有15首，比例在女性诗人的作品中，不算是很多。但从这些诗词中，亦可以看出时代对其思想情志的影响。商景兰的咏物诗词可以分为三类。

一 摹形绘态之作

临江仙·题牡丹

锦树一阑无气力，随风婀娜枝头。艳阳却被夕阳收。春光有恨，待欲控双钩。　　香入美人销不尽，依然别样娇羞。太真西子并风流。小窗倚遍，明月更相留。

此类诗词往往是对事物的外在形态进行描摹刻画，以所咏之物外在之美给予读者审美愉悦。在自然界中，花草树木最直观地给人以美感，因而诗人往往偏爱选择花草作为吟咏对象。牡丹是中国传统文化中最受喜爱的花儿，以其富丽雍容之美获得花中之王的称谓。在商景兰的笔下，将美人和鲜花化为一体，牡丹婀娜多姿，娇羞可人，似玉环丰腴艳丽，又似西子娇柔轻倩，让人观之不尽。钱泳在《履园丛话》中云："咏物诗最难工，太切题则粘皮带骨，不切题则捕风捉影，须在不即不离之间。"①张炎亦云："诗难于咏物，词为尤难。体认稍真，则拘而不畅；模写差远，则晦而不明。"②商景兰此词，没有对牡丹的外形和色彩进行细致入微的描摹刻画，而着意刻画牡丹的神态，以历史上两个著名的美女来比拟牡丹，这两个美女恰恰又是不同类型的丰神气质，以此来刻画牡丹多姿多彩的形神。正如俞琰在《历朝咏物诗选》序中所说的"以穷物之情，尽物之态"③。

二　借物抒情之作

爱美是女子的天性，美丽的花儿最易成为女性笔下吟咏赞叹的意象。在商景兰的咏物诗词中，咏花诗词占了极大的比重。

咏石榴花

榴花如日照帘栊，小小枝头一派红。

佳人刺绣罗裙上，添得幽香斗晚风。

此诗名为咏石榴花，实写闺中生活。如火的石榴花开在院中，亦开于佳人的罗裙之上。石榴花是江南常见的花儿，刺绣是闺中女子日常的生活状态，常见的花儿与日常的生活状态巧妙地结合在一起，就构成了一幅美丽动人的闺中刺绣图。绚丽的色彩，安静的场景，将闺中生活刻画得充满了诗情画意，可以感受到诗人闺中生活的无忧无虑，轻松愉悦。

---

① （清）钱泳：《履园丛话》，中华书局1997年版，第225页。
② （宋）张炎撰，夏承焘校注：《词源注》，人民文学出版社1981年版，第20页。
③ （清）俞琰辑：《历朝咏物诗选》序，清雍正宁俭堂刻本。

亦可以感受到诗人曾受过良好的文化熏陶,因而能敏锐地把握住生活中平凡场景中的诗意。

采茉莉
晚妆初罢下朱楼,无数春光不暂留。
缓步中庭数花朵,一天明月照人愁。

伤春惜时是传统的诗歌题材,也是女性诗词中常见的情感表达。对于女性来说,春光的流逝,往往与青春容颜的老去联系在一起,因而无论是在什么年龄,对春日的留恋都时时流露于笔端,但对于春光流逝的感伤,又往往与作者所处的环境和年龄相关。少女时期的商景兰,生活于仕宦之家,家庭条件优裕,家庭氛围宽松,闺中生活对于商景兰来说,是轻松快乐的。但对于青春年华的女子来说,内心又是非常细腻敏感的。外界细小的变化,都会在她们的心中引起情感的波动。春日的明艳、春光的明媚,会带给她们快乐,而春光的流逝、春花的凋落,也会带给她们对美好青春逝去的担忧。"晚妆初罢",写出了少女对自己容颜的关注,"无数春光不暂留"既是对春光流逝的伤感更是对青春终将逝去的恐惧。"数花朵"这一看似无聊的动作,恰恰刻画出女性细腻复杂的内心活动。月下的忧愁并未有实际的内容,而是无法言说的闲愁。看似"为赋新词强说愁",却又是闺中女性真实的情感写照。

这两首咏物诗,都应为商景兰少女时期的作品。诗并无深刻的寓意,亦没有细致地描摹所咏之花。但通过对绣石榴花、数茉莉花细节的描摹,刻画了商景兰少女时代的生活,细巧工致,意境优美。

商家书香传家,儒家文化传统对子女影响很大。在商景兰的诗词中,可以感受到她对于传统文化的深切认同。

咏菊花
窗前篱菊早含香,散入深闺伴晓妆。
自古黄花能醉客,渊明无日不飞觞。

在文人的笔下,梅兰竹菊是高洁人格的象征,这种文化的象征意义也为女性所接受。商景兰通过咏菊,写出了对陶渊明潇洒高洁人生态度的肯定。此诗与其《咏石榴花》和《采茉莉》相比较,少了女性的细致婉转,却多了文人的洒脱飘逸,可以看出深受传统文化影响的女性,与男性文人的审美有着深刻的契合。诗为咏菊花,却没有对菊花的外在形态进行描摹刻画,而是重点着力于菊花傲霜抗寒的精神气质,并以陶渊明饮酒赏菊来渲染菊花的孤高自赏。

经历了明清易代的商景兰,对人生有更深刻的体验,因而在她的咏物词中,更多地融入了身世之感、家国之叹。

卜算子·春日寓山看花
烟暖碧云楼,楼迥春山秀。风落残红水面飘,池内清波皱。
柳外小莺啼,花鸟声相斗。唤起当年万种愁,泪湿青衫袖。

春暖花开,应是一年中最美丽最怡人的季节,然而映在商景兰的眼中,却是一派伤心色。看花之人没有关注枝上盛开的花朵,却将怜惜的目光投到水中飘零的残红之上。柳外黄莺啼鸣,眼前鲜花斗艳,唤起的是诗人无尽的回忆,带给诗人的是伤心的泪水。诗名为咏花,而与诗人产生共鸣的却是凋零的残红,通过凋零的残花写出了诗人国破夫亡后内心无法忘怀的伤痛与无助,而生机勃勃的春景与她的心境却截然相反,更让人有物是人非的痛楚。咏花而不黏着于花,以花而写情,以花而写心。

寓园是祁家的私家园林,祁彪佳生前为修筑寓园投入了大量的时间精力。在寓园的建筑过程中,大到楼阁轩堂,小到花草树木,祁彪佳都是细心筹划,精雕细镂,商景兰也经常参与其中。从《祁彪佳日记》中可以看到,夫妻两人经常同上寓山,监督寓园的工程。而寓园修建完成后,夫妻二人也经常同住寓山,共赏寓园美景。可以说,寓园处处都留有祁彪佳的印记,也处处留有过往甜蜜生活的回忆。祁彪佳去世之后,商景兰带领家中女眷"每暇日登临,则令媳女辈载笔床砚匣以随,角韵分题"①。时登临的大多为寓山。商景兰晚年咏物诗词大多亦为在寓山观景时所作。

商景兰还有《卜算子·初春游寓山看花》:

春半绿茵齐,处处香风透。满目青山点翠苔,景色依然秀。
尽道柳丝黄,不解梅花瘦。回首莺啼深树时,正是秋千候。

同为春日寓山看花,同为今夕对比,这首词与前一首相比较,情感表达更为含蓄内敛。春日鲜花盛放,春风尽染花香,春山点染青碧。在着力描摹春日美景之后,诗人感叹"景色依然秀",似无理却有情。春日年年秀美本为自然之理,但"依然"一词写出了诗人内心无限的感叹,江山易色,物在人亡,踏春的心情已决然不同,景色却是依旧秀美如初。人人都爱嫩柳娇黄,谁解梅花寒瘦?韶华易逝,往事难追。语似平静,却写出了心中千般感慨。姜夔说"人生久别不成悲",生离死别之痛在时间的磨蚀之下,似已被忘怀,但实则深藏心底,稍有触动,即浮上心头。经历了长久咀嚼的痛苦,不再会呼天抢地,痛哭流涕,但淡淡的叙说中,无法忘怀的痛楚更具有打动人心的力量。

三 托物言志之作

刘勰在《文心雕龙·物色》篇中说:"吟咏所发,志惟深远;体物为妙,功在密附。"② 指出了咏物诗重要的功用:托物言志。历代评论家对此都有体认与阐发。俞琰《历朝咏物诗选》序中所说的"凡诗之作所以言志也,志之动由于物也,感于物而动,故形于言,言不足故发为诗,诗也者发于志,而实感于物者也"③。沈祥龙《论词随笔》说:"咏物之

---

① (清)阮元:《两浙輶轩录》卷40,浙江书局,光绪十六年刻本。
② (南北朝)刘勰:《文心雕龙》卷46,中国戏曲出版社2002年版,第38页。
③ (清)俞琰辑:《历朝咏物诗选》序,清雍正宁俭堂刻本。

作，在借物以寓性情。凡身世之感，君国之忧，隐然蕴于其内，斯寄托遥深，非沾沾焉咏一物矣。"① 经历了明清鼎革的商景兰，借咏物寄寓家国之慨，也通过咏物传达自己的人生际遇和人格操守。

咏荷花
小苑荷花一色红，芬芳摇扬碧池中。
总来难禁秋霜起，漫向人前斗晚风。

咏桂
风飘一路月宫香，白玉庭前几树黄。
散入秋云金片片，不惟陶菊傲寒霜。

历来人们赞荷花之高洁，赏桂香之馥郁，但商景兰别出心裁，写出了秋霜初起之时荷花依然盛放的姿态，称赞荷花傲霜斗风的精神。桂花盛开之时往往是初秋时节，气温越低桂花开放越盛，生长于江南的商景兰对桂花这个特性非常了解，因而她不将关注点放在一般人关注的桂花的芳香上，而是抓住桂花的这个特点写出了"不惟陶菊傲寒霜"。这两首咏花诗，可以清晰地看出，商景兰是借花咏怀，托花言志。自述"我本松柏姿，甘与岁寒敌"的商景兰，借傲寒斗风的荷花、桂花，表达的是自己的坚贞之志。可以说"漫向人前斗晚风"的荷花，与陶菊同样傲寒霜的桂花，就是商景兰为自己的精神所作的自画像。

第二节　遗民诗词

遗民诗是诗史上一个特殊的诗歌类型，其产生于改朝换代之际，但

---

① （清）沈祥龙：《论词随笔》，http://www.guoxue123.com/biji/qing/0000/025.htm，2019年5月16日。

明清的改朝换代更是特殊的改朝换代，由于清朝统治者为来自塞外的少数民族，让素有华夷之别观念的传统知识分子更加难以接受，因而在这个特定的历史时期，许多明代的士人经历了身份的剧烈反转，转变为前朝遗民。清代的遗民诗人虽然出身不同，人生经历不同，明亡之后所选择的人生之路不同，但他们有一个共同点，即不向清朝统治者投降，不参加清代的科举考试，不接受清朝政府的征召，以布衣终身。对于女性来说，本来就与仕途相隔绝，因而也无所谓遗民之情。但在明末清初，受到儒家思想影响至深的一些知识女性，与男性文人一样，具有强烈的家国情怀，在明亡之后，用诗词抒发鼎革之变带给她们的家国之痛。甚至有些女性文人直接以遗民自居，如才女吴山就曾自命为"女遗民"，王思任之女王端淑将其诗集命名为《吟红集》，是以"红"对应"朱"，表达了深切的故国之思。商景兰虽没有明确地以遗民自居，但诗书之家的传统、忠烈之臣遗孀的身份，决定了她在明亡之后，以遗民身份来安排自己与家庭的生活道路。在她的诗词中，也流露出浓郁的遗民意识。

一 刚贞慷慨的故国之思

商景兰最为人称道的是她的《悼亡诗》，《悼亡诗》也是她最早的遗民诗。在《悼亡诗》中，她申明自己对于未来之路的选择与丈夫是不同的："公自成千古，吾尤恋一生。"这种不同的选择是大多数女性遗民与男性遗民的区别。对于男性来说，气节往往重于生命。因而祁彪佳在清军征召之时，为了保全气节，毅然自沉殉国。在殉国之时，可以慨然高歌："余家世簪缨，臣节皆罔替。幸不辱祖宗，岂为儿女计。含笑入九原，浩气留天地。"[①] 对于祁彪佳来说，不辱祖宗是最重要的，儿女是可以割舍的。与祁彪佳"岂为儿女计"相对应的是商景兰恋栈生命的原因恰恰是"儿女亦人情"。作为母亲，为了儿女，为了家族的存续，忍辱偷

---

① （明）祁彪佳：《祁彪佳集》，浙江古籍出版社2016年版，第222页。

生,与祁彪佳顾全君臣大节相比,同样是值得敬重的,因而商景兰也可以坦然地宣称:"吾尤恋一生","存亡虽异路,贞白本相成"。对故国的忠诚,即在对丈夫殉国的高度肯定、对家族责任的承担中表现出来。

　　商景兰的悼亡诗影响深远,因而一般读者往往会将她的悼亡诗所表现出来的刚贞理性的诗风看作商景兰诗词的主要风格,但通观商景兰的诗词,可以看出,在商景兰诗词中,主体风格依然是充满女性特质的柔弱细腻。但是在商景兰的遗民诗中,的确表现出刚贞慷慨之气。清代赵翼在《题遗山诗》中说:"国家不幸诗家幸,话到沧桑句便工。"商景兰的悼亡诗,写于特定的时代,表达的是特定的感情。明清鼎革,对于深受儒家文化中"夷狄华夏"之防思想影响的汉族知识分子来说,不仅仅是朝代的更替,更重要的是文化传统的断绝,因而反抗程度之激烈超过了其他朝代的更替。商景兰的悼亡诗,最重要的不是抒发失去至爱的锥心之痛,而是要将丈夫慷慨赴死、忠贞爱国的大义揭示于世人,同时也将自己人生的选择告白于天下。因而她在诉说丧偶之痛"凤凰何处散,琴断楚江生"之后,立刻将笔锋一转,用屈原等历史上著名的忠贞之臣来赞颂丈夫的高尚气节。而与祁彪佳慷慨赴死相对应的一定是这种刚贞激昂的文风。

　　明清鼎革之际,为效忠故国而慷然殉国的文人士大夫,赢得了不朽的名声,也给家族赢得了极高的赞誉,这样的家族也往往较一般的文人士大夫更具有强烈的故国之思,遗民二代也往往以不仕新朝来表达自己的遗民之志。在本不与政治相关的女性身上,也体现出强烈的故国情节与遗民意识。如为殉明绝食而亡的王思任,其女王端淑不断地在诗歌中抒发"浩气冲流水自波,怅然空对旧山河。金瓯碎尽知难复,一幅图留恨转多"[①] 的故国之思,如在战争中罹难的葛征奇之妾李因《悼亡诗哭介龛》中表达的是"轻烟四野一孤舟,家国飘零壮志休。有泪空教谈剑侠,

---

[①] (清)王端淑:《读今古舆图次韵》,载李雷主编《清代闺阁诗集萃编》卷1,中华书局2015年版,第118页。

忠魂无主泣皇州"① 的亡国之恨。对于商景兰来说，是不是忠贞于故国，是衡量文人士大夫的最高标准。商景兰有《绝交诗》两首，可以看出其对于遗民节操的坚守，及对于那些屈膝仕新贵之人的强烈义愤。这两首诗歌一反其柔美婉约的诗风，变得刚烈激愤：

绝交诗
其一

昔称胶漆时，交情一何好。
笙歌供欢娱，诗酒相倾倒。
将谓松柏然，岁寒心愈老。
岂知势利交，肝胆难常保。
变态如浮云，倏然生奇巧。
东西异语言，好恶任怀抱。
凤凰自高飞，哀哉此凡鸟。
一落污泥间，羽毛同腐草。
从今各努力，弃置不复道。

其二

大木巢鸱枭，张翼流恶声。
黄鸟虽燕婉，不欲与比邻。
论交各有类，同类观其心。
应求不相合，何如行路人。

这两首《绝交诗》是与何人绝交，现无法确定。但从诗中可以看出，旧日交情极好，"笙歌供欢娱，诗酒相倾倒"，这样的朋友应不是商景兰的同性朋友，而是祁彪佳的旧友，这样的旧友也往往是通家之好。朋友

----
① （清）李因：《竹笑轩吟草》，辽宁教育出版社 2003 年版，第 42 页。

是同类相聚,所以商景兰认为"将谓松柏然,岁寒心越老"。清初遗民经常以松柏自喻,表达坚贞之气节。商景兰在《五十自叙》中也自述:"我本松柏姿,甘与岁寒敌。"然而在社会变革之中,为了自保,旧日的友人却为了自身的利益屈膝仕清。社会变革之时,往往也是社会各阶层大洗牌之时。乙酉鼎革,士绅阶层分化为两类:降臣、遗民。在这两类人中,降臣又可分为两类:一类虽已归顺清廷,但并不心甘情愿,对清廷的态度往往暧昧不明,与遗民也常有往来,遗民群体对这样的人也并不完全排斥,这样的人不太可能受到清朝政府的重用;另一类人则是积极归顺新朝以取得富贵之人,这样的人则会受到遗民群体的鄙夷。遗民群体多为仕宦之家,新朝建立之后,由于对新朝的不认同而拒绝出仕,家庭的道德声望极高,但家庭的社会地位和经济地位在新朝往往会下降。祁家在明亡之后,理孙、班孙作为遗民后代,断绝了出仕的可能,并且因为兄弟两人先是馨家资助祁鸿孙的反清义军,后又卷入通海案,祁家一步步走向衰落,到祁理孙之子祁昌徵则靠"佣书官幕"[①]为生。商景兰生前虽没有看到祁家的彻底败落,但对家族在社会地位和经济上走下坡路的状况是有清醒认识的,所以才会在《五十自叙》中告诫儿女:"避难须俭德。"因为不愿归顺新朝而远离官场导致家庭社会地位和经济地位的变化是祁氏家族自觉选择的结果,也是许多遗民家庭自觉选择的结果。家庭经济虽然走向衰落,但精神上却保持着极高的自我评价,所以商景兰以凤凰自喻,表示自己忠于前朝的高洁志向,而将归顺清廷的贰臣视为"凡鸟",认为这些人因贪生怕死而屈身变节,在道德节操上有了重大污点,就如落在污泥之间,充满了腐臭之味的凡鸟,而这样毫无气节操守之人反而又因祁家的衰落而表现出势利之态。原本对于这样的友人就心怀鄙夷,在这种情形下,无怪外柔内刚的商景兰会决绝地声明:"从今各努力,弃置不复道。"第二首诗中,商景兰用黄莺来自喻,以鸱枭来比喻势利的小人。声明黄莺虽然安详柔顺,也不愿与发出恶声的鸱枭为邻。

---

① 祁昌徵:《先考奕庆府君行略稿》,稿本。

她明确地说明，同类人才能成为朋友，而同类一定是同心，如不同心，则不如路人。《绝交诗》在商景兰的诗歌中，是少有的激愤之作。从中可以看出，温柔端雅的商景兰还有刚烈激愤的一面。我们无法猜测，商景兰是在什么情况下写出的这首诗，但可以感受到她内心的愤懑，也可以想象到，一定是经历了太多的世态炎凉，才让商景兰写出了这样语言决绝、情绪激愤的作品。

正是因为对遗民节操的固守，让商景兰在她五十岁生日时清晰地抒发了自己的遗民之志。

五十自叙

岁甲午十月，我年当五十。
知命尤未能，知非正其日。
堂中伐大鼓，笙竽张四壁，
大儿捧兕觥，小儿列瑶席。
诸妇玉面妆。诸孙亦林立。
跪拜不可数，彩衣纷如织。
各各介眉寿，深杯几盈百。
九微夺明月，满座皆佳客。
颂祝吐奇葩，珠玑已成袭。
人生遘欢会，欢会莫此极。
我心惨不乐，欲泣不成泣。
酸风射眼来，思今倍感昔。
两儿长跪请，问母何怆恻。
或者儿罪深，孝心不上格。
俯首不能言，中怀自筹画。
凤凰不得偶，孤鸾久无色。
连理一以分，清池难比翼。
不见日月颓，山河皆改易。

如彼断丝机，终岁不成匹。
忍泪语两儿，汝曹非不利。
行乐虽及时，避难须俭德。
我家忠孝门，举动为世则。
行当立清标，繁华非所识。
事事法先型，处身如安宅。
读书成大儒，我复何促刺。
我本松柏姿，甘与岁寒敌。
扬名显其亲，此寿同金石。

五十大寿，儿孙绕膝，对于过去的女性来说，应是最幸福、最有成就感的时候，但商景兰此时却是"我心惨不乐，欲泣不成泣"。她非常清楚地表明了悲伤的缘由，"凤凰不得偶，孤鸾久无色"，"不见日月颓，山河皆改易"。丈夫的殉国，故国的沦亡，是内心中无法忘怀的伤痛。在诗歌的结尾，她用"我本松柏姿，甘与岁寒敌"来表达自己的遗民气节。在这首诗中，还有一点需要注意，即商景兰对儿子们提出的希望："事事法先型，处身如安宅。读书成大儒。"对于世代仕宦之家的祁家，科举入仕是必然之路。商景兰的两个儿子祁理孙、祁班孙又都是自幼聪慧，理孙在明亡之前已取得童生资格，但商景兰却希望他们"事事法先型"，这个"法先型"不是如历代先人一样读书取仕，而是要效法父亲祁彪佳，忠于故国，不仕新朝。而文化仕宦之家的子弟，不参加科举考试，不在仕途发展，其实已经堵住了他们的上升之路。传统社会在科举考试中取得功名，对于文人来说非常重要，在经济上，可以获得免除赋税、徭役等权利，社会地位也会得到提升；政治上也会有一些特权，更主要是通过科举，进入仕途，取得富贵，光宗耀祖。对于深受儒家思想影响的知识分子来说，更是要通过科举考试来实现自己的政治理想。商景兰给儿子们规划的未来之路"读书成大儒"，则是一条艰辛之路。明亡之时，一些遗民以隐居著书为事，如黄宗羲、顾炎武、张岱等人。但黄宗羲、顾炎武本为博学硕儒，张岱也是晚明著名才子，而明亡之时理孙尚未弱冠，班孙尚在少年，要"读书成大儒"，无论从学识能力上还是声望上都是难以企及的。坚强睿智的商景兰不是不知道这一点，但其强烈的遗民情结，让她不得不为儿子们选择这样一条艰辛而又难以完成的人生道路。事实上，到顺治末年，尤其是康熙年间，由于清政府的怀柔政策，遗民群体已经开始出现了分化，一些遗民已改变了与清政府对立的态度，开始出仕新朝。而一些遗民二代，则开始参加科举，力图入仕清廷。就连黄宗羲这样的遗民领袖，也推荐儿子到户部右侍郎周亮工家任教，实际上也是为儿子铺垫出仕之路，不希望儿子继承自己的遗民身份。由此可见坚守遗民节操的艰难。作为女性，作为母亲，商景兰从祁彪佳去世到五十大寿，已度过了八年的遗民生涯，尤能苦寒守志，是何等的坚强与刚韧。

二 丧夫之痛与故国之思

在商景兰的诗歌中，直接抒发故国情思的诗词很少，更多的是将丧夫之痛与故国之思结合在一起，通过抒写"连理一以分，清池难比翼"的孤独痛苦来表达自己"不见日月颓，山河皆改易"的亡国之痛。

中秋泛舟·其三
无边月色动人愁，木落千山一夜秋。
独倚栏干何所怨，乾坤望处总悠悠。

中秋之月本应为团圆之月，然而月圆之夜却是人难团圆。千山木落，月色澄碧，视野非常开阔，阔大的空间却更衬托出个人的渺小与孤单，在倚栏独望中抒发自己无尽的幽怨。乾坤一词语义双关，既可为女性隐喻丈夫，又可代指国家。祁彪佳的死亡，祁氏家族的命运，是与明朝紧密相关的，因而在这个月圆之夜，充斥心头的不仅仅是恩爱夫妻阴阳两隔的痛苦，也是故国沦亡的无限失落之感。

> 过河渚登幻隐楼哭夫子
> 久厌烦嚣避世荣,一丘恬淡寄余生。
> 当时同调人何处,今夕伤怀泪独倾。
> 几负竹窗清月影,更惭花坞晓莺声。
> 岂知共结烟霞志,总付千秋别鹤情。

弘光元年,祁彪佳于危难之中出任苏松总督,南明小朝廷面对强大的清军,不但不精诚团结,共同抗敌,反而党争激烈,内讧不断。商景兰多次劝祁彪佳辞官回乡,每日烧香求神,以求一家人平安。对于像祁彪佳这样的文人士大夫来说,传统的忠君思想已浸透到他们的血液之中,为国献身毁家,都是无怨无悔的。但对于女性来说,没有食君之禄忠君之事的道德负担,在她们心目中,更看重的是家人的平安。商景兰不是不知世事的女性,对于当时南明政权的实际状况,商景兰有着更为理性的认识,并没有将击退清军的希望寄托在这样一个内忧外困的小朝廷上。她时时担忧着国家充满危机的时局,内心充满了忧虑,也充满了无奈,她只是期望能在乱世中保全家人。祁彪佳并非对南明政权没有清醒的认识,只是出于道义,明知不可为而为之,所以才会在官署中挖池塘,作为国破之日全家人最后的归属。祁彪佳最终听从商景兰的劝告请辞归家,然而为保名节,在清廷以书币聘他出仕为官之时殉国而死,商景兰则为了儿女承担起家庭的重担。《过河渚登幻隐楼哭夫子》即是在祁彪佳去世之后,商景兰登幻隐楼回忆往事时所作。时过境迁,物是人非,面对沧桑变化,商景兰黯然神伤。她原本期待的是像妹妹商景徽夫妇一样,在明亡之后偕隐山林,抚育儿女,读书笔耕,平静地度过后半生。然而由于祁彪佳的死亡,期望成空,这成了商景兰永远的遗憾。从祁彪佳的"含笑入九原,浩气留天地"的凛然正气,到商景兰的"岂知共结烟霞志,总付千秋别鹤情"凄然哀叹,可以感受到女性遗民与男性遗民不同的特点:男性遗民更重视的是道德上的完美、政治上的忠诚,而女性遗民则更看重亲人的平安、家庭的完整,这是由社会赋予他们的不同人生角色所决定的,并无高下之分。

第三节 亲情诗词

亲情诗在我国的诗歌传统中源远流长,历朝历代都有亲情诗的创作。传统的女性基本活动范围是在家庭之中,其交往的对象也基本都是家庭成员或有血缘关系和姻亲关系的亲友,因而女性对亲情更为看重,女性诗歌中亲情诗所占的比重也往往较大。在商景兰诗词中,也有为父亲、儿女、亲戚所写作的诗歌,虽然数量并不多,但由于商景兰生活于明清鼎革这个特殊的时代,她的家庭生活与时代的变迁有着密切的关系,因而她的亲情诗也染上了浓厚的时代特色。通过对商景兰亲情诗的分析,我们可以观察到时代对家庭、对个人的深刻影响。

哭父

南云烽火靖,乔木世家残。
国耻臣心切,亲恩子报难。
衣冠留想像,几仗启萑兰。
郁结空庭立,愁看星落繁。

商景兰之父商周祚为官刚正不阿,崇祯十一年(1638)商周祚因触怒崇祯皇帝而被解职,乡居十载。商景兰15岁出嫁,但出嫁之后与娘家联系非常紧密,在《祁彪佳日记》中记录了商景兰回娘家归宁的次数可达一月数次。商景兰的母亲早逝,使得她与父亲感情非常深厚。祁彪佳也经常与商景兰一起到商家,商周祚与祁彪佳不仅是翁婿情深,二人对朝廷事务的见解也非常吻合。祁彪佳在日记中也记录了与岳父的密切交往,在处理政务之时祁彪佳也往往会征求岳父意见。商景兰的《哭父》一诗不仅仅写出了对父亲去世的悲痛之情,更重要的是将丧父之痛与故国之殇紧密地结合在一起，赋予了诗歌强烈的时代感，诗歌风格更加厚重。

在这首哭父诗歌中，商景兰首先给我们展示了明清鼎革带来的社会巨变，"南云烽火靖，乔木世家残"，江南烽火过后，世家沦落，一片残败之色就在这十个字中被描绘出来。她没有直接抒发丧父的痛楚，却写出了作为臣子的父亲在故国沦丧后无限的悲哀与内心的屈辱，与父亲的悲哀与屈辱相对应的是为女无法报答父亲养育之恩的痛苦与遗憾。"国耻"一词写出了明亡之后士大夫的椎心泣血。家族之痛与亡国之殇紧紧地联系在一起，郁结于心，无处疏解，更无法忘怀。

商景兰更多的亲情诗是写给儿女的。作为母亲，对儿女的情感是世界上最真挚、最无私，也是最浓厚的。祁彪佳殉国之时，商景兰没有殉夫而死，最重要的原因就是要完成祁彪佳"训诲子孙，不堕祁氏一门"的嘱托。在商景兰写给儿子们的诗歌中，我们可以看到，商景兰非常重视传承祁氏家族的家风。《五十自叙》虽然题为"自叙"，却是通过对儿子们的训导来传达教子观念：

> 忍泪语两儿，汝曹非不利。
> 行乐虽及时，避难须俭德。
> 我家忠孝门，举动为世则。
> 行当立清标，繁华非所识。
> 事事法先型，处身如安宅。
> 读书成大儒，我复何促刺。

商景兰将儒家的传统思想作为教子的准则，将忠孝传家作为家族的门风，教导儿子们要继承家族传统，一举一动都要顾及家族清誉，"举动为世则，行当立清标"。祁家数代仕宦，从祁彪佳营造寓山园林也可以看出祁家的经济状况是非常优越的。在描写她生日场面的诗句中亦可以看出祁家这个钟鸣鼎食之家的盛大场面："堂中伐大鼓，笙竽张四壁，大儿捧觥觥，小儿列瑶席。诸妇玉面妆。诸孙亦林立。跪拜不可数，彩衣纷如织。各各介眉寿,深杯几盈百。九微夺明月,满座皆佳客。颂祝吐奇葩,珠玑已成袭。"但理性睿智的商景兰已经注意到社会变革带来的家族变化,所以告诫儿子们在乱世中要勤俭持家,事事效法先人。最后她提出了对儿子们的希望:"读书成大儒",只有这样,作为母亲的她才能够安心。

祁家是通过科举而成为仕宦之家,改朝换代之后,科举入仕这条道路被堵塞了,但读书依然是祁家最为重要的家庭传统,商景兰写给小儿子祁班孙的诗歌中就流露出看到儿子读书时由衷的喜悦:

喜次儿读书紫芝轩
莲花争笑日,佳客解悲秋。
水绿香迷院,花红影动楼。
凤毛池上出,鹤发镜中愁。
万卷如能破,空阶月未收。

班孙性情豪爽,好结交朋友。在祁彪佳去世之后,班孙与魏耕等人来往密切,并将祁家的寓园变成魏耕集团反清复明的秘密基地。对于魏耕集团的反清复明活动,商景兰或许并不十分清楚,但对于这个豪爽的小儿子,商景兰应是非常了解的。祁德琼的《寄怀仲兄客游姑苏》写出了明亡之后班孙内心的抑郁悲愤之情:"仲兄天下才,声名著少小。不惜黄金尽,但言知音少。"自幼聪慧的班孙在明亡之后一方面心怀国仇家恨,一方面个人出路杳然,困顿无所为,因而"朝游燕市旁,筑音震天表。暮宿青楼上,春风任潦倒"。对班孙这种状况,作为母亲的商景兰应该比女儿祁德琼更为痛心,但亦如祁德琼一样无奈。所以当她看到儿子能安心的读书,内心的喜悦欣慰之情溢于言表。"凤毛池上出"一句,出于《世说新语》:"王敬伦风姿似父,作侍中,加授桓公公服,从大门入。桓公望之曰:大奴固自有凤毛。"[1]商景兰用此典故来称赞儿子文采

---

[1] (南北朝)刘义庆著,余嘉锡笺疏:《世说新语笺疏》,中华书局2007年版,第731页。

俊秀，能继承父亲祁彪佳的风范，并鼓励儿子努力读书，唯此才能"成大儒"。

历代文人写给儿子的亲情诗大多以教子读书为主题，但商景兰的教子读书之路比一般人更为艰难。因为在传统社会中，读书与科举是紧密相连的，读书的最终目的是实现个人的理想，无论是为了个人取得名利光宗耀祖，还是为了辅佐君王留名青史，都要通过科举入仕才能实现。而作为遗民的后代，不仕新朝是他们要坚守的气节，因而如何能让儿子们充满希望地读书学习是商景兰最大的难题。商景兰的长子祁理孙与班孙性格不同，作为长子的理孙性情温厚内敛。理孙 15 岁补绍兴府生员，祁彪佳任苏松巡抚之时，理孙随父督沿江诸军，并学习武略，本应有光明的前程。明清鼎革，祁彪佳殉国，理孙的美好前程也戛然而止。明亡之后，理孙绝意仕进，以读书奉母为事，余则诵经礼佛。祁理孙事母至孝，不会在母亲面前流露出内心的痛苦与颓唐，但聪敏睿智的商景兰如何能体察不到儿子的内心，因而她借理孙的次儿出生之际给儿子以鼓励：

喜得次孙兼示长儿
令节尽三春，吾儿意气新。
殷勤养后嗣，怀哺念前人。
庭树堪吾老，园葵欲汝贫。
若能逢汉武，当复傲平津。

虽然已到暮春时节，但因得子，性格沉静的理孙显得意气风发，商景兰借此机会鼓励儿子"殷勤养后嗣，怀哺念前人"。商景兰以谢家庭树来期待这个刚刚出生的小孙子，更以大器晚成的平津侯公孙弘来激励儿子。

儿子是家族延续的希望，女儿却是早早出嫁，为婆家延续血脉，所以在传统的中国社会中，重男轻女是非常常见的现象。在男性诗人的亲情诗中，写给儿子的诗歌远远多于写给女儿的。而母亲则与女儿有着天然的亲密联系，由于同为女性，母亲更可以感知女儿的情感。在写给儿子的诗歌中,商景兰呈现出双重角色,一方面是慈爱的母亲,另一方面是代父教子的人生指导者。而对于女儿,商景兰诗歌中则展示了一个慈爱的母亲对女儿的怜爱与担忧。

商景兰有写给长女祁德渊的《与羧英》:

壁上三弦子,怀人不忍弹。
若弹离别曲,泪洒月光寒。

从诗的内容来看,应写于祁德渊出嫁之时,表达的是母亲与女儿分别后的思念之情,母女深情由此可见。更令人注意的是商景兰《浣溪沙·代人送女归》:

唱罢骊驹神暗伤,栏干小月印虚堂,花枝影度隔帘香。
人去空留千里梦,寒深午夜怯银床,独留灯烬照荒凉。

这首词题目是代人送女归,即是代他人抒发送女儿出嫁的心情,所代何人现已不可考。商景兰一生中四次送女出嫁,从《与羧英》一诗中可以感受到母亲送女出嫁的不舍和伤心,这首《浣溪沙·代人送女归》虽然是代人抒情,但也可以说是商景兰用他人之酒杯浇自己心中之块垒,抑或此词即是商景兰自己送女出嫁所作。若果如此,这首词是商景兰在哪一个女儿出嫁时所作的呢?从祁德渊出嫁时的《与羧英》来看,商景兰表达的只是母女离别后的思念,而这首《浣溪沙·代人送女归》却在离别之后写出了母亲内心的荒凉之感,似不同于一般的送女出嫁诗。从现有的资料来看,最有可能是为四女儿祁德茝或次女祁德玉[①]出嫁所作。祁德茝为最小的女儿,她出嫁后,即代表再没有女儿伴陪在母亲身边了,

---

[①] 商景兰的次女在很多文献上都没有记载,本文根据南京师范大学李贵连的硕士学位论文《明末清初山阴祁氏家族女性文学研究》(2009年)中结论,认为商景兰次女名祁德玉,字卞容,适山阴白洋朱夔元之孙朱日尧。本书附录中有详细论述。

母亲也会有荒凉空虚之感的。但毛奇龄在《西河集》记载了祁德茝出嫁时的场景，虽然祁德茝出嫁时父亲祁彪佳已经去世，但她出嫁的场面依然非常隆重热闹，班孙还专门请毛奇龄为妹妹写了催妆诗。在这种情况下，作为母亲的商景兰即使内心非常不舍，但也不会有这般的伤感悲凉。因而可推测这首词更大的可能是次女出嫁之时的感受。在祁彪佳的日记中，最为详细地记录女儿出嫁时情景的就是次女了。商景兰的次女祁德玉许配白洋朱家，为躲避福王选妃，朱家多次要求成婚，祁彪佳两次婉拒不成，最终祁德玉在母亲商景兰病中成婚，商景兰没有能够亲自送女儿出嫁。祁德玉成亲之时年仅十六，夫婿朱日尧年仅十四，还是两个未成年的孩子，作为母亲的商景兰自然是万般担忧，但自己身患重病，又正值兵荒马乱之时，只能是无奈地听从命运的摆布。午夜梦回，虽然两家同在山阴，却感觉远在千里之外，夜深难眠，独守孤灯，心中是无尽的凄冷荒凉。

做母亲的感觉往往是最准确的，祁德玉出嫁之后，境况的确是不太好的。商景兰在《闻次女有弄璋之期》中写道：

齐眉年少正相宜，况复香兰梦有期。
常恐红颜多薄命，今看白发见佳儿。
遥知绣阁悬弧日，正是秋闱得桂时。
十载愁肠方自慰，好音惟听凤雏奇。

王端淑《名媛闺纬初编》中收录了商景兰《产外孙喜予次女》一诗：

扶床坐膝正相宜，况复阳元旧有期。
常恐红颜多薄命，今看白发见佳儿。
声传锥下追惟汝，德重荆南代是谁。
犹喜郗家诸弟在，司空大小觉难欺。[1]

---

[1] （清）王端淑：《名媛闺纬初编》卷11，清康熙间清音堂刻本。

前一首诗写于得知女儿有孕之时，后一首诗写于女儿生子之时，都表现了对女儿有子的喜悦，但都有"常恐红颜多薄命"，可见对女儿的担忧之情。

商景兰还有三首诗是代女儿卞容所作，从诗中也可以清晰地感受到对女儿生活状态的忧虑和愤慨：

代卞容闺怨

谁谓秦晋欢，愁多掩明月。
虽然织素工，一寸肠一裂。
菟丝附高松，自不成琴瑟。
弹筝理怨思，调悲弦欲绝。
夜夜对孤灯，孤灯自明灭。

"谁谓秦晋欢，愁多掩明月"，写出了女儿婚后生活的痛苦。"虽然织素工"是写女儿擅长女红，应可成为一个好妻子，然而却是"一寸肠一裂"，婚姻生活不幸如此，原因是什么呢？商景兰认为是"菟丝附高松，自不成琴瑟"，可此言却似不通。祁德玉的夫家为白洋朱家，朱家与祁家世代通婚，祁彪佳五弟祁象佳之妻为朱燮元之女，祁德玉之从姐妹祁德芷嫁与朱燮元三子朱兆宪之子朱用调，而商景兰次子祁班孙之妻朱德蓉为朱兆宪之女，祁德玉为朱燮元三子兵部郎中朱兆宣媳，应是门当户对，似乎不应有"菟丝附高松，自不成琴瑟"的不匹配之叹。商景兰在《代卞容怨诗》中说："嗟我父兮音容违，妾薄命兮谁见知。太山颓兮家式微，遭挫折兮道所宜"，应是说祁彪佳去世之后，祁家衰微，而卞容的薄命似也与家世衰微有关。再考商景兰《产外孙喜予次女》中"犹喜郗家诸弟在，司空大小觉难欺"句，用晋郗鉴在丧乱中哺育外甥周翼之事，似说女儿尚有兄弟在，不会让人欺负。那所谓的"菟丝附高松，自不成琴瑟"应是指女儿之所以受到丈夫的冷落，是因为祁彪佳去世之后，祁家逐渐衰落，因而女婿冷落女儿，另有所爱。在传统社会中，婚姻往往不仅仅是夫妻双方之间的联系,更重要的是两个家族之间的结盟。纳妾是常见的现象,但如果有一个强有力的娘家,即使丈夫纳妾,一般也不敢太过明显地冷落妻子。但从"夜夜对孤灯,孤灯自明灭"中,可以看到祁德玉在婚姻中的孤独与痛苦。作为母亲的商景兰,为女儿婚姻不幸发出了愤怒的呼号。从祁德玉的婚姻悲剧中,亦可以看到个人命运与时代的紧密联系。

商景兰晚年时又遭受一次重大的打击,次子班孙因通海案被流放宁古塔,祁家因解救班孙几乎散尽家产。商景兰72岁时所作的《琴楼遗稿序》中记录了自己的心情:"辛丑岁,次儿以才受祸,破家亡身,余不即死者,恐以不孝名贻儿子也。"垂暮之年,儿子遣戍关外,相见无期。之所以能够经受这样沉重的打击,是不愿让儿子承担不孝之名,母亲为儿子着想无所不及。班孙流放之年,商景兰的三女儿祁德琼也去世了,祁家女性诗人分韵题诗的盛况不再,商景兰此后的作品现存的只有思念祁班孙的这一首词了:

忆秦娥·初春剩国忆子
莺声咽。柳梢烟雨梅梢月。梅梢月。谁家玉笛,十分凄切。迢迢子去伤离别。空亭寂寞愁心结。愁心结。梨花飞碎,香飘尘绝。

莺声呜咽,玉笛凄切,代表了母亲思念儿子的无声哭泣。"梨花飞碎,香飘尘绝"一如母亲因绝望而碎裂的心。班孙后逃回江南,为躲避清廷追捕,出家为僧,再也未能回家与母亲相见。康熙十二年(1673)班孙去世,理孙隐瞒了班孙去世的消息,商景兰直到去世尚不知她所钟爱的幼子已先她而走,但母子生离而终身不能相见的痛苦也是常人所难以忍受的,为了儿子,商景兰还是坚强地承受"迢迢子去伤离别。空亭寂寞愁心结。愁心结,梨花飞碎,香飘尘绝"的痛苦和绝望。

商景兰诗词中还有两首诗是写给亲属的。《哭侄女》一诗应写于祁彪佳去世之前。祁彪佳曾在日记中记载过一个侄女去世，商景兰所伤悼的应是这个早逝的女子。在痛惜侄女早逝之时，也在对女性的命运进行思考，但还是没有脱离红颜薄命的樊篱。《海棠春·赠侄女吴子》一词，则写出了经历家国之变后的感伤：

绿窗春透垂杨影。更多少月明风冷。花枝黄鸟声，绣阁酣初醒。　被底鸳鸯，阶前白璧，都是欢时美景。惭愧白头人，空叹时如锦。

商景兰的亲情诗词，情感真挚浓郁。对父亲，写出了亲恩难报的无限遗憾；对儿子，体现了母亲的慈爱与期待；对女儿，则更显现了慈母的拳拳关爱。由于生活于明末清初这个社会发生巨变的时代，商景兰的生活与社会的巨变息息相关，因而在她的亲情诗歌中，时时将个人的情感与家国的变化联系在一起，与一般的女性亲情诗词相比较，有更强烈的时代感与社会性。

第四节　闺情诗词

闺情诗词即是写女性的闺中之情，历来有不同的解释。《中国诗学通论》认为，闺情即为"以文人之笔，代怨女之思。其间有写忳离之怀者，有写缱绻之致者"[1]。《汉语大词典》释"闺情"为"妇女思所爱之情"[2]。在这样的理解下，很多人将闺情诗与闺怨诗混为一谈，即将女性抒写相思愁怨之诗称为闺情诗。

古代女性生活空间狭窄，生活状态也往往处于寂寞压抑的状态中，婚

---

[1]　范况：《中国诗学通论》，商务印书馆2017年版，第160页。
[2]　罗竹风主编：《汉语大词典》卷12，汉语大词典出版社1993年版，第102页。

姻爱情往往成为她们生活的全部希望与寄托,而在实际生活中却又往往会因各种原因造成她们与丈夫或所爱之人在空间上的生离死别或精神上的疏离,这种离别或疏离会给她们带来巨大的痛苦与失落。在男性诗人的笔下,代女性抒发情感时往往会将这种痛苦与失落作为闺情诗的主要甚至是唯一的题材。在这种情况下,闺情诗与闺怨诗往往是重合的。但考察女性诗词,可以得出不同的结论。女性诗歌中,固然有大量抒发相思别离之情的诗词,但也有对闺中生活的其他方面和其他情感的书写,这些诗歌中所表达的情感不再是单一的相思别愁,有更加丰富的情感与生活,从中可以更广泛、更深入地了解古代女性的生活状态。基于这种情况,我们对闺情诗词的定义,采用了《宋词题材研究》一书中"闺情词"的定义:"描写闺中女子伤春、悲秋、怀春、相思以及其他女性特有的感情和情绪的词作。"[①] 将女性书写闺中生活、抒发女性独特情感的诗词归类为闺情诗词。

商景兰现存的诗词作品没有明确的创作年代,但从诗词的内容、语气、心态等方面大致可以分为三个阶段:少女时期、婚后生活、寡居生涯。从商景兰所留下的诗歌看,闺情诗占有相当大的比例。我们即从这三个时期来分析商景兰的闺情诗词,从中体会经历了明清易代的商景兰的生存状态与心理演变过程。

一 少女时期

少女时期是女性一生中最无忧无虑的阶段,商景兰也是如此。商景兰出生于世代官宦之家,父亲商周祚官至礼部尚书,家庭的物质条件极为丰裕,家庭的文化氛围也非常宽松。商景兰少女时期所写作的诗歌中,多为描写少女的闺中生活,从中可以感受到商景兰的闺中生活是轻松愉悦的。

江南地区气候温和湿润,越中又有园林之盛,一年四季花开不断。闺中女子难得外出,家中园林即是她们活动的主要场地,种花、赏花也

[①] 许伯卿:《宋词题材研究》,中华书局2007年版,第28页。

是她们快乐的户外活动。在商景兰为数不多的少女时代创作的诗歌中，种花、赏花是经常出现的场景，如《美人种花》：

> 凤头悄悄下庭阶，暗祝花枝带月开。
> 栽罢迎风微一笑，尽留香气绕琼台。

诗歌写得轻灵活泼。傍晚时分，少女脚着绣花鞋悄悄走下台阶，栽下花枝，又暗暗对月祷告花儿能早日盛开。"栽罢迎风微一笑，尽留香气绕琼台"，写出了少女想象中花儿盛开、香气满楼台时独自微笑的场景，小女儿的天真娇憨跃然纸上。

> 咏石榴花
> 榴花如日照帘栊，小小枝头一派红。
> 佳人刺绣罗裙上，添得幽香斗晚风。

作为官宦之家的女子，商景兰不需为生活忧虑，女红不是生活所需，而是闺中生活的点缀。诗虽然写佳人刺绣，但诗的中心却是写石榴花之美，通过石榴花如火般绚烂的色彩来衬出青春少女的美丽。

商景兰不仅通过闺中生活的描写抒发了少女情怀的天真烂漫、轻松愉悦，还写出了文化世家中浓郁的文化氛围，透露了晚明江南文化世家中女性充满书香气息的生活场景。

> 偶作
> 数种秋花带露娇，美人十五学吹箫。
> 静窗一一翻书史，空令幽怀转寂寥。

种花读书、吹箫弹琴，才女的闺中生活优雅安闲。明中叶之后，江南的文化仕宦之家重视女子教育，在这样的家庭中，闺阁女性的日常生活不再是以学习女红为主,读书写作成为常态。而在一些开明家庭中,不但注重女子诗文曲赋方面的才华,还注重女性琴棋书画等方面的才艺培养。正是因为这样的家庭教育,使得一些女性在出嫁之后,不仅生儿育女,还真正能做到相夫教子,并在文学艺术领域中发挥才能,取得成就。

二 婚后生活

商景兰15岁出嫁,夫君为18岁的祁彪佳。二人才貌相当,家世相似,婚后琴瑟和鸣,感情笃深。朱彝尊在《静志居诗话》中说:"祁、商作配,乡里有金童玉女之目,伉俪相重,未尝有妾媵也。"[1] 祁家亦为世代仕宦,家世富足,婚后商景兰不需为生活操劳。祁彪佳在婚前即中举,商景兰也无须为夫婿的前途而担忧。可以说,商景兰婚后前些年生活是非常美满幸福的,因而在商景兰前期的诗歌中,很少有女性诗词中传统的伤春悲秋之作。

伤春悲秋是一个古老的主题,也是女性诗词中最为常见的主题。女性的生活空间普遍狭小,基本上处于有限的家庭范围之内,女性在家庭中卑下的地位,依附于他人的生存状态,随时可能被分去丈夫的感情的危险,使得女性内心中总是充斥着哀伤与不安全感。女性的感情又是细腻而敏感的,这样的情况下,女性更容易受外界物候变化的影响,春花秋月的美好与短暂,让她们感受到韶华流逝的伤感,而秋风秋雨的萧瑟凄凉,更让她们体会到人生短暂的悲凉。但商景兰与祁彪佳甜蜜幸福的婚姻生活,使得她情绪安稳,心境平和,这种情绪与心境也体现在她的诗歌中。

闺中四景歌
其一 春
春到长堤一水清,黄莺二月乱飞声。

---

[1] (清)朱彝尊:《静志居诗话》,人民文学出版社1990年版,第727页。

桃花日底迎香远，杨柳风前斗叶轻。

其二　夏
夹岸风回水殿凉，横波处处宿鸳鸯。
美人袖倚栏干畔，输却芙蓉一段香。

其三　秋
霜落梧桐秋夜寒，半轮月影上栏干。
深闺似识嫦娥意，漫倚玲珑解佩看。

其四　冬
闲卷珠帘对月光，寒梅数处吐幽香。
曲塘雁影千家冷，画阁筝声午夜长。

  春日的景色是鲜明而充满欢乐的，湖水清澈，黄莺娇啼，桃花飘香，闺中少妇不知愁，"杨柳风前斗叶轻"。没有一丝的伤感，有的是无忧无虑的欢乐。而夏日的景色中，倚栏美人与水波深处的鸳鸯，都流露出沉浸于幸福婚姻中内心的甜蜜。秋日霜落梧桐，似有萧瑟之意，而"漫倚玲珑解佩看"的深闺女子，却丝毫没有孤独之感，所以只是"似识嫦娥意"。"曲塘雁影千家冷"的冬日，没有寒意与孤寂，有的是"闲卷珠帘对月光，寒梅数处吐幽香"的安闲幽美。四季诗描绘的是生活在幸福中的女性内心的安乐祥和。

  然而生活毕竟不会永远沉浸于甜蜜之中。祁彪佳赴京参加会试，商景兰与祁彪佳第一次久别，体会到离别相思之苦。从王思任的《祁彪佳年谱》和《祁彪佳日记》的记载中都可以看出，在祁彪佳的宦海生涯中，商景兰大多数时间都陪伴在祁彪佳的身边，与同时代的官员相比离别的时间并不算多。但越是感情甜蜜幸福的夫妻，越是难以忍受离别带来的痛苦。在商景兰的诗词中，别后相思之作渐渐多了起来。

>代人送外
>执手丁宁话早还,莫教重起望夫山。
>不知闺阁深深泪,请验榴裙几许斑。

虽然题为《代人送外》,但也可能是借他人送外而抒发自己与丈夫分别时的情感。分别之际执手叮咛,写出了妻子的恋恋不舍。分别后石榴裙上斑斑的泪水,绘出了离别后的相思之苦。

>夜雨
>雨过玉阶芳草绿,美人梦度交河北。
>交河万里何处寻,梦伴归鸿沙草宿。

春雨过后,芳草茵茵,正是一年中最美的季节,恩爱的夫妻却分离两地。饱受相思之苦的妻子希望在梦中远至交河,与丈夫相会,然而交河远在万里之外,即使是在梦中,也难以寻觅,梦魂只能是伴着归鸿宿于沙草之中。人们对于在现实中无法实现的愿望就希望在梦中实现,然而对于这个思妇来说,梦中也无法实现,因为交河实在是太远了。交河故城在新疆吐鲁番附近,唐西域最高军政机构安西都护府最早就设在交河故城。商景兰用交河来比喻与丈夫距离之远,用梦魂都无法找到交河来比喻团聚之难,构思非常巧妙。

祁彪佳离家只有两个原因,求仕与出仕。因为交通不发达,祁彪佳离家时间往往长达数月。空间的距离与时间的距离会使得彼此的相思之情更加浓郁,也更加痛苦。这样的离别虽然痛苦,但由于夫妻之间深厚的情感和彼此的信任,商景兰对远行的丈夫的思念中还有着一份对过去相守时甜蜜生活的回忆作底色,所以思念中有独守空房的孤独与寂寞,有对离家万里的夫君的思念与担忧,却没有对情感不确定的忧虑与恐惧。

商景兰与祁彪佳没有留下相互唱和的作品,但从他们各自的文字中,可以感受到他们之间深厚的情感。崇祯四年，祁彪佳赴京任职，商景兰次年北上与祁彪佳团聚，祁彪佳在日记中记载："十一日饭后，家奴来报，内子单车疾骑而来，已抵近郊。惊喜过望，乃以班役迎之至。则长途之辛苦，旅邸之寂寞，交相慰藉。"① 祁彪佳听说妻子到了，是"惊喜过望"，而商景兰到近郊，"单车疾骑而来"，更可见其对团聚的渴望。二人相思之情，团聚之际"交相慰藉"，夫妻感情之深厚，寥寥数语尽显其中。祁彪佳在日记中用简练的语言表达了对妻子的思念之情，商景兰则是用诗词来书写离别之苦：

菩萨蛮·代人忆外
腊花香动烟中影，纱窗半掩罗帏冷。孤雁宿汀沙，寒砧梦里声。　梦到相思地，难诉相思意。夜雨渡芭蕉，怀人正此宵。

蜡梅飘香之际，已是岁末之时。新年即将到来，夫妻却不得不离别。夜已深，孤独的妻子却无法入眠。想象中所思之人尚在旅途，如孤雁宿沙汀，凄然入睡，梦中听到寒砧阵阵。梦中可到相思之地，梦见思念之人，却无法诉说相思之情。夜雨中，妻子静听雨打芭蕉，也在思念着远方的丈夫。词用杜甫《夜月》诗的写法，写妻子思念丈夫，却用想象写出了丈夫对妻子的思念，写出了"一种相思，两处闲愁"的恩爱之情。最后用夜雨芭蕉的意象，写出了妻子对丈夫的思念。商景兰诗词中有多首代人之作，这种代人作，往往抒发的是自己的情感。

商景兰与祁彪佳二十五年的婚姻生活中，与一般仕宦之家不同，夫妻二人是聚多离少，祁彪佳外出任职之时，商景兰大多数时候都是随行左右。祁彪佳在公务之暇，也常常陪伴妻子。在祁彪佳闲居之时，二人更是常常偕同出游。在《祁彪佳日记》中，也可以看到商景兰与亲友一同游湖赏花的记录。可以感觉到，虽然处于明末国家危机之时，作为女

---

① （明）祁彪佳：《祁彪佳日记》，浙江古籍出版社2016年版，第41页。

性，商景兰的生活基本上还是平静安宁的，在她的写景记游诗歌中，所呈现的即是平静安宁生活带来的平和怡然的心境。

临江仙·坐河边新楼

水映玉楼楼上影，微风飘送蝉鸣。淡云流月小窗明。夜阑江上桨，远寺暮钟声。　　人倚阑干如画里，凉波渺渺堪惊。不知春色为谁增。湖光摇荡处，突兀众山横。

河边新楼倒影水中，微风习习，蝉鸣阵阵。坐在窗边，赏淡云流月。夜深时江上小舟欸乃，远寺暮钟悠悠。水波渺渺，倚栏人如在画中。湖水荡漾处，山峦层叠。全词意境幽美，宁静安详。虽无一言抒情，心中喜乐自见。

春光好·前题

山色秀，水纹清，落花轻。沙上鸳鸯泛绿汀，棹归声。　　小鸟如啼如话，春光乍雨乍晴。一派霞光催日暮，月东升。

前首词写傍晚坐河边新楼赏江景，这首词写白日里坐在河边新楼观春景，开首"山色秀，水纹清"已写出了词人心境之轻松愉悦，鸳鸯对对，鸟声叽叽，乍晴乍雨的春光，绚丽耀目的晚霞，所有的景物都绘出了词人内心的喜悦。商景兰此词中的新楼在何处，没有明确的指向，但可能性最大的是在寓园。在寓园的建造过程中，祁彪佳精心筹划，商景兰也参与其中。夫妻二人也经常同上寓山。寓园美景倾注了夫妻二人的心血，因而坐在新建之楼观赏春景，心中充满了愉悦之情。

商景兰婚后的闺情诗词与同时代的女性诗人有所不同，离别时，有愁思而无幽怨；相聚时，充满了安乐喜悦之情。然而随着时局的变化，商景兰的闺情诗中开始出现了不同的色彩。

从崇祯十五年（1642）十一月祁彪佳丁忧期满，赴京就职，到弘光元年（1645）祁彪佳临危受命，出任苏松总督，祁彪佳的宦海生涯都处于明末的动荡之中，商景兰的心境也随着时局的动荡而忐忑不安，往日的安乐美好一去不复返。祁彪佳赴京之时，商景兰因大病初愈，没有随同北上。弘光元年，祁彪佳应南明朝廷之召赴南京，商景兰虽随同赴任，但祁彪佳公务繁忙，两人也经常分离。这段时间商景兰的诗词中，除了抒发与丈夫离别之思以外，还有着忧虑与不安。

忆秦娥·其二

云将暮，寒砧声送愁无数。愁无数，孤鸿只影，极天难诉。

片帆便返金陵渡，相思难到相思路。相思路，千里风尘，一帘霜露。

此词似崇祯十五年祁彪佳离家赴京途中商景兰因思念夫君所作。上阕写想象中的情景，阴云密布，暮色茫茫，寒砧声送来无尽的忧愁。丈夫形单影孤，离愁重重却无处诉说。下阕抒发思念之情。旅途虽遥，但片帆即可到金陵，而相思之情却难以传递给相思之人。深深的思念中，想象着路途上的"千里风尘，一帘霜露"，词人的心中是担忧，是不忍。祁彪佳赴京之时，清军逼近北京，祁彪佳一路北上，极其艰辛，到山东青州之时甚至"借宿于援引寺，是日遂不得中饭，离乱之景，伤心惨目"，这种情景商景兰虽然没有亲眼所见，但国事如此，商景兰的担忧是可以理解的。

三 寡居生涯

弘光元年（1645）祁彪佳离世，此后，商景兰的闺情诗词中充满了孤鸾独处的寂寞与伤痛。

钗头凤·春游

东风厚，花如剖，满园芳气长堤柳。莺声弱，浮云薄，韶光易老,春荣零落,莫莫莫。　　梅空瘦,情难究,茵兰未放香先透。真珠箔,秋千索,沉沉庭院,相思难托,错错错。

在祁彪佳去世之前,商景兰的闺情诗中春情秋景经常出现,但却少有伤春悲秋的传统主题。即使有,也是"桃如火,梅如豆,添得玉颜消瘦"(《更漏子·闺中四景词·其一·春》)的淡淡相思,是"绿窗声送孤鸿早,纨扇上,离愁多少"的缱绻离愁,思而不怨,哀而不伤。而在这首《钗头凤·春游》中,情绪却是复杂而痛楚的。"东风厚,花如剖",这里商景兰用了两个很少用来写风与花的词:"厚""剖",东风不是大,而是厚,有一种沉重在其中,花不是落,而是被风吹裂坠落在地上。这两个特殊的词绘出了郁积于心中的沉重。落花飘香,长堤柳垂,景色依旧,物是人非。"韶华易老,春容零落,莫莫莫",更写出了商景兰内心的伤痛,过去曾多次携手游园赏春,而转眼之间,时光流逝,春景凋零,相爱之人阴阳两隔,世事亦沧桑变幻,一切都不能想、不能说,却更无法忘怀。"梅空瘦,情难究",过去的已经过去,眼前"真珠箔,秋千索"却还依旧,沉沉庭院,何处寄托相思,"错错错"三个叠词,更写出了商景兰复杂的心情。正如姜夔所说:"当初不合种相思",当年的恩爱种下了今天的痛苦,如若无情,则无痛,情深痛更深。

商景兰晚年的诗词中,伤春悲秋的传统主题大量出现。"柳外小莺啼,花鸟声相斗",正是最美之春景,诗人却是"唤起当年万种愁,泪湿青衫袖"(《卜算子·春日寓山看花》),落花无数的暮春,更是"花落鸟还啼,春去愁无数"(《暮春》),甚至直接恨春:"水绿山青,花飞柳轻。卷帘无事调筝,写愁肠数声。"(《醉太平·春恨》)萧瑟的秋日更是带来无限的忧愁,"黄叶满庭人未扫,一声哀雁五云中"(《捣练子·秋思》)。团圆的中秋之夜,她却是"停杯愁对月光明"(《中秋泛舟·其二》)。女性诗歌中伤春悲秋的情绪往往来源于四季交替带来的韶华空逝的迟暮之感,更担忧红颜老去秋扇见弃的命运。而女性柔弱的身体与精神,更使她们在落红霜叶的凋零中体验到生命的脆弱与短促。这种传统的哀伤感受商景兰在祁彪佳生前很少体验到，祁彪佳对妻子深切的关爱使得商景兰有着充盈的幸福感，家庭生活的圆满也让她的心境处于平和安乐的状态，因而她更多关注的是四季轮转带来的不同的景色之美，在自然美景之中感受精神上的愉悦。而当"共结烟霞志"的丈夫去世之后，四季的荣枯变幻就让她更深刻地体会到命运的无常与无可依傍的凄凉，在她的诗词中，草木的荣衰就与家国的繁华衰落紧密地联系在了一起。

烛影摇红·咏雏堂忆旧

春入华堂，玉阶草色重重暗。寒波一片映阑干，望处如银汉。风动花枝深浅。忽思量、时光如箭。歌声撩乱。环佩叮当，繁华未断。游赏池台，沧桑顷刻风云换。中宵笳角恼人肠，泣向庭闱远。何处堪留顾盼。更可怜、子规啼遍。满壁图书，一枝残蜡，几声长叹。

《全清词钞》和《明词汇刊》中此词题都为《春感》。词从"春入华堂"起兴，写风云变幻带来的家国之感。咏雏堂为商景兰之父晚年归隐之时所建。华堂一词显示了咏雏堂的富丽堂皇，"玉阶草色重重暗"写出了咏雏堂浓浓的春意。夜晚灯火通明，池水倒映栏杆，点点明灯，若满天星辰，更有"歌声撩乱，环佩叮当"，商家的富贵繁华于此可见。然而"沧桑顷刻风云换"，当年的繁华富贵不再，眼前是"满壁图书，一枝残蜡"，"何处堪留顾盼"。只能是"几声长叹"。回忆中"繁华未断"的春景与眼前"子规啼遍"的春日，绚丽转瞬变为凄凉。似平静的叙述之下埋藏的是内心的怆痛惆怅，"几声长叹"中蕴涵着无尽的悲凉与无奈，家族之叹与黍离之悲就在这无言的长叹中表达出来了。

同样的家国之感在商景兰的《中秋泛舟·其三》中表现得更为含蓄：

无边月色动人愁，木落千山一夜秋。
独倚栏干何所怨，乾坤望处总悠悠。

商景兰的《中秋泛舟》共有三首，第二首为："玉漏沈沈夜气清，停杯愁对月光明。人间亦有霜娥怨，难写班姬泣扇情。"班昭为汉代才女，早寡，独自抚养儿女成人。商景兰此处用班昭自喻，写丧夫后内心的孤独与痛苦。在《中秋泛舟·其三》中，写独倚栏杆愁望明月，看到的是千山木落，天地悠悠。无边的空阔中孤独的身影映射出商景兰内心的凄凉无依。而乾坤一词在传统的语境中即指天与地，又可以用来指女子之所天，即丈夫。商景兰就通过这语义双关的词语在悲秋之中含蓄深沉地抒发了家国之叹。

由于经历的国破夫亡的痛苦与打击，商景兰闺情词从早期的书写闺中生活、相思离别主题进一步深入，将身世之感与家国之叹融入离愁别恨、伤春悲秋之中，使她的诗词更加丰富厚重，可以感受到随着女性艺术修养和学识积累的加深，女性对社会人生的关注与思索更加深入了。

第五节　赠答唱和诗词

在祁彪佳的日记中，会发现一个非常有趣的现象：在祁彪佳大部分的仕宦生涯中，商景兰都是陪伴左右，但是，即使是两个人同在一地，也会有两个人不相交集的时光，不同的活动。在任期间，祁彪佳有自己的公务要处理；居乡之时，祁彪佳参与很多地方事务，读书会友，而在这些时候，商景兰除了尽一个家庭主妇的职责之外，也有自己的娱乐活动，与女性同伴偕行外出，游玩吟唱。事实上，明清时代女性的生活，特别是在较为开明的文化家族中，女性的生活并非像从前人们所认为的那样单调狭隘。由于这些女性文化素养的提升，使得她们的家庭地位和社会地位都有所提高，她们的生活圈子和交际范围也相对宽泛了许多。她们的生活不再囿于家庭，她们的交往对象也不仅仅是家人与亲属，同性之间的交往增多了，对文学艺术的共同爱好使得女性之间联系变得更加紧密，她们可以相约出游，相互唱和，这些在社会中处于弱势地位的女性由于相互欣赏,往往会产生深厚的友谊,惺惺相惜、志同道合的才女之间的诗歌唱和之作成为女性诗词的一个重要题材,也是对传统女性诗歌题材的一个开拓与深化。

商景兰的诗词现存的只有一百多首,也许亦如她在《未焚集序》中感叹女儿祁德琼的诗歌留存的只有"十不存一二",在这些诗词中,与友人赠送唱和之作有十七首,所占比例并不算太多,交往的友人姓名完全可考的也只有两人,与清代女性中晚期交游范围之广不可同日而语,但亦可以看出,明末清初之时,女性的活动空间已经从家内走到家外,女性所关注的对象,也从家庭内部渐渐投射到社会。女性的诗词创作也从自娱自乐转为社会活动,女性以诗词创作为契机开始寻求社会的认可,自觉的女性意识开始萌芽。

一 与谷虚的交往

与商景兰保持友谊时间最久的是谷虚。王端淑《名媛诗纬初编》中记载:"尼静因,号谷虚,南京人,归绍兴商氏。早寡,入空门。通宗旨,为善知识,然亦工吟咏,恨不多得。今读其诗,乃知其悟心宗匠也。"[1] 毛奇龄《满庭芳》序云:"沙绿妓,一名沙六,商氏姬也,度曲称妙一时。既乃为尼于果园,名谷虚。"[2] 综合可知,谷虚原为南京名妓,后归于商氏,夫死后出家为尼。

祁彪佳日记中多次记载了商景兰与谷虚的交往。谷虚修行之果园,为祁彪佳姐家的家庵。谷虚出家前为商家姬妾,却在祁家亲属的果园修行,可见其与祁家关系之密切,而她之所以与祁家有密切的交往,自然是与商景兰对其才华与人品的欣赏有关。

古代女性崇奉佛教之人非常多。因女性生活范围狭小,家庭地位相

---

[1] (清)王端淑:《名媛诗纬初编》卷26,缁集,清康熙间清音堂刻本。
[2] (清)毛奇龄:《西河集》,《四库全书》1321册,台北:台湾商务印书馆1986年版,第424页。

对于男性更加卑弱,对于自己的命运更无法把握,因而更希望通过对佛教的膜拜和修行来摆脱苦难、改变来生。明清才媛信奉佛法的也很多,她们大多数是因婚姻不偕、命运多舛而希望在诵经礼佛中求得心灵宁静、精神解脱。商景兰的前半生婚姻美满,家庭幸福,无须通过宗教来求得精神上的安宁。她对佛教的信仰最主要是由于家庭的影响。祁家的佛教氛围十分浓厚,家族之中无论是为了祈福消灾还是祛病、丧祀,都要持斋念佛,或请僧来作法事。祁彪佳笃信佛教,经常出入寺院,并对佛教经典进行过深入的研究。家庭的佛教氛围对商景兰产生了较大的影响。商景兰与谷虚的交往,既有其比丘尼身份的因素,更多的是对其才华的欣赏。

商景兰有多首与谷虚相关的诗词:

坐谷虚大师新居对月二绝

月色山光一样深,微风拂拂动长林。
何消竹簟施凉枕,坐此能忘百热心。

红白芙蓉夹岸多,鸳鸯鸂鶒动江波。
不愁香气无从入,刚有疏窗对薜萝。

此诗为商景兰为谷虚迁新居而作。第一首先写谷虚新居的大环境:月色映照山光,微风轻抚林梢,幽美静谧,是非常适合的修行之地。在此无须纳凉的竹簟,幽静中自然会让人忘却名利之心。第二首写眼前的近景,芙蓉盛开,鸳鸯戏水,窗外薜萝传来幽香阵阵。居住环境的优雅静美与主人的品性相得益彰。王端淑在《名媛诗纬初编》中评谷虚云:"谷虚师佛门翘楚,曹溪正宗。盖其性灵不灭,沦落未几即能脱卸铅华,认得本来面目,可谓有功于禅教者。诗则雅致萧疏。"[1] 正是因为谷虚才华出众,工于吟咏,深通禅理,所以"性喜柔翰"的商景兰才不顾其出

---

[1] (清)王端淑:《名媛诗纬初编》卷26,清康熙间清音堂刻本。

身低下而与其深交，甚至希望"交深拟共居"。

商景兰的后半生，屡遭打击。祁彪佳殉国而亡，班孙因通海案远戍宁古塔，后又遁入空门，理孙郁郁寡欢，三女儿祁德琼早逝。对于任何一位女性来说，这样的打击都是致命的。商景兰在她七十二岁时感叹："未亡人不幸至此"，七个字中包含无限心酸。能支撑她走过艰难人生的，除了完成丈夫的托付及对儿女的深爱之外，宗教的力量无疑是非常巨大的。在《绝句二首》中她直言："世事尽从蝴蝶梦，愁人未解学参禅"，她与谷虚的交往，在历尽沧桑之后就不仅仅是诗友之间的惺惺相惜，更多的则是禅友之间的心理慰藉了。因而在谷虚离开之际商景兰充满了不舍：

忆秦娥·雪中别谷虚大师
空留恋，杨花袅袅随风战，随风战，弥天道远，流光如箭。
冰壶夜月凝光殿，朔风剪碎鹅毛片。鹅毛片，飞翔莫定，何时相见？

祁理孙有《赠女尼谷虚出关诗》二首，或许是同时所作。商景兰写谷虚雪中远行，"弥天道远"，为其远行忧心忡忡。更为"何时相见"而伤心不已。未离别即思相见，可见其情谊之深厚。此后商景兰又有《诉衷情·雪中怀女僧谷虚》：

无端小立琐窗前，飞絮影连天。蒲团雪，深三尺，参透几多禅。　花欲绽，鸟犹寒，孰相怜。歌翻白雪，笛弄梅花，两鬓霜添。

诗人独立窗前，望着满天雪花，思念着远方的友人，不知学禅理的谷虚，又参透了多少禅理。傲雪的梅花即将开放，谁能怜惜在寒风中战栗的鸟儿？谷虚少年之时即沦落青楼，归于商氏，却又早寡，最终遁入空门，无儿无女，一生孤苦。商景兰虽出身世家，婚姻幸福，儿女双全，但因改朝换代，家门屡遭不幸，"濒死者数矣"。两个苦命之人本可相互慰藉，却又不得不分别。吟诗吹笛，都无法抒发满腔的悲郁之情，只是增添了两鬓的风霜。闺中挚友的离去，让商景兰备感孤独。

二 与黄媛介的友谊

黄媛介是商景兰晚年交往最密切的友人，虽然她们相聚只有一年的时光，但对于商景兰、对于祁氏女性来说，与黄媛介的交往都有着重要的意义。

黄媛介，字皆令，秀水人。黄家为世家，但到黄媛介出生时黄家已没落。黄家姐妹皆有才名，同母姐黄媛贞、从姐黄德贞都为当时名媛。黄媛介幼许杨世功，婚后生活拮据。清兵攻陷嘉兴之时黄媛介被乱兵劫掠，后逃脱。黄媛介在其《离隐歌序》中说自己"归示家兄，或者无曹妹续史之才，庶几免蔡琰居身之玷云尔"①，是在为自己的贞操作辩解。阮元在《两浙辅轩录》载乙酉遭乱之时，云"其兄开平不善也"②，也是指黄媛介之兄对妹妹被劫之后的贞洁产生怀疑。亲人尚且如此，他人更可想而知。阮元又云："然皆令实贫甚，时鬻诗画以自给。"《明诗综·闺门·黄媛贞小传》又载："世徒盛传皆令之诗画，然皆令青绫步障，时时载笔朱门，微嫌风尘之色，不若皆德之冰雪聪明也。"③可见明亡后黄媛介处境之难，不但生活困窘，精神上也遭受了许多打击，其良家女子的身份也受到了质疑。然而黄媛介淡泊自甘的品德，超拔出众的才华还是得到了许多开明文人的欣赏，当时许多著名文士如钱谦益、吴梅村、王士祯等都与黄媛介有交往，以闺塾师为谋生手段的黄媛介与女性文人的交往更为广泛，其中交往最为密切的就是以商景兰为主的祁氏女性诗人。

崇祯十三年黄媛介到山阴拜访了商景兰。黄媛介此次来山阴的原因

---

① 李雷主编：《清代闺阁诗集萃编》卷1，中华书局2015年版，第52页。
② （清）阮元：《两浙辅轩录》第40卷，浙江书局，光绪十六年刻本，第19页b。
③ （清）朱彝尊：《明诗综》卷86，康熙间刻白莲泾印本。

是什么,并无资料可准确得知,但从山阴著名文学家张岱《赠黄皆令女校书》一诗看,黄媛介来绍兴即是希望谋求闺塾教师的职位。张岱盛赞黄媛介"右军书法眉山文,诗则青莲画摩诘。才子佳人聚一身,词客画师本宿业",又云"越中近日盛女师,柳絮才高多咏雪",① 可知越中世家大族有为家中女儿延师受教的风气,而黄媛介也正适合担任这样的闺塾师。如张岱不知黄媛介的来意,应不会贸然有此说法,因黄媛介到山阴时是其丈夫杨世功陪同,而在那个时代,女性抛头露面挣钱养家对于丈夫来说并不是一件荣耀之事。

商景兰有七首与黄媛介有关的诗歌,其中最广为人知的是《赠闺塾师黄媛介》:

> 门锁蓬莱十载居,何期千里觏云裾。
> 才华直接班姬后,风雅平欺左氏余。
> 八体临池争幼妇,千言作赋拟相如。
> 今朝把臂怜同调,始信当年女校书。

在这首诗中,商景兰表达了对黄媛介来访的欣喜。"门锁蓬莱十载居,何期千里觏云裾",是写丈夫去世之后闭门不出,不与外界接触,没有想到黄媛介远道来访,"千里"自然是夸张的说法。从此句来看,应是黄媛介知晓商景兰与祁氏女性的名声主动来访。后面两联用了班昭、左芬两个才女和蔡邕、司马相如两个才子来比喻黄媛介的才华,可见黄媛介才名之大。"今朝把臂怜同调,始信当年女校书",是说以前都是听别人传颂黄媛介的才名,相见之后才真正相信世上真的有如此才华的女性。历来人们将此诗作为商景兰对黄媛介才华的肯定之词,但再仔细揣测,似还可有其他意味。商景兰对黄媛介的才华非常推崇应是没有疑义的,否则不会聘其为闺中教师。但这种夸张的称道,在应酬诗歌中是非常多

---

① (清)张岱:《张岱诗文集》(增订本),上海古籍出版社2014年版,第66页。

的。而最后一句将黄媛介比作唐代名妓薛涛，应不似一般用于书香人家的女性。标题中不称黄媛介的字，而直呼其名，应也不适合。按照传统礼仪来说，"名是由父亲或其他长亲所起，行于家庭之内，是对尊长的。字是行冠礼时由选定的嘉宾所起，意在'敬名'，是行于外的。由此便形成了两个原则：名是尊长所叫，或用于自称；字是给外人叫的，不能用于自称"①。这个原则是对于男性的，因女性一般只有一个闺名，闺名轻易不会流传在外。但明清时期很多世家大族的知识女性往往与男子一样，有名亦有字，闺媛往来时也遵从男性称名道姓的原则，自称称名，上对下、尊对幼可称名，亦可以称字，而对于尊长与同辈都是称字，对朋友直呼其名是违背礼仪准则的。考黄媛介与祁家女性相关的诗歌，如《密园唱和同祁夫人商媚生祁修嫣湘君张楚纕朱赵璧咏》《赠祁奅英》《乙未上元吴夫人紫霞招同王玉隐玉映赵东玮陶固生诸社姊集浮翠轩迟祁修嫣张婉仙不至拈得元字》等，都是以字相称。可见商景兰在初识黄媛介时，虽然欣赏其才华，但依旧将其作为自家所聘的闺塾师相待，并未将黄媛介当成与自己平等的朋友看待。所谓的"把臂怜同调"中的同调，也只是指在诗词创作上的同调。

　　黄媛介受到当时众多文士与才媛的欣赏与接纳，不仅仅是因为其出众的才华，也因其不凡的品性。《玉镜阳秋》说："最喜其（黄媛介）五绝中'一日饥寒见，三年感愧深；君看流水处，一折一回心。'困心衡虑之言，殊有学问之气。……家无儋石，而心存济物，襟情尤不凡。"② 黄媛介在山阴的一年中，与祁家女性诗人一同"拈题分韵，推敲风雅，或尚溯古昔，衡论当世"，结下了深厚的友谊，也赢得了祁氏女性对她的喜爱与尊敬，商景兰对黄媛介的态度也有了很大的转变，这个过程可以从她们的诗歌唱和中感受出来。

　　黄媛介有《同祁夫人商媚生祁修嫣湘君张楚纕朱赵璧游寓山分韵》

---

① 吉常宏：《中国人的名字别号》，商务印书馆1997年版，第118页。
② 转引自胡文楷《历代妇女著作考》（增订本），上海古籍出版社2008年版，第664页。

诗两首：

其一
名园多异植，花绕曲槛边。山抱苍潭水，林藏碧树烟。
栖鸟啼月下，回棹泊霜前。酒罢同归阁，开奁纳翠钿。

其二
佳园饶逸趣，远客一登台。薜老苍烟静，风高落木哀。
看山空翠湿，觅路乱云开。欲和金闺句，惭非兔苑才。①

从此诗的内容来看，这次游山时黄媛介到商家的时间并不久。黄媛介诗有应酬的色彩，着重写寓山之美景，写与祁氏女性唱和时的自谦之词。但对于祁氏女性来说，寓山则有着特殊的意义。对比祁氏女性的诗歌来看，则可以看出其中的差别。

张德蕙《游寓山》：

先朝留故苑，彼美此登台。步点青苔滑，歌翻黄竹哀。
衣香万树锁，山势两眉开。同为作赋客，输尔谪仙才。②

朱德蓉《游山》：

寂寞佳山水，楼台薜荔间。野桥分竹路，高树绕溪湾。
径曲留琴语，杯宽破客颜。夕阳钟磬外，犹有暮云闲。

祁德琼《同皆令游寓山》：

---

① 李雷主编：《清代闺阁诗集萃编》第1卷，中华书局2015年版，第44页。
② （清）王端淑：《名媛诗纬初编》卷15，清顺治清音堂刻本。

> 一舟携远客，池馆白云边。归鸟寒栖树，苍松暮拂烟。
> 看山高阁上，待月画楼前。堂构今零落，无心整翠钿。

祁德茞《游寓山》：

> 一水通双桨，无心对旧山。石苔荒曲径，木叶满柴关。
> 寒尽愁难尽，鸟闲人未闲。梁园何寂寞，不禁泪潸潸。①

这几首诗的题目虽然稍有差别，却是同韵，可推知是同时所作。张德蕙与朱德蓉嫁入祁家之时寓园已营建完成，因而她们有对寓山美景的喜爱，其今昔对比、家国变迁的寓意则感受不深，而祁德琼、祁德茞虽然在寓山营造之时尚在幼年，但因父亲的缘故，对寓园有着特殊的情感，所以游寓山是快乐，快乐中亦有回忆带来的痛楚。性格相对开朗的祁德琼只是淡淡地提到"堂构今零落，无心整翠钿"，而敏感细腻的祁德茞却直书"梁园何寂寞，不禁泪潸潸"。再看商景兰的《同皆令游寓山》，则更是充满了伤感落寞之情：

> 笙歌空忆旧楼台，竹路遥遥长碧苔。
> 一色湖天寒气老，万重山壑暮云开。
> 梅花绕径魂无主，明月当轩梦不来。
> 世事只今零落尽，岂堪佳客更徘徊。②

旧日的楼台让商景兰回忆起的是当年的笙歌欢笑，长满苍苔的路边是当年她与丈夫共同督种的竹林。黄媛介眼中的"名园多异植，花绕曲槛边。山抱苍潭水，林藏碧树烟"，在她看来则是一湖秋水，满眼寒碧，

---

① （清）王端淑：《名媛诗纬初编》卷15，清顺治清音堂刻本。
② （清）王端淑：《名媛诗纬初编》卷11，清顺治清音堂刻本。

山峦起伏,暮云笼罩。心境之暗淡忧郁于景物描写中体现出来。失去"所天"的未亡人,如孤魂无依,梦中都无法与亲人相见。当年景色优美游人满山的欢景不再,剩下的只如这零落的世事,落寞凋零,不堪赏看。商景兰此诗中的伤感似与黄媛介笔下的美景不相吻合,因二人的身份与心境不同而形成。黄媛介是来商家做客,不适合于此时抒发伤感颓唐之情,且本身也只有对寓山美景的欣赏之情,并无其他特殊的情感在其中。而商景兰则不同,寓山是祁彪佳费尽心力营造的,其中有祁彪佳与她幸福生活的许多回忆。因而寓山游带给她的往往不是美景带来的精神愉悦,而是今昔对比带来的痛苦。这种痛苦的程度不仅仅是黄媛介与张德蕙、朱德蓉所没有的,就是祁德琼与祁德茝也不能真正感受到的。但黄媛介毕竟与商景兰共同经历过明清鼎革,她对商景兰抚今追昔的感受会理解得更深刻,因而商景兰愿在分韵酬唱中向黄媛介展示自己的心声,也说明她已对黄媛介有了较深的了解,将黄媛介作为朋友来看待了。从诗题中也可以看出,商景兰对黄媛介已经是以字相称了:

喜嘉禾黄皆令过访却赠

双烛喜留宾,樽浮夜色新。
谈深香绕坐,帘卷月随人。
掩扇愁无奈,凌波思绝尘。
明珠囊底价,照发自精神。①

祁德琼《喜黄皆令过访》中"须留十日话,还访旧楼台",说明黄媛介应不止一次到访祁家。随着相聚时间的增多,双方的情谊也不断加深。商景兰对黄媛介的到来非常高兴,两人彻夜长谈。这时不再是主人与闺塾师,而是闺中密友了。二人所谈的是什么,我们不可得知,但商景兰写出了二人深谈时的感慨,"掩扇愁无奈,凌波思绝尘",忧愁无奈之情

---

① (清)王端淑:《名媛诗纬初编》卷11,清顺治清音堂刻本。

是两人共同的心绪，欲离尘出世是二人共同的向往。商景兰出身世家，虽然此时祁彪佳去世多年，但黄媛介看到祁家是"东风暖拂华堂春，高张绮筵水陆陈"的富足景象。而黄媛介家道中落，丈夫杨世功谋生无方，只有依靠黄媛介卖诗鬻画充当闺塾师为生，二人又有哪些共同的话题与心境可以彻夜长谈呢？除了对诗词的热爱之外，更重要的是二人都经历了明末的战乱，共同经历了明清的改朝换代，商景兰有"不见日月颓，山河皆改易"的伤痛，黄媛介有"依柱空怀漆室忧"的忧愤。虽然无论是商景兰还是黄媛介，应都不会有重新复兴明室的梦想与行为，但对于江山易色的伤感，对于改朝换代带给她们个人生活的巨大变化都有着无法忘怀的痛楚，因而都有着"凌波思绝尘"的烟霞之志，也都有对现实的无奈。共同的经历，共同的感受，共同的爱好，使得商景兰与黄媛介成为真正的"同调人"。

黄媛介在祁家一年的时间，不仅仅赢得了商景兰的友谊，也赢得了祁家其他女性诗人的喜爱与尊敬。因而在离开梅市之时，祁氏女性诗人都表达了恋恋不舍的心情，祁德渊、祁德琼、祁德茝、张德蕙、朱德蓉都有诗送别，商景兰也有《送别黄皆令》：

徵调起骊歌，悲风绕坐发。人生百岁中，强半苦离别。
念君客会稽，釜不因人热。兹唱归去辞，佩环携皎月。
执觞指河梁，愁肠九回折。流云思故岛，倦禽厉归翮。
帆樯日以远，胶漆日以阔。同调自此分，谁当和白雪？
交深多远怀，忧来不可绝。伫立望沧波，相思烟露结。

徵声为高而悲壮之声，《战国策》中记载高渐离击筑、荆轲和歌，为变徵之声。李白在《霸陵行送别》中写道"正当今夕断肠处，骊歌愁绝不忍听"。商景兰用"徵调起骊歌，悲风绕坐发"来抒发与黄媛介离别的不舍，比一般的朋友分别更为伤痛悲凉。紧接着她更是感慨，"人生百岁中，强半苦离别"。"念君客会稽，釜不因人热"，此句用《东观汉记·梁鸿传》中的记载："比舍先炊已，呼鸿及热釜炊。鸿曰：童子鸿不因人热者也。灭灶更燃火"，来写黄媛介品性之孤傲、独立，不依赖他人权势。再用"佩环携皎月"来比喻黄媛介品性之高洁。"执觞指河梁，愁肠九回折"用李陵《送苏武》诗意写对朋友的恋恋不舍。虽然不舍朋友离别，但"流云思故岛，倦禽厉归翾"，离家一年的朋友思念家乡，不得不分别。船越来越远，思念之情却越来越浓。离别之后，谁再能与自己诗歌唱和？情谊越是深厚，悲伤之情越是不可断绝，只能是伫立远望，舟行已远，只见江水接天，茫茫云雾如相思之情弥漫天地之间。商景兰此诗写出了与黄媛介离别的不舍，情感浓郁真挚，与《赠闺塾师黄媛介》相比，此诗没有对黄媛介才华的称赞，却有着对黄媛介品性的高度肯定。从这首诗可以看出，经过一年的相处，通过对黄媛介的了解，商景兰对黄媛介不再是仅仅欣赏她的才华，更重要的是欣赏她的人品，"佩环携皎月"的黄媛介，与"我本松柏姿"的商景兰，此时才是真正意义上的"同调人"，真正成为知己，所以在离别之后，商景兰又有《寄怀黄皆令》，有"萧萧风雨啼山鬼，寂寂柴门草太元"之句，知音不在，凄凉寂寞如此。可见闺秀才媛之交，不仅仅是相互之间才华的吸引，更有人品的相互欣赏。

黄媛介闺塾师的特殊身份，使得她来往于江浙等地，并与很多著名的文士、闺媛、才女有较密切的交往。在祁家的一年中，由于黄媛介的媒介作用，山阴女性诗人形成了以商景兰为中心的女性创作群体。黄媛介离开梅市后编辑《梅市倡和诗抄》，辑黄媛介与祁氏女性的倡和之作，也应有当时其他闺秀的赠答酬唱之作。可惜的是，这本诗集现已无从寻觅了。

三 与宝姑娘等人的交往

商景兰诗词中有两首寄宝姑娘的诗词。宝姑娘的姓名与身世现不可考，但从诗词的内容来看，宝姑娘与商景兰的交往应在明亡之前，也许两人是闺中密友，在婚后依然保持联系。

寄宝姑娘
疏林长下落鸟声，寒月横江万里明。
金屋未传双鲤信，梅花空绕暮云情。

写诗人期盼友人书信的焦急的心情，用疏林、寒月、梅花、暮云等意象构建了萧疏的意境，以衬托诗人内心的失望与对友人的担忧。"金屋"一词原意是男性为自己所爱女子所建的爱巢，此时商景兰却用来代指女性朋友，写出了对朋友的珍爱，也显示了女性唱和题材的一个困境，即女性之间的友谊出现之后，在诗词表达上尚无更准确的词语表达情感，因而常常借用描述男女间情感的词语及形式来表述，这样的困境直到清代女性诗词中还存在。

长相思·雪中作寄宝姑娘
梅蕊青，雪花萦，雪重梅寒万里平，微风窗纸声。问卿卿，定有情，篆冷香消却怎生，同心两地明。

在传统社会中，女性的行止难以自己定夺，要随着父亲或丈夫的轨迹而改变。女性能交往的对象数量有限，在有限的交往对象中，能够志趣相投又是很难得的，因而女性往往会非常重视彼此之间难得的情谊，分别之后，会通过书信和诗词唱和来保持这份来之不易的真挚情感。我们现在无法看到宝姑娘与商景兰之间的互动，只能通过商景兰的诗词来感受她们之间真挚而浓厚的情感。"雪重梅寒万里平"写出了两人相距之远，虽然远离，情感却依然如故。"问卿卿，定有情"写出了诗人对友情的笃定，正是因为这份笃定，才会有"同心两地明"的信心。

题黄门夫人画兼赠廿二太娘
给事夫人老画家，将军大妇美才华。
图中染绘风生壁，机上流黄月照花。

>玉映深闺思窈窕，香来寒浦望蒹葭。
>
>姿容翰墨应相敌，烟雨沈沈到碧纱。

这是一首题画兼赠人诗，诗中涉及的画家黄门夫人与所赠的甘二太娘现已不可考，从诗内容来看，似为祁彪佳同朝官员之眷属。诗应为应酬之作，对画之作者及所赠之人多溢美之词，虽有欣赏，但并无太多的情感在其中。从中可知，在当时官眷往来中，亦如男性文人一样，诗词绘画也可成为交际的媒介，这种情况在清代的女性交游中更为常见。

在商景兰现有的诗词中，还有一些与友人酬赠之作，如《拟访故人值雪不果》《洞天春·初春同友坐剩国书屋》《青玉案·即席赠友言别》等，还有许多代人之作，可以看出，商景兰的文学交游已从家族内部的亲友之间往来扩展到家庭外部。当然，由于士绅家族的社会地位和商景兰寡居的身份，商景兰的文学交游与同时代的黄媛介、王端淑等女性文人相比较，文学交游的范围还不算广泛，但在明末清初之际，商景兰打破了世俗的限制，与出身青楼的女尼谷虚及被人视为"微嫌风尘之色"的黄媛介成为挚友，带领祁氏女性诗人由家族内部走向家族外部，也是一个巨大的进步。

从商景兰的诗歌题材来看，商景兰继承了传统闺秀的诗歌传统，但由于其处于明清鼎革这个特殊时期，又由于遗民家庭的特殊文化背景，商景兰的诗歌题材在传统的基础之上进行了深化与拓展，成为清代女性诗词勃兴的一个重要节点，对清代女性诗词的发展有不可忽视的影响。

第二章 商景兰诗词的艺术特色

第一节 商景兰作品留存情况

现流传最广的商景兰诗词是杜煦、杜春生于清道光年间刊刻的《祁忠惠公遗集》，附《商夫人锦囊集》一卷。共收商景兰诗七十三首，词五十六首，补遗诗三首，遗文两篇。中华书局1960年排印本《祁彪佳集》即以此为底本，收商景兰的《锦囊集》，还收祁德琼的《未焚集》，祁德渊、祁德茝、张德蕙、朱德蓉的作品，另外还有祁理孙诗四首，祁班孙的《紫芝轩逸稿》。所附商夫人《锦囊集》注明旧名《香奁集》，首标执庵刘礼、林子立选，尺庄杜煦春晖、戴阳杜春生禾子编辑。

胡文楷《历代妇女著作考》中记载："《锦囊集》一卷，（明）商景兰撰。……道光年间刊本，旧名《香奁集》，附于其夫《祁忠惠公遗集》后。首标执庵刘礼、林子立选。凡诗六十七首，词九十四首，补遗诗三首，遗文一首。后附祁德渊、祁德茝、祁德琼、张德蕙、朱德蓉之诗。疑即《绍兴府志》所载《东堂诗稿》，案《红蕉集》中尚可补其遗佚者。《锦囊词》一卷，南陵徐氏刻入小檀栾室汇刻闺秀词。"[1] 胡文楷所说的《锦囊集》应为杜煦、杜春生所编辑的《祁忠惠公遗集》中所附的商景兰

---

[1] 胡文楷：《历代妇女著作考》（增订本），上海古籍出版社2008年版，第156页。

诗文，但诗词数量与《祁忠惠公遗集》中相差甚多。胡文楷所说的《红蕉集》即邹漪选编刊刻的《诗媛名家红蕉集》，收藏于天津图书馆，现只有下册，并无商景兰及祁氏家族女性的作品，因而也无法补遗。

李贵连从清顺治清音堂刻本王端淑《名媛诗纬初编》辑佚商景兰诗歌九首，即《送黄皆令往郡城》《喜嘉禾黄皆令过访却赠》《同皆令游寓山》《坐剩国书室》《登藏书楼刻韵》《游密园》《寄怀黄皆令》《产外孙喜予次女》《又送皆令》。另外李贵连据《名媛诗纬初编》录，《祁忠惠公遗集》中商景兰的《代卞容闺怨》为商景兰次女祁德玉所作，诗题为《闺怨》，商景兰《中秋泛舟》之二、之三分别为祁德茝、祁德玉所作。[①] 因无确切证据证实此说，本文现还以通行之说，认为《代卞容闺怨》与《中秋泛舟》三首都为商景兰所作。据此，商景兰现存诗八十五首，词五十六首，文两篇。

第二节　商景兰诗歌的艺术特色

明清之前，由于生活范围狭小，女性诗词内容以闺情诗为主，由于女性在家庭和社会中都处于弱势地位，须恪守男权社会所规定的种种束缚，因而女性作品中哀怨的情绪相对较多，女性诗歌中往往呈现出哀怨柔婉的风格。商景兰出身于书香世家，受传统思想影响很深，从她的"静窗——翻书史"可以看出她自幼接受了良好的家庭教育，出嫁之后，祁家浓郁的文化氛围更给予了她文化的滋养与熏陶。而她与祁彪佳二十五年幸福的婚姻生活，又使她避免了许多女性在不幸婚姻或艰辛生活中所形成的幽怨心理。随宦生涯让她行踪遍及南北，眼界见识远超一般闺中女子。祁彪佳殉国之后，作为家中的精神领袖，引领家人度过改朝换代带来的种种磨难，使得她性格中坚韧沉毅的特征得到了进一步的磨炼，

[①] 李贵连：《明末清初山阴祁氏家族女性文学研究》，硕士学位论文，南京师范大学，2009年，第26页。

因而在她的诗歌风格中,即有传统女性的婉转柔美,又有不同于一般女性的清刚劲直,呈现出独特的魅力。

商景兰的诗词没有按时间排列,也无法确定准确的创作年代,我们只能根据其诗歌的内容、语气、心境等来大致区分。因其少女时期的作品较少,在艺术上尚未成熟,因而我们在探讨其艺术特色时,将其诗歌分为前后两个时期,以祁彪佳去世为分界线。

一 前期:婉转柔美,恬静平和

商景兰少女时期生长于书香仕宦之家,家庭生活富足,家庭氛围宽松。出嫁之后与丈夫祁彪佳琴瑟和谐,亦无须为生活奔波,因而在她的诗歌中,既有传统女性诗歌婉转柔美的特色,又呈现出宁静甜蜜生活带来的恬静平和的心态。如《闺中四景歌》:

其一 春
春到长堤一水清,黄莺二月乱飞声。
桃花日底迎香远,杨柳风前斗叶轻。

其二 夏
夹岸风回水殿凉,横波处处宿鸳鸯。
美人袖倚栏干畔,输却芙蓉一段香。

其三 秋
霜落梧桐秋夜瑟,半轮月影上栏干。
深闺似识嫦娥意,漫倚玲珑解佩看。

其四 冬
闲卷珠帘对月光,寒梅数处吐幽香。
曲塘雁影千家冷,画阁筝声午夜长。

女性感情细腻,生活范围狭窄,因而对周围的景物变化比较敏感,尤其是四季的荣枯转换更是容易引起女性的感慨,伤春悲秋在女性诗词中是常见的主题。商景兰诗歌中与季节相关的诗很多,在前期的诗歌中,虽然她经常会描写四季的景色,但传统的伤感幽怨的情绪却很少,尤其是在这组诗歌中,有对四季景色变化的准确描绘,也有对因景色带来女性心绪变化的细腻摹写,诗歌中所呈现的整体情绪是欢愉恬静的。春日的景象是春水清清,黄莺声声,远处飘来桃花的香气,初萌的柳丝随风摇曳。她没有明写诗人此时的心境,但明丽的景色中自可流露出诗人内心的愉悦。夏日则是夹岸凉风吹走暑热,水波深处鸳鸯双双,美人倚栏,芙蓉飘香。宁静优美的画面映衬出诗人心中的安乐。秋日虽有霜落梧桐的寒意,有似识嫦娥孤独的深闺女子,但"漫倚玲珑解佩看"中的轻松,却写出了女子并非真正识得"嫦娥意"的别离苦情。"似识"一词用得非常准确,正是因为没有真正体验到离别痛苦而只是在想象中感受离别后的孤独,才会"似识",才会有"漫倚"这样一个漫不经心的动作。冬日虽然是"曲塘雁影千家冷",但闺中少妇却有着卷帘望月的闲适、寒梅吐香的幽静。总体来看,商景兰的这组《闺中四景歌》写出了她对美好生活的感受。因为婚姻的美满,生活的安适,春日流逝带来的迟暮之感、秋季草木凋零带来的伤感凄凉都在她的诗歌中难以寻觅踪迹。而她细腻敏锐的感觉,却准确地把握住四季的特征,通过清新优美的语言营造出婉转优美的意境,传达出安乐闲适的心态。

初晴

初晴开积雨,光动月钩明。
风里残花落,烟中宿鸟惊。
隔洲双鹭白,遥寺一钟清。
声到莲歌处,横塘野水平。

祁彪佳在营造寓山过程中,常常与商景兰一同到寓山小住。祁彪佳性好山水，商景兰亦好游玩，二人情趣相同，经常可在自然美景之中得到审美之愉悦。《祁彪佳日记》崇祯九年二月初二日记载："与内子闲坐朝来阁，雨后山色，青翠袭人，不觉抚掌称快。"[1] 夫妻共赏雨后山色，抚掌称快，愉悦之中自有男性的豪情在其中。商景兰此诗也是写雨后初晴之景，不可考是否与祁彪佳记载的是同一时期，但从诗中可以看出雨后初晴之美景带来的喜悦之情。久雨初晴，碧空如洗，新月明净，让人心境豁然开朗。风过处，残花飘落，暮色中，宿鸟惊飞。对岸白鹭双双，远寺钟声清越。雨过天晴，采莲人唱着欢快的莲歌，横塘水涨，直接天边。商景兰诗虽未如祁彪佳文直书心境，但景色描写中，愉悦之情尽现字里行间。从天上的明月，眼前的落花宿鸟，到远处的白鹭，景色澄净开阔。而清越的钟声，欢快的莲歌，又使得全诗有声有色，动静结合。虽然有"残花落""宿鸟惊"这样本是象征惜春之情的伤感之词，但因有"初晴开积雨，光动月钩明""隔洲双鹭白，遥寺一钟清"这样开阔澄明的意境，不仅不让人有凋零之感，反而能体会到诗人内心的喜悦之情，情感表达与祁彪佳的"抚掌称快"的豪爽相比较，尽显女性的含蓄婉转。

归舟

遥忆归宁地，经行绕竹溪。
叶随风影乱，山傍雨光迷。
隔浦渔歌细，闲庭玉笛低。
画船悬翠幕，小鸟度长堤。

商景兰多次随祁彪佳到他乡任职，此诗应写于久别家乡后归乡途中。祁家在山阴县，商家在会稽县，同为绍兴府府治所在地，相隔不远。商景兰与祁彪佳归乡应首先回祁家所在的山阴，此诗应为归乡途中经过会稽而回忆当年归宁时的情景。从祁彪佳的日记来看，商景兰与娘家的联

---

[1]（明）祁彪佳：《祁彪佳日记》，浙江古籍出版社2016年版，第202页。

系非常密切，归宁的次数也非常多，而祁彪佳也往往陪同妻子赴岳家，因而这回忆中的情景也是充满快乐的。回忆中，归宁路要经过种满翠竹的溪流，风吹竹叶摇动，雨雾弥漫山峦。隔水传来缥缈的渔歌，路旁的庭院传出细细的笛声。画船悬着翠绿的帘幕，小鸟飞过长堤。回忆中优美的场景，写出了商景兰对家乡的思念，但因已是乘上了回家的归舟，因而没有思念之苦，只有甜蜜的憧憬。无论出嫁多久的女子，对娘家的情感依然浓厚，归宁依然是女性最快乐的事情。商景兰没有直接抒发自己的情感，而是通过对归宁地景色的描写婉转地抒发了即将见到亲人的喜悦。

祁彪佳任职期间，商景兰大部分时间都随宦在旁，但由于各种原因，二人有时也不得不分离。恩爱夫妻的离别会让相思之情更难以忍受。商景兰《代人送外》诗写夫妻分别时的情景："执手丁宁话早还，莫教重起望夫山。不知闺阁深深泪，请验榴群几许斑。"此诗应是较早时期的作品，诗写分别之时的恋恋不舍，频频叮嘱。情感真挚，表述不够含蓄蕴藉。随着年龄的增长，商景兰诗歌在情感表达时更加委婉含蓄。

秋月

秋月开金镜，浮云散碧空。
风初飘堕叶，露正湿飞鸿。
影落千山外，光摇一水中。
秦关今夜色，应与汉宫同。

诗以《秋月》为题，实写相思之情。秋月如闪亮的金镜，高悬于澄净的碧空。秋风初起，秋叶初落，天气渐凉，露湿飞鸿。这里诗人着重写的两个意象，秋月是团圆的象征，而飞鸿则可为远方的亲人传递书信，这两个意象，写出了诗人此时的心情：遥望明月，思念夫君。诗人虽未直言相思，意象的选择却点出了诗人内心隐含的思绪。明月照在千山之外，亦映于眼前的江水之中，一轮明月将相隔千里的两人联系在一起。"秦关今夜色，应与汉宫同"，用杜甫之"今夜鄜州月，闺中只独看"之意，写出了分别两地之时彼此的相思之情。诗写相思，委婉含蓄，思而不怨，语气平和，意境清朗。只有对丈夫的思念，而无分别后的孤独幽怨，更无对情感猜疑而引起的担忧。这与夫妻二人情感的深厚与相互之间的信任相关。《祁彪佳日记》中曾记载，崇祯五年他独自在京待选，友人疑其有买妾之意，祁彪佳以"况无珠六斛，敢望髻双丫""问予何所似，枯木对寒鸦"来解释，似戏言却是其真实的想法。祁彪佳与商景兰共同生活了二十五年，相爱之深，真可谓神仙眷侣。正是因为如此，夫妻离别，商景兰对丈夫思念之深，却丝毫没有"浮云蔽白日，游子不顾返"的猜疑怨恨之情，在叙写思念之情时有着一份对夫妻情感的信任笃定在其中，因而诗歌风格平和淡定。

随着明末社会危机的加重，商景兰的心境发生了变化。崇祯十五年祁彪佳丁忧期满，进京就职，商景兰大病初愈，没有随同北上。时清军逼近北京，北上之路充满危险，祁彪佳历尽艰辛，商景兰亦忧心忡忡。弘光元年，祁彪佳临危受命，赴南京任职，商景兰虽然随宦在旁，但因祁彪佳公务繁忙，两人经常处于分别状态。时清军南下，南明政权危在旦夕，朝廷中却依然钩心斗角，相互倾轧。祁彪佳任苏松总督，忙于军务。商景兰为祁彪佳的处境与国家的安危日夜担忧，其平静的生活状态被打破了，这种忧虑也显示于诗歌之中。

月

绿暗寒窗下，新开素影明。
玉楼闻玉笛，银甲怨银筝。
树影山山动，莲歌字字清。
秦关光落处，谁复照从征。

虽然是"新开素影明"，但依旧是"绿暗寒窗下"，心境之低落已现。闻笛知征战，对战乱带来的种种痛苦充满了忧虑怨恨。漫山摇曳的树影如同无法平静的心绪，清晰的莲歌让人对和平安乐的生活充满向往。然而月照秦关,有多少出征之人将走上战场。诗中的情绪已不似前期的平和淡定,但在表达忧虑之思时依然是用平和的语气,婉转含蓄地抒发。可以看出,良好的教养使得商景兰在忧虑中依然保持着大家闺秀的沉静和雅的姿态。

商景兰前期的诗歌,依然沿袭着女性诗歌柔婉含蓄的风格,但因其平静甜蜜的家庭生活,使得她的诗歌没有大多数女性诗歌中幽怨哀婉的特点,显现出恬静平和的独特风格特征。

二 后期:沉郁悲怆,缠绵凄恻

祁彪佳的去世,使商景兰的幸福生活戛然而止。亲历了亡国易代、国破夫亡的商景兰,其诗歌也发生了巨大的变化,痛失挚爱的锥心之痛成为她诗歌的主要内容,感怀身世、感叹世事沧桑变化之作使得她的诗歌风格也发生了变化,在婉转柔美的基础上,没有了前期的清倩平和,呈现出沉郁悲怆、缠绵凄恻的诗风。

经历了鼎革之变的商景兰,不仅要承担丧夫之痛,还要教养儿女,支撑家庭事务。在男权社会中,一个寡居的女子以一己之力承担家族重任,精神上与心理上都承受着巨大的压力。祁彪佳死于对前朝的忠诚,作为仕宦世家的祁氏家族在新的朝代中事实上已失去了尊贵的地位,儿子们的前程因坚守遗民之志也处于迷茫之中。忧患世事、伤痛人生,在商景兰后期的生活中成为主要基调,但为了支撑起家庭的精神世界,她不得不以自己坚韧的母亲形象来鼓舞儿女,内心的忧伤苦闷只能通过诗词来疏解,因而在她后期的诗词中,在感叹身世之时,往往是语带悲凉,多凄恻沉痛之感。

雪夜即事
夜长无计却春寒,玉树妆成万里观。
窗外已迎隋柳动,岭头尤滞庾梅残。

> 五丝空老琴中凤，百岁难饶镜里鸾。
> 绿鬟缘愁还似雪，人前几度强为欢。

漫漫长夜，孤衾难御春寒，春雪装点出琼枝玉树。春意已至，窗外的柳枝已变得柔软，迎风摇曳，远处山岭上尚有残梅开放。对于痛苦中的商景兰来说，春天带来的生机更映衬出她内心的悲凉，外界的景物就如迎风摇曳的垂柳，即将迎来生命中最明媚的时光，而自己就如岭头残梅，绚烂已过，留下的只有凋零残败。鸾凤和鸣的美好已经成为过去，乌黑的鬓发也忧愁成雪。最让人伤感的是最后的感慨："人前几度强为欢。"痛苦只能在漫漫长夜中独自咀嚼，在人前却要强颜欢笑。强为欢，是要保持家族的一份傲骨和尊严，也是为儿女撑起一份坚韧峻拔的生命姿态。诗中凄恻悲凉的情感，压抑内敛的痛楚，形成了沉郁苍凉的情致。

> 雪夜
> 寒绕孤衾薄，窗开见雪飞。
> 高楼悬玉嶂，小阁卷珠帏。
> 一望苔痕没，千山鸟道微。
> 漫怜梅影瘦，乌鹊正无依。

处于江南的山阴，下雪的时候应该并不多，然而在商景兰后期的诗歌中，雪这个意象却频频出现，尤其是雪夜，更是她抒发内心孤独痛楚常用的意象。江南的冬日湿寒入骨，孤衾难眠的诗人更能感受到浸透身心的寒意。在这寒冷的雪夜，诗人怜惜梅花的瘦削，心痛乌鹊的孤独无助。同病才能相怜。寒梅用它消瘦的身姿抵御着风寒，乌鹊在茫茫的冰雪世界中艰难无靠地生存。而商景兰也如傲霜斗雪的寒梅、孤独无助的乌鹊，用自己柔弱的肩膀扛起沉重的精神负担，艰难前行，其中的痛苦艰辛只有亲历者才能知晓。将自己内心的痛苦无助含蓄曲折地抒发出来，形成了诗歌委婉沉郁的风格。

寓园可以说是商景兰与祁彪佳幸福生活的见证。祁彪佳在世期间，两人经常在寓园小住，赏花种竹，观灯看戏。祁彪佳去世之后，商景兰也经常带着女儿与儿媳们登临寓山，赏景赋诗，但此时再来寓山，商景兰的心境与《坐剩园咏梅》时"佳客登楼常醉饮，清光散入白云裳"的逸兴湍飞完全不同了。

寓园
旧苑荒凉地，重来倍有情。
满园梅绽白，两岸柳舒青。
芳草丛丛发，飞泉处处鸣。
晚鸦催日暮，还傍月光行。

这首诗开题点明寓园为"旧苑荒凉地"，再看诗人写寓园之景，梅花绽白，柳叶舒青，芳草茵茵，飞泉淙淙。春景明媚灿烂，哪有一丝荒凉之感？玩味"旧苑"二字，即可知荒凉之感是在诗人心中，物是人非，春景越是明丽，诗人心中越是感受到沧桑变幻带来的内心之荒凉。是以乐景写哀情，亦是"人前几度强为欢"。情感越是压抑内敛，情感的冲击力越是深透。

花是女性诗歌中出现最多的意象，在商景兰的诗歌中，与花相关的诗也是非常多的，《采茉莉》《咏石榴花》《美人种花》《坐剩园咏梅》等。在寓园的营建过程中，商景兰也经常参与督种花草。经历了国破夫亡的巨大打击之后，寓园的花草带给她的不再是审美的愉悦，而是痛苦的回忆。

春日寓山观梅
争春梅柳一庭幽，物在人亡动昔愁。
惟有春风无限意，依然香气满枝头。

寓山看芙蓉
水面芙蓉红满舟，两堤衰柳不胜愁。
夕阳西下长天色，双泪何时尽碧流。

赏花的同调之人已不在，美丽的花儿带来的只是无限的伤痛。无论是风中争春的梅柳，还是夕阳中美丽的芙蓉，一切都是物是人非，伤心的泪水如无尽的江水，滔滔不尽，以至于她感慨"倚瑟漫怜春色去，不堪再看满庭花"（《夜坐》）。

春日扫墓
舟渡烟云万树昏，急风吹雨暗江邨。
荒郊寂寞堪垂泪，故冢凄凉欲断魂。
柳乱长堤惊宿鸟，人来两岸听啼猿。
布帆一片无归路，薄暮人家尽掩门。

祭扫亲人之墓本来就是一件让人伤心难过之事，但商景兰此诗写得非常特别。从诗中看不出是为哪一位亲人扫墓，也没有太多的情感描写，写情用"堪垂泪""欲断魂"，并非哀恸欲绝，但仔细体味其诗意，却又让人备感心酸凄凉。全诗几乎都为景色描写，本为春景，却显秋意。舟行暮色之中，风急雨斜，天地间一片昏暗。这样的天气，这样的时间，郊外自然风光的荒凉寂寞，无须想到逝去的亲人，就已经让人感受到生命逝去的悲凉无奈。再看到荒郊中凄凉的故冢，想到逝去亲人孤独地葬在远离家园的郊外，不由得就会生出世事无常的凄然怆痛之感。风急柳乱，宿鸟惊悚，猿啼如泣。自然之景中的动荡不安、凄凉悲切，是诗人心境投射于外在之景。"无归路"并非实景却是诗人真实的心理感受。最后一句"薄暮人家尽掩门"即写出了周遭无人的荒凉之感，也写出了动荡社会中人们心中的不安感。全诗以景写情，意象与情感和谐地融为一体。用语简洁准确，"急风吹雨""柳乱长堤"，内心的不平静与外在景物的动荡之感结合得非常完美，而"堪垂泪""欲断魂"中的"堪""欲"使得情感的抒发克制收敛，使得整首诗歌即有悲凉凄恻之痛，又有隐忍幽咽之感。

王端淑曾评商景兰"父冢卿而夫忠敏"①，家世清贵，生活顺遂平安，但明清鼎革，使她的生活道路转了一个急弯，她体会到了改朝易代带来的巨大打击与世事变化后生存之艰辛，因而她的诗歌风格发生改变也是自然而然的了。

三 变体：悲愤激越，劲直清刚

商景兰最为人称道的诗作是为殉国而死的丈夫祁彪佳所作的《悼亡诗》二首。

悼亡
其一
公自成千古，吾犹恋一生。
君臣原大节，儿女亦人情。
折槛生前事，遗碑死后名。
存亡虽异路，贞白本相成。

其二
凤凰何处散，琴断楚江声。
自古悲荀息，于今吊屈平。
皂囊百岁恨，青简一朝名。
碧血终难化，长号拟堕城。

---

① （清）王端淑：《名媛诗纬初编》卷11，清康熙间清音堂刻本。

对于许多人来说，改朝易代所带来的打击是被动的，但对于祁彪佳来说，则是主动地选择用生命来换取对前朝的忠贞与气节。在祁彪佳的影响下，祁氏家族中遗民意识较一般的明朝遗民更为深厚，祁理孙、祁班孙与反清复明人士的交往正是基于父亲对前朝的忠贞。祁彪佳在其绝命诗中慨然宣称"含笑入九原，浩气留天地"，磅礴豪迈的气势具有打动人心的力量。作为与祁彪佳相知相爱相守了二十五年的商景兰，对祁彪佳从容赴死的忠贞气节非常理解，因而在她的《悼亡诗》中，我们可以看到，商景兰的诗歌风格脱离了闺阁女性的婉转含蓄，一变为悲愤激越，带有劲直清刚之气。

商景兰诗歌主体风格还是具有女性特征的婉转柔美，经历了鼎革之变后诗歌沉痛悲切，缠绵凄恻。但这两首《悼亡》诗却呈现出与其总体风格不同的艺术特色。可以说，这两首《悼亡》诗，彰显了商景兰与祁彪佳二十五年恩爱夫妻的知己之情。祁彪佳是"含笑入九原，浩气留天地"，商景兰则是压抑了痛失伴侣的哀伤，竭力褒扬丈夫的忠贞之情。起句"公自成千古"即定了全诗的基调，用高亢有力的语气，书写丈夫刚直为国的一生。用荀黶、屈原来比拟为国赴死的丈夫。诗中所使用的语言意象典故，都是劲直刚烈。虽有"凤凰何处散，琴断楚江声"的悲叹，但悲愤慷慨之气充盈其中，贯穿始终，全诗呈现出悲愤激越、劲直清刚的风格。

在商景兰柔弱的外表之下，有着坚韧果决的性格特征。正因为如此，她才能在深爱的丈夫骤然离世后直白地表示"公自成千古，吾犹恋一生"，"君臣原大节，儿女亦人情"。明清时代是传统的贞洁观念影响最深的时代，尤其是明清易代之际，"夫死君，妻当死夫"的思想在江南非常流行，其中影响最大的是顾炎武之母王贞女在家乡昆山被清军攻破后绝食而死的事迹。商景兰能坦然宣称："吾犹恋一生"应是有非常大的勇气，亦可以看出其强大的自我意识。在某些特定的时代，生可能是比死更艰难的选择。在祁彪佳去世后三十多年的时光中，商景兰确实是经历了太多常人难以承受的磨难，但她还是坚守了自己的承诺，教养儿女，传承祁氏家风。正是她个性中的这种坚韧果决,使得她的《悼亡》诗不同于一般女性的凄恻缠绵,反而是充满清刚慷慨之气。也正是有对妻子的信任与了解,祁彪佳才能"含笑入九原"。

在祁彪佳的日记中可以看出,商景兰的社交圈很广,经常与亲朋好友赏花采茶,游山玩水。但在她的个性中,亦有疾恶如仇的特征。

绝交诗
其一
昔称胶漆时,交情一何好。
笙歌供欢娱,诗酒相倾倒。
将谓松柏然,岁寒心愈老。
岂知势利交,肝胆难常保。
变态如浮云,倏然生奇巧。
东西异语言,好恶任怀抱。
凤凰自高飞,哀哉此凡鸟。
一落污泥间,羽毛同腐草。
从今各努力,弃置不复道。

其二
大木巢鸱枭,张翼流恶声。
黄鸟虽燕婉,不欲与比邻。
论交各有类,同类观其心。
应求不相合,何如行路人。

这两首《绝交诗》也是商景兰诗歌中非常特殊的两首诗。诗题直言《绝交诗》,诗歌语言犀利,情绪激愤。绝交之人是什么人现在不可考,绝交的具体原因也不可知。商景兰一家在祁彪佳去世后经历了怎样的磨难也没有明确的文献可考。可以想象到,受到传统妇德教育的商景兰一向温柔和善,但在此诗之中,她的积郁怨恨却不加掩饰地爆发了。她直言旧日如胶似漆的友人,现在却陡然变作"势力交",对于这样的友人,她果决地宣称:"从今各努力,弃置不复道。"在第二首诗中,她将这样的势利之交直接比喻成"鸱枭","论交各有类,同类观其心。应求不相合,何如行路人",语言直白,劲健有力。国破夫亡、世态炎凉的积郁悲愤汇成激愤之情陡然爆发,无须细致地斟酌词句即形成了勃郁之气喷薄而出,自然形成了巨大的批驳与震撼的力量。

"诗言志"的传统在商景兰的遗民诗中表现最为明显,在这类诗歌中,她往往希望急切地抒发自己内心的情感,因而会打破"温柔敦厚"的传统诗教,直抒胸臆。如在《五十自叙》中直接抒发故国情怀:"不见日月颓,山河皆改易",直抒自我期许:"我本松柏姿,甘与岁寒敌。"这种直抒胸臆之词,虽然缺乏含蓄蕴藉之美,但因其中所蕴含的强烈情感,亦能起到打动人心的作用。

商景兰的怀古诗虽然不多,但也有着劲直清刚的特色。如其《西施山怀古》:

<blockquote>
土城已作一荒丘,人去山存水自流。
身世繁华终霸越,名垂史册不封侯。
须眉多少羞巾帼,松柏参差对敌仇。
凭吊芳魂传往什,愁云黯淡送归舟。
</blockquote>

同《悼亡》《绝交诗》相比较,这首咏史诗似平和了许多。但从诗歌"身世繁华终霸越,名垂史册不封侯。须眉多少羞巾帼,松柏参差对敌仇"两联来看,商景兰也是直接地表达了为西施鸣不平的情绪。正是西施的自我牺牲使得吴国惨败越国称霸,但西施却不可能称王封侯。在历史上如西施一样为国放弃自己幸福的女性是非常多的,多少须眉男子在这样的女子面前应该感到羞愧啊。经历了太多人生沧桑、世态炎凉的商景兰,在怀想千年之前那个外表柔弱内心坚强的女子之时,内心的感慨

一定是非常多的,却只能感叹"土城已作一荒丘,人去山存水自流"。商景兰对女性命运已经有了自觉的思考,千年之前的女性命运与其此时的心境必然有相同之处,虽然她未直接表达,但对西施"名垂史册不封侯"的不平之情,对"须眉多少羞巾帼"的直接书写,都有一种不满于女性地位的激愤之气在其中,虽然语言表达平和了许多,但整首诗还是有一股内在的激愤使得诗歌的风格在平和之中呈现出内在的骨力。

第三节　商景兰词研究

商景兰《锦囊诗余》存词五十六首,大部分为其寡居之后所作。商景兰词作虽然不多,但也有独特的艺术价值,亦可在明末清初女性词坛上占一席之地。赵尊岳评商景兰词说:"若《卜算子·春日寓山》《生查子·春日晚妆》《长相思·春景》诸阕,并皆雅令可诵。至《烛影摇红》阕,以朴语写至情,寓家国之感于变徵之音。视莲社诸作,庶几踵美,而得之金闺硕媛尤非易易也。"①

一　沉郁深婉的词风

从词的风格内容来看,商景兰早期词很少,风格与后期也有很大的不同,如:

生查子·春日晚妆

无意整云钿,镜里双鸾去。百舌最无知,惯做深闺语。
梁燕怡双飞,春色归何处。妆罢拂罗裳,一阵梨花雨。

---

① 赵尊岳辑:《明词汇刊》,上海古籍出版社1992年版,第499页下。

写春日晚妆,却以"无意整云钿"起句,用"镜里双鸾去"来表明闺中少妇因与丈夫分别而懒于梳妆。再以梁间双燕来映衬少妇之孤单,用梨花雨来写别愁。词虽写愁,但整体风格清新流畅,应为早期所作。

明亡之前,虽然祁彪佳尚在世,祁家依然保持仕宦之家的富贵与书香之家的传统,但由于内外交困,明王朝风雨飘摇,而朝廷内部党派之争也使得祁彪佳的仕宦生涯阴霾不断,商景兰为家国命运忧心不已,在她的词作中,不再有早期的词作的清倩晓畅,而渐渐呈现出沉重黯淡的色彩了。

浪淘沙·秋兴

窗外雨声催,烛尽香微。衾寒不耐五更鸡,无限相思梦魂里,带缓腰围。　　隙月到罗帏,孤雁南归。玉炉宝篆轻拂衣,花气参差帘影动,叶落梅肥。

上阕写相思之情。一夜无眠,听着窗外簌簌雨声,看着蜡烛一点点燃尽,香炉中的袅袅香烟也渐渐散尽。夜冷衾寒,无限相思,只能是梦中相见。"衾寒不耐五更鸡",借用李煜"罗衾不耐五更寒"之句,暗含对国破家亡的忧虑。"带缓腰围"用柳永"衣带渐宽终不悔,为伊消得人憔悴"之句,写相思之苦。下阕写无眠之人闺中窥月,听南归的孤雁悲鸣,更忧心离家在外的夫君。"玉炉宝篆轻拂衣,花气参差帘影动"写清晨之景,叶落梅肥,正是秋日萧瑟之景。

探春令·暮归

斜阳远树晚鸦栖,薄暮愁云闭。又朔风吹入孤舟里,满目荒凉际。　　荡双桡月浮江碎,过沙汀三四,看渔灯隐隐芦苇岸,一派腊深天气。

明王朝的灭亡、祁彪佳的去世,使得商景兰的生活发生了巨大的变化。和美幸福的家庭生活不再,沉重的家庭负担压在她柔弱的肩膀上。秉性坚韧的商景兰虽然坚强地承担起生活的重担,但内心中的痛苦与凄凉却是无法忘怀的。虽然为了儿女,她是"几度人前强为欢",但在她的诗词中,却会时时感受到她内心的凄凉孤独。这首词紧扣词题,以斜阳远树晚鸦来写暮归,三个意象绘出了一幅凄然晚景,再写暮色苍茫,乌云遮天,更让人有压抑之感。而朔风吹孤舟,凄凉孤独之感愈加沉重,一个"又"字,写出了孤独凄凉之感已如影随形,无法摆脱。再一句"满目荒凉际",让人不堪重负。虽是暮归,但毕竟是归家,本应是充满了希望,充满了温馨,但在此时商景兰的眼中、心中,却都是荒芜凄凉。正是由于国破夫亡,使她失去了对生活的希望,时时陷入孤独凄凉的心境中,因而自然之景也涂抹上了浓重的凄然之色。下阕情绪稍转,双桨荡破月影,芦苇岸边见隐隐渔灯,亦是腊月将尽,新春将到。陈廷焯在《白雨斋词话》中说:"所谓沉郁者,意在笔先,神余言外。写怨夫思妇之怀,寓孽子孤臣之感。凡交情之冷淡,身世之飘零,皆可于一草一木发之,而发之又必若隐若现,欲露不露,反复缠绵,终不许一语道破。匪独体格之高,亦见性情之厚。"① 商景兰经历了改朝易代的巨变,经历了夫死子戍的打击,内心的忧愁苦闷无以诉说,只能是通过诗词来疏解内心的积郁,但又无法明言,更不愿让儿女感受到她内心的悲怆之情,因而只能通过景物的描写来抒发内心隐秘的情感,但往往在抒发悲伤之情时加以克制收敛,因而形成了上阕沉郁,下阕转而温厚的风格特色,非常符合温柔敦厚的传统诗教。

商景兰晚年的词中,最为常见的是时间上与心境上的对比。与过去的时间紧密相连的是快乐的心境,而现在则是与痛苦孤独的情绪重合在一起。

---

① (清)陈廷焯:《白雨斋词话》卷1,载唐圭璋主编《词话丛编》,中华书局2012年版,第3777页。

海棠春·赠侄女吴子

绿窗春透垂杨影。更多少、月明风冷。花枝黄鸟声,绣阁酣初醒。　被底鸳鸯,阶前白璧。都是欢时美景。惭愧白头人,空叹时如锦。

卜算子·春日寓山看花

烟暖碧云楼,楼迥春山秀。风落残红水面飘,池内清波皱。柳外小莺啼,花鸟声相斗。唤起当年万种愁,泪湿青衫袖。

这种情绪上的变幻,造成了情感上的内敛与外放的变化,跌宕起伏,曲折深隐。

经历了家国变故后的商景兰,思想更为成熟,对人生的思考更为深刻,她将个人身世之感与国家命运联系在一起,最为人称道的是她的《烛影摇红·咏雏堂忆旧》:

春入华堂,玉阶草色重重暗。寒波一片映阑干,望处如银汉。风动花枝深浅。忽思量、时光如箭。歌声撩乱。环佩叮当,繁华未断。　游赏池台,沧桑顷刻风云换。中宵笳角恼人肠,泣向庭闱远。何处堪留顾盼。更可怜、子规啼遍。满壁图书,一枝残蜡,几声长叹。

物是人非、世事沧桑之感于"一枝残蜡,几声长叹"中让人感受到刻骨铭心的痛楚。赵尊岳评此词:"以朴语写至情,寓家国之感于变徵之音",深中肯綮。张仲谋在《明词史》中亦说:"国破家亡,使《锦囊诗余》原本轻纤的艺术风格变得深曲而沉郁。"[1]

---

[1] 张仲谋:《明词史》,人民文学出版社2002年版,第279页。

二 哀愁怅触、深微细腻的意境

"词的意境,较之诗而言,显得狭而深。"① 商景兰的诗词题材基本相同,但与诗歌相比较,商景兰词中抒写相思离别之情的作品更多一些,而在这些作品中,所营造出的意境与她的诗歌相比较,显得更为深微细腻。

上西楼·夜阑闻雨
江城云暗星稀,鸟孤飞。帘外绿残红瘦漏相催。　正风雨凄凉处,烛花微。惊醒梦魂时节卷罗帏。

在这首词中,商景兰并没有直接来倾吐内心的情感,而是通过一系列代表凄凉惆怅的意象,来构建了哀愁、孤寂、惶恐的意境。夜阑之时,雨声淅沥,云暗星稀,孤鸟独飞。无法入眠的诗人站在帘下,看窗外绿残红瘦。在这里,她用了"暗""稀""孤""残""瘦"几个形容词使得本应是明丽的事物变得凄凉黯淡,来暗示内心的忧伤惆怅。风雨凄凉之时,云暗星稀,更希望烛光明亮,但由于烛火燃烧时间太长,烛花变得微弱。好不容易睡着却很快惊醒,朦胧中惊恐地卷起罗帏向外张望。这样的细节只有心思细腻的女性才能捕捉到。梦杳魂惊的细节流露出她内心的惶惑与不安。动荡的时代中,人们对世事无法预料,对个人命运无法把握,就在这惶惑与不安中流露了出来。

明朝末年,社会各种矛盾尖锐,社会危机重重,北方崛起的女真对明王朝形成了巨大的威胁,明王朝摇摇欲坠。崇祯十五年(1642)末,祁彪佳丁忧期满,北上赴京,途中即闻清军逼近北京,祁彪佳在日记中记载了一路之艰险及当时的社会状况,"离乱之景,伤心惨目。……民心

---

① 杨海明:《唐宋词风格论》,上海社会科学院出版社1986年版,第13页。

惊惶，初苦于贼，继苦于兵"①。祁彪佳到京之后，"朝士相晤，无不询予来路，以为若从天而降也"②。崇祯十六年元旦，本为大朝贺之期，各省官员却大多没有赴京，可见当时局势之紧张。处于国破危机之中的每一个人，内心都充满了忧虑，而在这种状况中的离别，就更让人忧虑感伤。

　　　　忆秦娥·代人忆外
　　寒夜冷，终日离愁如断梗。如断梗，日久时长，银瓶落井。
　　落梧惊梦凭谁醒，窗前窗后花枝影。花枝影，玉漏催残，孤灯半隐。

　　商景兰词代人之作很多，虽为代人作，其所写则往往是自我情感，不过是借他人酒杯浇自己心中块垒。写离愁，先写思妇所处之环境：凄凉的寒夜。再写思妇的主观感受：因离别感觉自己如断梗飘萍，孤苦无依。分别日久，则夫妻分离的恐惧就会笼罩于心头。银瓶落井，这个意象，因白居易的《井底引银瓶》诗，一般会认为是比喻女子被弃。但商景兰与祁彪佳恩爱笃深，信任有加，应不会产生这样的担忧，那么，在这里商景兰担忧夫妻分离的原因是什么呢？我们首先要了解"银瓶落井"这个意象的含义。南京大学王尔阳在《"井底引银瓶"——三首银瓶落井诗的意象分析》一文中说："以'井底引银瓶'来喻指男女之情，以'银瓶落井'来比喻夫妇离绝，源出于《易》之《井》卦的卦辞，即'汔至，亦未繘井，羸其瓶，凶'，有事终不成之象。"③商景兰词中"银瓶落井"这个意象应该只是对担忧夫妻离别会不会成为永久的离别的一种表达。梧桐叶落本应是悄无声息的，思妇却会因此而从梦中惊醒，可见其内心的惶恐担忧之深。窗外花影摇曳，本应是美景，但在"玉漏催

---

① （明）祁彪佳：《祁彪佳日记》，浙江古籍出版社2016年版，第637页。
② （明）祁彪佳：《祁彪佳日记》，浙江古籍出版社2016年版，第638页。
③ 王尔阳：《"井底引银瓶"——三首银瓶落井诗的意象分析》，《古典文学知识》2011年第4期。

残，孤灯半隐"的寒夜中，却形成了有些阴森恐怖的意境。这样的意境衬托出思妇内心的孤独。人在孤单之中，内心往往是最脆弱的，更何况是在寒夜之中的弱女子，其悲凉孤独哀愁担忧种种复杂之情感就在细腻的景色描写中呈现出来。在这两首词中，商景兰都写到了惊梦，这不仅仅是文学的手法，更是生活中真实的写照。王朝末世之时人们总会产生世事无常、生命脆弱如草芥之感，这种感觉一直如阴云一样笼罩在商景兰的心头。在这样的状况下，离别除了相思的苦涩之外更多了一层对生离变成死别的担忧与恐惧。

点绛唇·春日游寓园

春色融融，两堤杨柳舒金线。韶光如电，顷刻飞花片。

金谷依然，景在人难见。闲游遍，深深庭院，半是蟏蛸罥。

《祁彪佳日记》中多次记录了夫妻共游寓园时的情景。在营建寓园之时，商景兰与祁彪佳同心协力，如崇祯十二年（1639）十二月祁彪佳记录："十二日，与内子至寓山，植芍药于八求楼前。……十四日，与内子出寓山，设器具于八求楼。"① 商景兰还专门回娘家，向父亲要棕竹、方竹种植于寓园。在夫妻共同的努力之下，寓园成为越中名园，商景兰也经常与亲朋游寓园。祁彪佳和好友张岱都曾写《寓山士女春游曲》来描述士女游寓园的盛景。商景兰此词也是写游寓园所见所思。春日是一年当中最美好的季节。寓园春色融融，新叶嫩黄，柳条细长柔似金线。商景兰先营造了清新明媚的春景，紧接着感慨时光流逝如闪电，转眼又是落红飘飞之时。从明丽到凋零，瞬间转换，心境就在这意境的转换中发生了改变。作者亦知，改变的不是景色，而是人的心境，所以喟然长叹："景在人难见。"寓园春色依旧，寓园主人却阴阳两隔，再不能相见。游遍寓园，深深庭院，映到诗人眼中的却是"半是蟏蛸罥"。蟏蛸罥即蜘蛛

---

① （明）祁彪佳：《祁彪佳日记》，浙江古籍出版社2016年版，第415页。

网，人迹罕至的废园才会有这样的情景。虽然我们现在无法确定商景兰写此诗的时间，但可以确定，在她还能游寓园之时，寓园是不应出现这样荒凉破败的情景的。黄媛介到祁家之时，寓园是在她的眼中是"名园多异植，花绕曲槛边。山抱苍潭水，林藏碧树烟"。那么在商景兰的笔下，寓园为什么会是"半是蟏蛸胃"呢？眼中笔下的荒凉破败来自心中的悲凉伤感，因为心中昔日的繁华欢乐才对比出了今日的萧疏凄凉。黄媛介游寓园，是作为游览者用审美的眼光来看寓园，所以看到的是寓园的奇花异草，秀水青山。而商景兰是用心里的感觉来感受寓园，所以寓园春日的美景不在她的关注范围之内，而偶然的一个蜘蛛网，在她的感觉中会被放大成为"深深庭院，半是蟏蛸胃"。她是借用蟏蛸胃这个象征荒凉破败的意象来营造出繁华逝去之后的衰败境界，以此来抒发内心中无尽的哀伤惆怅。

三 委婉曲折、欲说还休的抒情手法

杨海明在《唐宋词史》中说诗与词的差异："词比起诗来，似乎是一种抒情程度更'纯粹'、更'狭深'、更细腻的文体。它所抒写的感情，不妨称之为情绪、心绪、心态或'心曲'更来得适宜。"[1] 这段话，用在商景兰词上，是非常适宜的。商景兰诗词题材基本相同，但与其诗相比，商景兰词在抒情手法上，更为委婉曲折，有一种欲说还休、吞吐幽咽之感。

商景兰有《春日寓山观梅》诗：

> 争春梅柳一庭幽，物在人亡动昔愁。
> 唯有春风无限意，依然香气满枝头。

---

[1] 杨海明：《唐宋词史》，江苏古籍出版社1987年版，第4页。

与《点绛唇·春日游寓园》相比，可以清晰地感受到，二者抒情手法有很大的差别。《点绛唇·春日游寓园》是通过诗人所营造的意境来抒写今昔对比的情感。而在《春日寓山观梅》中，作者直接抒发"物在人亡动昔愁"，相比较，《点绛唇·春日游寓园》的抒情更加委婉曲折。而这种委婉曲折的抒情手法，使得情感的抒发显得层层深入，婉转有致，更适合表现女性复杂多感的心绪，因而女性往往更适宜词的创作。

醉花阴·闺怨

论愁肠如醉，写愁颜如睡。银缸冉冉影随身，畏畏畏。半帘明月，一庭花气，时光容易。　　无数衾边泪，难向天涯会。夜寒故故启离情，碎碎碎。梦中细语，谁为分诉，如何不寐。

前两句连用两次"愁"字，连用两次"如"字，"醉"与"睡"又为叠韵字，使得这两句读起来有吞吐回环之感，诗人内心辗转反侧之愁思即在这吞吐回环之中婉转展露。用"醉""睡"来形容愁肠与愁容，含蓄蕴藉，有女性细腻之感受与敏锐之巧思。不写形单影只，却写身影在灯光中随身而动。畏畏畏，三字连用，写出了孤寂哀伤中难以入眠的痛苦。失眠之人往往越是担忧无法入眠越是难以入眠，无眠之夜漫长得让人痛苦绝望。"半帘明月，一庭花气"，是眼前景，也是过去景。眼前的时光漫长而痛苦，可回忆中美好的时光却那么容易就流逝了。离别的亲人，如远在天涯，再难相会，漫漫长夜中有着流不尽的思念的泪水。寒夜屡屡让人思念离别的亲人，心欲碎。"梦中细语，为谁分诉，如何不寐"，欲说相思，却突然发现，原来是在梦中，醒来却一切无人可说。一首词，情感在不断地变化，先是愁，再是因孤独不眠而担忧畏惧，再是景色带来的回忆，回忆引发的思念之苦，梦中的诉说，醒后的无言。百转千折都是围绕着离别带来的痛苦忧伤。

忆秦娥·初春剩国忆子

莺声咽。柳梢烟雨梅梢月。梅梢月。谁家玉笛，十分凄切。迢迢子去伤离别。空亭寂寞愁心结。愁心结。梨花飞碎，香飘尘绝。

顺治十六年（1659），郑成功进长江，与南明兵部侍郎张煌言会师意图恢复明室，后兵败逃至台湾。清廷缉拿接应郑成功的明朝遗民，牵扯人数众多。康熙元年（1662），祁班孙等因"通海"罪被捕，祁班孙遣戍宁古塔。商景兰此词即是为思念远在关外的爱子所作。因祁班孙是涉及复明重罪，商景兰无法明言，只能是将思念之情婉转地通过景物的描写来抒发。莺声幽咽，似母亲无言的哭泣。不写儿子远戍之伤痛，却写"谁家玉笛，十分凄切"，借他人凄切之笛声，写自己内心之感伤。"迢迢子去伤离别，空亭寂寞愁心结"，直接抒发了母子离别的忧愁寂寞。但结语却一转，写"梨花飞碎，香飘尘绝"。"碎""绝"二字用得非常好，梨花飘落之时花瓣缤纷，花朵碎裂，描写十分形象。但还有一层含义，碎的不是梨花，而是母亲的心。梨花飘落，委地成尘，花香自然不在，而更深的含义则是母亲内心的绝望之情。从直接的抒情到"梨花飞碎，香飘尘绝"的景物描写，作者的抒情似被吞回，但凄美的意境则将母子离别后惆怅难言的痛苦哀愁的心绪委婉地传达出来，恰如王国维所言："词之为体，要眇宜修。"

商景兰之词，在明末清初的女性词坛上，在数量上远远少于沈宜修、徐灿等人，在艺术上也未能独树一帜，形成自己独特的风格与特色。但由于其特殊的身世遭际，使得她对社会人生的认识更为深刻，因而在其词中，身世之感与家国之变的伤痛所形成的沉郁之感，国亡家破夫死子戍的怆痛所形成的哀婉怅触的艺术境界，前期遗民难以直言的痛苦生发出委婉含蓄欲说还休的抒情手法，都有其独特的艺术魅力与打动人心的艺术效果，因而在女性词坛中也应有其一席之地。

第三章 商景兰思想研究

商景兰的人生经历是非常复杂的。在她人生的前半期,她的生活幸福而平静,夫妻恩爱,儿女双全,可谓福慧双修。但随着社会鼎革,神州板荡,她饱尝了命运的打击,因而在她的诗文中,不仅抒发了闺中女性的伤春悲秋、离愁别恨,还表达了一个出身于书香之家、经历了国破夫亡的女性对社会、人生的深入思考,展示了作为变革时代知识女性独特的婚姻观念、才德观念和家国观念。

第一节 商景兰的婚姻观念

传统婚姻中,婚姻的目的有三个:祭祀、继嗣、内助。张衡在《同声歌》中云:"绸缪主中馈,奉礼助蒸尝。"① 作为妻子的职责,是主持中馈,而主持中馈,首先就要辅助丈夫,共奉祭祀,只有这样,才能成为一个合格的妻子。所以古代女性的闺中教育,其中很重要的一点就是要学习祭祀的礼仪。对上要承祖先,对下还要继后世,只有有了承继香火的后代,才能使宗族延续,才能使祭奠活动世世代代地延续下来,所

---

① (汉)张衡:《张衡诗文集校注》,张震泽校注,上海古籍出版社1986年版,第7页。

以对于女性来说，生子也是最重要的职责。所以有"不孝有三，无后为大"的说法。《易传》又云："女正位乎内，男正位乎外，男女正，天地之大义也。"对于女性来说，妻子的职责，在于帮助丈夫，主持家事。这是传统的婚姻观念。

自嘉靖、万历年间，随着商品经济的发展，社会观念也逐渐开始转变，尤其是江南地区，女性教育在一些士绅家庭越来越受到重视，但很多的情况下，女性的闺中教育还是以妇德和闺范教育为主，为妻之道还是上层家庭女性教育的重要内容。从《祁彪佳日记》中，我们可以看出，商景兰作为一个妻子，完美地吻合了传统婚姻关系中对家庭主妇的要求。

"生养死祭，所谓孝也，故娶妻者，父母存，则奉事舅姑，舅姑殁，则供祭祀。"[1] 祭祀和孝敬公婆，是妻子的首要职责。商景兰不是长媳，祁彪佳又多次外出做官，商景兰常常离家随宦，但每当商景兰处于山阴家乡之时，就会常常陪伴在婆母身边。从祁彪佳的日记中可以看出，无论是婆母观灯、游山、拜佛，商景兰都要随侍身旁。

> （崇祯八年八月）十九日，为老母诞日，诸儿媳祝寿毕，亲娅来贺者共举素酌，观《鹊桥记》。[2]
>
> （崇祯八年十一月初七）老母与诸媳出礼佛。[3]
>
> （崇祯九年二月初六）老母偕诸媳、诸女亦至观焉。[4]
>
> （崇祯十年正月十二日）老母偕诸媳往陶堰看灯——十七日，稍霁，老母至陆庄看灯。[5]
>
> （崇祯十一年三月初八）老母与内子至龟山女庵。[6]

---

[1] 陈鹏：《中国婚姻史稿》，中华书局1990年版，第6页。
[2] （明）祁彪佳：《祁彪佳日记》，浙江古籍出版社2016年版，第171页。
[3] （明）祁彪佳：《祁彪佳日记》，浙江古籍出版社2016年版，第183页。
[4] （明）祁彪佳：《祁彪佳日记》，浙江古籍出版社2016年版，第202页。
[5] （明）祁彪佳：《祁彪佳日记》，浙江古籍出版社2016年版，第314页。
[6] （明）祁彪佳：《祁彪佳日记》，浙江古籍出版社2016年版，第323页。

（崇祯十一年五月二十六日）老母偕内子、诸媳至寓山。①

（崇祯十一年七月初八日）老母偕诸媳亦至，观戏于四负堂。②

（崇祯十二年正月初六日）予送老母及表娣、内子至山，商家姑已先待矣。③

（崇祯十二年十月）二十日，邀止祥兄、奕远侄出寓山，老母亦同诸媳至。④

崇祯十七年年底，祁彪佳辞去苏松巡抚回归山阴，内心十分郁闷。除夕之日，一人闲坐咸畅阁，全然不管新年拜祭之事，"内子率儿媳入内宅谒祖先"⑤。除夕祭祀是大祭，隆重而繁复，准备工作是非常辛苦的，而这些工作都是由家庭主妇来承担的。商景兰不但主持了隆重的除夕祭祀，事实上还在以身作则地教导下一代的家庭主妇，这也是家庭文化传统的传承。

结婚不仅要求子，还要多子多孙。商景兰与祁彪佳生育了三男四女，在医学尚不发达的明代社会，生育对于女性来说，是痛苦而危险的事情。在商景兰多次生育过程中，她也曾经历难产、流产，也因为生育而几次濒临死亡。生儿育女，抚养、教育儿女都为母亲的责任，商景兰非常完美地完成了做母亲的职责。

男耕女织，是传统社会中男女的分工。虽然随着社会阶层的分化，上层社会的男女都脱离了体力劳动，但作为一个大家庭的主妇，家庭的经济事务也是商景兰日常生活的重要部分。在《祁彪佳日记》中常常会有这样的记载：

---

① （明）祁彪佳：《祁彪佳日记》，浙江古籍出版社2016年版，第334页。
② （明）祁彪佳：《祁彪佳日记》，浙江古籍出版社2016年版，第341页。
③ （明）祁彪佳：《祁彪佳日记》，浙江古籍出版社2016年版，第368页。
④ （明）祁彪佳：《祁彪佳日记》，浙江古籍出版社2016年版，第407页。
⑤ （明）祁彪佳：《祁彪佳日记》，浙江古籍出版社2016年版，第798页。

（崇祯十年三月）初六日，之寓山，内子督诸婢采茶，予督奴子植草花松径中。①

（崇祯十二年三月十四日）内子率诸婢采茶，予于四负堂再简木料，更定归云寄及东楼之址。②

与内子驾舟至各村，给贫家赡米。③

祁彪佳去世之时，留给商景兰《别妻室书》，叮嘱"一切家务应料理者，已备在于儿子遗嘱中。贤妻必能善体我心，使事事妥当。至其中分拨多寡厚薄，我虽如此说，还听贤妻主张"④。

在祁彪佳给儿子的遗书中，也多次提到：

母亲在堂，凡事一遵母命。财帛之类，不得自私。

收租等务，汝母在日，一听汝母主张。每年拨租与汝辈使用，收进租银，非奉母命，不得擅动，庶尽孝道。

班孙气质，原非下流，能亲近正人，自能成立。已恳托四伯伯抚养教训。倘有违悖，理孙禀知母亲，须痛惩之，必求其依顺，以成就一生。⑤

可见祁彪佳对商景兰的信任，从中也可以看出，商景兰确实有着令人信任的持家能力。

商景兰和祁彪佳美满的婚姻，又不仅仅源于其完美的妻德。具有完美妇德的女性可能在婚姻中取得众人的称赞，但未必能得到两情相悦的

---

① （明）祁彪佳：《祁彪佳日记》，浙江古籍出版社2016年版，第322页。
② （明）祁彪佳：《祁彪佳日记》，浙江古籍出版社2016年版，第378页。
③ （明）祁彪佳：《祁彪佳日记》，浙江古籍出版社2016年版，第308页。
④ （明）祁彪佳：《别妻室书》，转引自曹晔《祁彪佳遗书补遗》，《浙江档案》2019年第4期。
⑤ （明）祁彪佳：《别妻室书》，转引自曹晔《祁彪佳遗书补遗》，《浙江档案》2019年第4期。

情感。《红楼梦》中的薛宝钗就是传统妇德教育下的完美女性,但贾宝玉"空对着,山中高士晶莹雪,终不忘,世外仙姝寂寞林",缺少的就是二人在思想观念、兴趣爱好方面的相知相配。我们从祁彪佳的日记中可以看到,商景兰与祁彪佳夫妻之间有着共同的爱好,他们一起读书弈棋,游山玩水,观灯赏月,栽花种竹,共同的兴趣,相互的吸引,使得他们在传统婚姻的框架下,形成了新型的伙伴式婚姻,也使得商景兰在传统婚姻观的基础上有了自己对婚姻独特的见解。

由于自身在婚姻中的感受,商景兰对婚姻的要求不再等同于传统的婚姻,她所要求的不仅仅是生儿育女,相夫教子,她期望的是在婚姻中夫妻之间的琴瑟和谐,相敬相爱。她的婚姻观念主要是通过代女儿卞容之诗体现出来的。

代卞容闺怨

谁谓秦晋欢,愁多掩明月。
虽然织素工,一寸肠一裂。
菟丝附高松,自不成琴瑟。
弹筝理怨思,调悲弦欲绝。
夜夜对孤灯,孤灯自明灭。

从女儿不幸的婚姻中,商景兰体会到男女的不对等带给女性的痛苦。商景兰在《闻次女有弄璋之期》一诗中,也曾满怀希望,"齐眉年少正相宜,况复香兰梦有期。常恐红颜多薄命,今看白发见佳儿"。她知道女儿婚后生活的不幸福,因而希望通过生子来改变女儿在婚姻中的生活状态,但现实带给她的还是失望。正是这种失望,使她更深刻地认识到,对于女性来说,婚姻的不幸,并不是源于妻子不能满足传统礼教对于妻子的要求,更为主要的是,女性在婚姻中的依附地位,使得女性没有自主的权利,夫妻双方的不平等是女性婚姻悲剧最重要的原因。

卞容是商景兰的次女,嫁山阴朱燮元四子朱兆宣之子朱尧日。朱家与祁家同朝为官，祁彪佳的弟弟祁象佳娶朱燮元之女，堂弟祁熊佳之女嫁于朱燮元三子朱兆宪之子，而班孙的妻子朱德蓉是朱兆宪的女儿。祁朱两家多次联姻，应是门当户对，不应有"菟丝附高松"的攀附之感，更不应因此而"自不成琴瑟"。所以在这里，商景兰所感慨的不是男女双方原生家庭社会地位的不同，而是男女双方在婚姻关系中从经济地位到精神地位的不平等，最终导致了女性对男性的依附，使得女性在婚姻中没有自主的能力，无法保障自己幸福的权利。

商景兰是在传统礼教培养下成长起来的，但由于受到了明末女性文学教育和社会解放思潮的影响，再加上自己在幸福婚姻中的体验，她更为注重婚姻中的精神交流带来的感情契合，她期望因为共同的爱好，相近的学识修养而形成平等和谐的夫妻关系，女性不再是丈夫的附属品，而是相互关爱相互依赖的关系，这种具有现代元素的婚姻观念，是非常难得的。

第二节　商景兰的才德观念

明代之前，女性作家和作品都是非常罕见的。到了明代晚期，随着社会经济的发展，女性受教育的机会增加了，更重要的是，明代末年的思想解放运动给明代社会注入了新鲜的血液，被传统礼教禁锢已久的女性在这场思想解放运动中成为受益者。女性文学正是在这种环境中得以兴起和蓬勃发展。

从汉代以来，对女性的才德之辨就一直存在。班昭在《女诫》中提出："妇德不必才明绝异也——幽闲贞静，守节整齐，行己有耻，动静有法，是谓妇德。"[①] 这个历史上著名的才女对女性的才并不是太看重，她更强调的是女性的德。汉末到魏晋，女性会因才华而得到社会的肯定。

---

① 转引自陈东原《中国妇女生活史》，商务印书馆1998年版，第52页。

自此之后，社会对妇德越来越关注，而对女性的才华越来越漠视，甚至有些观点会将女性的才华与女性的德行对立，提出了"女子无才便是德"的观点。在明末思想解放风潮的推断下，一些有识之士开始关注和肯定女性的才华。在江南地区，一些文化世家和开明文人开始注重家中女子的文化教育，以女性的才华作为家族文化的一部分，并以此为荣。如文学家王思任的女儿王端淑通文史，擅诗词，王思任对女儿的才华非常欣赏，"常抚而怜爱之曰：'身有八男，不易一女'"①。吴江叶绍袁更是提出女子三不朽："丈夫有三不朽，立德立功立言，而妇人亦有三焉，德也，才与色也，几昭昭乎鼎千古矣。"② 认为女性的才华亦可以传之千古而不朽。

正是在这种社会环境下，祁、商两家的女性在接受传统妇德教育的同时，也接受了文学教育，成了越地才媛中的精英。那么被毛奇龄誉为"以闺秀为越郡领袖"的商景兰对女性的才华又有什么样的见解呢？

商景兰对于女性才华的观念主要表现在她的两篇序文中：

  余七十二岁嫠妇也，濒死者数矣。乙酉岁，中丞公殉节，余不敢从死，以儿女子皆幼也。辛丑岁，次儿以才受祸，破家亡身，余不即死者，恐以不孝名贻儿子也。未亡人不幸至此，且老，乌能文，又乌能以文文人耶。但平生性喜柔翰，长妇张氏德蕙，次妇朱氏德蓉，女修嫣、湘君，又具解读书，每于女红之余，或拈题分韵，推敲风雅，或尚溯古昔，衡论当世。遇才妇淑媛，辄流连不能去。心不啻如屈到之嗜芰，嵇公之好锻也。尔焚弃笔墨，几三十年。偶于儿子案头，见《琴楼遗稿》，乃武林张槎云所作。槎云才妇而孝女，故其诗忠厚和平，出自性情，有三百篇之遗意。反复把玩，不忍释手。因顾女媳辈言

---

① （清）陈维崧：《妇人集》，载王英志主编《清代闺秀诗话丛刊》，凤凰出版社2010年版，第19页。

② （明）叶绍袁：《午梦堂集序·午梦堂集》，中华书局1998年版，第66页。

曰:"槎云之才,知汝辈能之;槎云之孝,知汝辈能之。槎云之才之美,槎云之孝之纯,汝辈其勉之。"女媳辈曰:"以槎云之才之孝,天胡不假之年,以富其学而副其德?"余笑曰:"此非汝辈所知者也。大抵士之穷,不穷于天而穷于工诗。女之夭,不夭于天而夭于多才。是盖有莫之为而为者。使槎云享富贵,寿耆颐,而无所称于后世,又何以为槎云者乎?"女媳辈咸悲惋不自持。聊记家庭质语,以志一时爱敬感慨之意。若槎云固自有其为不朽者,余岂敢曰能文章,以表槎云也哉。

这篇《琴楼遗稿序》是商景兰为女诗人张昊诗集所写的序。张昊,字玉琴,号槎云,钱塘人。清初蕉园七子之一,有《趋庭咏》《琴楼合稿》,早逝。商景兰说自己"平生性喜柔翰","遇才妇淑媛,辄流连不能去",偶然看到了张昊的诗稿,就"反复把玩,不忍释手",从中可以明确地感受到商景兰对女性才华的肯定与欣赏。

正是因为对女性才华的肯定和欣赏,才使得商景兰在经历了国破夫亡之后,以诗歌为纽带,将家中女性成员凝聚起来,形成了享誉越中的女性文学团体,让家族文化传统得到传扬。

吾女德琼之长逝也,盖十有二年矣。生平吟咏十不存一二,每一念及,则为惘然。今春吾婿鄂叔,集其遗诗,得六十六首,将付枣梨,因持示余,并请予序。予抚卷叹息,摘其警句,令诸女孙向月下朗吟,觉昔时咏絮颂椒风度,恍在目前,不禁涕泪交堕。夫自先忠敏弃世以来,恃子若女,相依膝下,或对雪联吟,或看花索句。聊借风雅,以卒桑榆。今幼子见背,弱女云亡,即香奁丽句,亦仅存片羽,予复何心,能无悲悼。且吾女自幼工诗,每得句即为先忠敏所称赏,今即从先敏忠游地下,想夜台中定多佳什,而未亡人尚延视息,勿获相从,是益增吾痛也。年老多病,言不能文,漫书数言,以志哀感云尔。

商景兰的三女祁德琼韶华早逝,十二年后德琼的丈夫将其留下的诗稿刊刻,商景兰为女儿的诗集作了这篇《未焚集序》。在序文中,商景兰悲叹女儿的早逝,她赞赏女儿的才华,惋惜女儿作品的遗失。从她的悲惋中,我们可以感受到,女儿的诗集能够刊刻成集,对于商景兰来说,也是一种安慰。正如她在《琴楼遗稿序》中所云,"槎云固自有其为不朽者",作品流传于世,是作者生命的延续,早逝的女儿,将通过她的诗歌而称于后世。

虽然商景兰在《未焚集序》中说"吾女自幼工诗,每得句即为先忠敏所称赏",然而让人不解的是,在祁彪佳的日记和所留下的文稿中,不但没有和商景兰的诗文唱和之作,也没有对家中女性文学创作的任何记载。祁彪佳在日记中记录了许多商景兰日常的活动和生病的情况,可以感受到他对妻子的关心和深厚的情感。但对于商景兰的文学活动和文学才华,他的记录基本处于空白状态。祁彪佳在修建寓园之后,曾多方征求寓山题咏,还专门写信给友人征求闺秀诗作:"乞仁兄垂示,得名僧闺秀之作,尤为泉石生光。"① 而得到闺秀题咏之后,还又求朋友转求当时著名才女柳如是诗作:"中已有闺秀诗,须如是一诗压卷,外具扇头,并乞妙翰望仁兄转求之。"② 祁彪佳期望寓山题咏有闺秀之作,却不会用家中擅长诗文的妻女之作。他希望闺秀诗有不同流俗的作品来作为压卷之作,所以去求柳如是,却不用作为越中闺媛翘楚的商景兰的作品,原因何在?可能的一个原因是,商景兰的创作大部分是在祁彪佳去世之后,她的声名也是在明亡之后才被人传播。但更可能的一个原因是,祁彪佳对女性才华的观念与叶绍袁相比较,是更保守的。他欣赏女性的才华,但这种欣赏有一定的局限。书香仕宦家族中的女性,可以接受文学教育,也可以进行文学创作,但是作品不能流传于外,所以,在祁彪佳日记中,没有对妻子女儿文学活动的任何记录,他对女儿才华的称赞也只能是从

---

① (明)祁彪佳:《与沈君服》,载《祁彪佳文稿》,书目文献出版社 1991 年版,第 2261 页。

② (明)祁彪佳:《里中尺牍不分卷》,抄本。

商景兰的回忆中看到。而他在征集寓山题咏中，也会将闺秀诗与僧侣诗并列，其实也可以说，在这种情况下，闺秀的题咏其实只是作为一个寓山题咏的一个点缀而已。

商景兰在祁彪佳去世之前的作品很少，现在无法确定是没有被保留下来还是确实少有创作，后者的可能性更大一些。从商景兰的两篇序文中，我们可以感受到，商景兰对女性的才华是持欣赏和肯定的态度的。而从她后来的文学活动中，我们更可以感受到，与祁彪佳相比较，商景兰对于女性才华的观念更为开明，更为先进。

在祁彪佳去世之后，商景兰带领着三女二媳"女红之余，或拈题分韵，推敲风雅，或尚溯古昔，衡论当世"，"葡萄之树，芍药之花，题咏几遍。经梅市者望若十二瑶台焉"，① 形成了女性文学史上著名的文学团体。商景兰还主动与毛奇龄联系，请毛奇龄为祁氏家族女性点定诗文，使得祁氏女性的文学声名得以传扬。她还聘请著名女性诗人黄媛介作为家中女性的闺塾师，使得祁氏女性的诗歌艺术得到了极大的提高。

在《琴楼遗稿序》中，商景兰也对女性才华、女性德行与女性命运的关系进行了思考。她在肯定张昊才华的同时，也对张昊的品德给予了赞赏。在商景兰的观念中，才与德都是必不可缺的，这也是商景兰自我的一种写照。商景兰在生前和身后都得到了社会各个阶层的一致认可，与其才德并重的观念和节操是分不开的。

明清之际，在肯定女性才华的同时，还有一种观点，认为"福慧难双修"，也就是说，女性的才华往往会妨碍女性的福气，才女与薄命是联系在一起的。《琴楼遗稿》的作者张昊与《未焚集》的作者祁德琼，都是韶华早逝，因而商景兰感慨"女之夭，不夭于天而夭于多才"。由于自身的境遇，商景兰对才媛薄命的观点是有切身感受的。但另一个方面，她也认为，女性的才华，可以使女性的生命在精神领域中得到延续，女性可以用她们的作品取得"不朽"。因而，她虽然感慨"女之夭，不夭于天

---

① （清）朱彝尊：《静志居诗话》，人民文学出版社1990年版，第727页。

而夭于多才",但认为"使槎云享富贵,寿耆颐,而无所称于后世,又何以为槎云者乎"?因而她依然希望家中的女性以张槎云为榜样,学其孝,学其才。商景兰虽然对才命相妨的观点有所认可,但依然保持着对女性才华的肯定和追求。

第三节　商景兰的家国情怀

明清鼎革,与一般的改朝换代不同,以夷代夏,使得朝代的交替从政治领域进入了文化范畴,因而在清初的文学作品中,书写家国情怀的作品大量的出现,形成了一种特殊的文化现象。在商景兰的作品中,故国之思的作品不是很多,但从其少数的作品中,也可以感受到明清交替带给她精神上的痛苦,其中所流露出的家国观念具有非常深厚的打动人心的力量,从中也可以感受到处在社会变革中女性的心路历程。

商景兰最为人称道的是在祁彪佳自沉之后所作的两首《悼亡诗》:

其一
公自成千古,吾犹恋一生。
君臣原大节,儿女亦人情。
折槛生前事,遗碑死后名。
存亡虽异路,贞白本相成。

其二
凤凰何处散,琴断楚江声。
自古悲荀息,于今吊屈平。
皂囊百岁恨,青简一朝名。
碧血终难化,长号拟堕城。

祁彪佳的以身殉国，是为了保持士大夫的名节，在另一方面，其实也是为了保住家人的平安。商景兰对于丈夫的选择是非常理解的，正因如此，她才会在丈夫死后选择了"吾犹恋一生"。作为妻子和母亲，家庭责任感使得商景兰在悲痛中选择为了儿女坚强地活下去，这是女性与男性的巨大差别。在祁彪佳的心目中，"幸不辱祖宗，岂为儿女计"，但在商景兰的内心中，"儿女人情"与"君臣大节"是同等重要的。她的选择，也正是遵从了丈夫的遗志："区处家事，训诲子孙，不堕祁氏一门。"[①]

士大夫要保持名节，是因为其作为前朝官员，深受国恩，因而要与国同运。但在传统社会中，女性是没有社会角色的，她们的家国情怀往往与其家族中的男性成员观念有着密切的关联。对比商景兰与同时代的女性诗人徐灿、李因的诗词我们可以看到其中不同的心理感受。

风流子·同素庵感旧

只如昨日事，回头想、早已十经秋。向洗墨池边，装成书屋，蛮笺象管，别样风流。残红院、几番春欲去，却为个人留。宿雨低花，清风侧蝶，水晶帘卷，恰好梳头。

西山依然在，知何意凭槛，怕举双眸。便把红萱酿酒，只动人愁。谢前度桃花，休开碧沼，旧时燕子，莫过朱楼。悔煞双飞新翼，误到瀛洲。[②]

对于明朝的灭亡，徐灿是有着深沉的亡国之痛的，而她的丈夫陈之遴在明亡第二年即出仕新朝，对此徐灿并不情愿，但在传统妇德观念下徐灿无法公然表示反对，更因为她与陈之遴感情深厚，亦不忍责怪。在她的内心中，既有对丈夫改仕新朝的不满和痛心，又有对故国的怀念和内疚。正是这种复杂的心理，使得她无法像商景兰那样直白而坚定地表

[①] （明）祁彪佳：《别妻室书》，转引自曹晔《祁彪佳遗书补遗》，《浙江档案》2019年第4期。

[②] （清）徐灿著，程郁缀编：《徐灿词新释辑评》，中国书店2003年版，第199页。

达自己内心的情感,只能是委婉曲折地将亡国之痛寄托在故园之思中。

李因为明光禄寺卿葛征奇侧室,与葛征奇感情笃深,黄宗羲《李因传》记载:"崇祯初,光禄官京师,是庵同行。禁邸清严,周旋砚匣,夫妻自为师友。奇书名画,古器唐碑,相对摩玩舒卷。固疑前身之为清照。"① 葛征奇于清军攻破南京时殉国,葛征奇去世之后,李因在穷愁潦倒中守志不变。在她的诗歌中,追怀故国、报国无路的悲愤与不甘表现得十分鲜明。如:

悼亡诗哭介龛
其一

轻烟四野一孤舟,家国飘零壮志休。
有泪空教谈剑侠,忠魂无主泣皇州。②

感怀

遍地烽烟四野蒿,聊将笔墨寄牢骚。
澄清有日悲吾老,平寇无能挥宝刀。③

对于丈夫的殉国,李因与商景兰一样,是理解而敬仰的。但葛征奇与祁彪佳在对待明王朝的态度上,又是有区别的。祁彪佳一生多次辞官归乡,在崇祯自尽清军入关之后,祁彪佳虽然是临危受命,在南明朝廷中担任苏松巡抚,欲与清军做最后决战,并准备在战败之后全家殉国,但在南明朝廷的内斗中,他最终还是辞官回乡了。在清军攻下杭州之时,他尚未有殉国之念。当清廷置书延其入朝之时,他才最终决定沉湖殉节。可以说,如若清廷没有招揽他,祁彪佳会如当时许多文人士大夫一般,以遗民身份了

---

① (清)黄宗羲:《南雷诗文集》,载《黄宗羲全集》第10册,浙江古籍出版社2005年版,第584页。
② (清)李因:《竹笑轩吟草》,辽宁教育出版社2003年版,第42页。
③ (清)李因:《竹笑轩吟草》,辽宁教育出版社2003年版,第95页。

却一生。正是因为如此,在他离世之前,切切嘱咐妻儿的是"切勿预及外事,妄取于人。当此危时,即侮辱亦当忍之,所以避祸也"①。祁彪佳是以一己之性命,换取了家族的荣誉与家人的平安。因而商景兰虽然痛惜丈夫的去世,但在她其后的诗词中,虽然也有着无法忘怀的故国之痛,但却不似李因的激烈义愤。

烛影摇红·咏雊堂忆旧

春入华堂,玉阶草色重重暗。寒波一片映阑干,望处如银汉。风动花枝深浅。忽思量、时光如箭。歌声撩乱。环佩叮当,繁华未断。　　游赏池台,沧桑顷刻风云换。中宵笳角恼人肠,泣向庭闱远。何处堪留顾盼。更可怜、子规啼遍。满壁图书,一枝残蜡,几声长叹。

赵尊岳在《明词会刊》中评此词:"以朴语写至情,寓家国之感于变征之音。"② 此时的商景兰,对故园的沧桑变化,内心有无限的感慨,却只能是"几声长叹"。我们无法推测商景兰此时具体的所思所想,但从现有的文献我们可以得知,在祁彪佳去世之后,理孙、班孙兄弟并未像祁彪佳所期望的无预外事,忍辱而生,以避祸端。反而是先"罄家"助祁鸿孙的反清义军,后又交结魏耕,图谋复明。祁彪佳在遗言中嘱咐儿子"凡事一遵母命。财帛之类,不得自私",理孙兄弟资助祁鸿孙之时商景兰很有可能是知情的,班孙交结魏耕的真实情况商景兰就未必清楚了。但两个儿子强烈的反清情绪商景兰应该是完全清楚,也是非常理解的。作为妻子,她理解丈夫对家人平安的期望;作为母亲,她更希望儿子能平安顺遂地度过一生。因而虽然亡国之痛、故国之思时时在内心中隐隐作痛,但在表达之时,痛苦的情感往往是压抑隐忍的,她不希望让自己

---

① (明)祁彪佳:《父临诀遗嘱付儿理孙班孙遵行》,转引自曹晔《祁彪佳遗书补遗》,《浙江档案》2019年第4期。

② 赵尊岳:《明词会刊》,人民文学出版社2009年版,第169页。

内心的痛苦再刺激儿子们,让理孙、班孙的反清思想更为激烈,甚至付诸行动。

《五十自叙》中商景兰悲叹:"我心惨不乐,欲泣不成泣。酸风射眼来,思今倍感昔……不见日月颓,山河皆改易。"家国的巨变带给她锥心的痛楚,但马上就将自己的痛苦压抑下去,转而叮嘱儿子们"行乐难及时,避难须俭德……读书成大儒",商景兰对儿子们的期望,与祁彪佳"切勿预及外事,妄取于人。当此危时,即侮辱亦当忍之,所以避祸也"的遗言是一脉相承的。

商景兰的家国情怀与徐灿不同,她没有徐灿"悔煞双飞新翼,误到瀛洲"的悔恨与内疚,也没有李因"澄清有日悲吾老,平寇无能挥宝刀"的激烈与悲愤。从祁彪佳任苏松巡抚之时南明小朝廷在大敌当前尤内斗不止之时,商景兰其实已对明王朝充满了失望,也对明亡朝的灭亡充满了无奈,因而她才会多次劝祁彪佳辞官归乡。她所期望的是能在这个乱世中保全家人,与深爱之人共结烟霞之志,恬淡地度过余生。然而这个愿望已经落空,她只能期望儿子们能谨守父亲的遗言,平安地生活下去。可悲的是她这个愿望也再次落空,留给她的只有"迢迢子去伤离别。空亭寂寞愁心结。愁心结。梨花飞碎,香飘尘绝"。

明清鼎革带给了商景兰及其家族巨大的痛苦和灾难,但在丈夫去世之后,商景兰从一个传统的贤妻良母转而承担起家族精神文化重塑与传承的重担,虽然由于社会政治的原因,理孙在忧愤中郁郁而终,班孙出家为僧,悲愤离世,祁家三代的藏书星散,祁氏家族科举仕宦传家的传统也未能继续,但祁氏家族的文化传统却在商景兰所带动的女性创作群体中得到传承,并由她们再传子孙。这种坚韧自强的精神在女性文学史和文化史上都有其独特的地位。

参考文献

一　典籍

（清）陈宏谋：《五种遗规》，清光绪二十一年浙江书局刻本。
（清）陈廷焯：《白雨斋词话》，唐圭璋《词话丛编》，中华书局2012年版。
（清）陈兆仑：《紫竹山房诗文集》，清乾隆间陈桂生刻本。
（清）邓汉仪：《诗观初集》，《四库存目丛书补编》，齐鲁书社2001年版。
（清）丁丙、丁申辑：《武林掌故丛编》，广陵书社2008年版。
（清）黄道周：《黄漳浦文集》，国际华文出版社2006年版。
（宋）黄庭坚著，任渊、史容、史季温注：《山谷诗集注》，上海古籍出版社2003年版。
（清）黄宗羲：《黄宗羲全集》，浙江古籍出版社2005年版。
（清）计六奇：《明季南略》，中华书局1984年版。
（清）姜绍书：《无声诗史》，《续修四库全书》1065册，上海古籍出版社2002年版。
李雷主编：《清代闺阁诗集萃编》，中华书局2015年版。
（清）李因：《竹笑轩吟草》，辽宁教育出版社2003年版。
（清）梁绍壬：《两般秋雨盦随笔》，上海古籍出版社1982年版。
（清）刘献廷：《广阳杂记》，中华书局1975年版。
（南朝梁）刘勰：《文心雕龙》，中国戏曲出版社2002年版。
（清）刘宗周：《刘宗周全集》，浙江古籍出版社2007年版。

（清）毛奇龄：《西河词话》，《四库全书》第 1494 册，台北：台湾商务印书馆 1986 年版。

（清）毛奇龄：《西河集》，《四库全书》第 1321 册，台北：台湾商务印书馆 1986 年版。

（清）毛奇龄：《西河文集》，商务印书馆万有文库 1937 年版。

（明）祁彪佳：《里中尺牍不分卷》，抄本。

（明）祁彪佳：《祁彪佳集》，中华书局 1960 年版。

（明）祁彪佳：《祁彪佳文稿》，书目文献出版社 1991 年版。

（明）祁彪佳：《远山堂文稿》，清初祁氏起元社抄本。

（明）祁彪佳著，杜煦、杜春生辑：《祁忠惠公遗集》，清道光间刻同治间印《乾坤正气集》本。

（明）祁彪佳著，张天杰点校：《祁彪佳日记》，浙江古籍出版社 2016 年版。

（明）祁彪佳著，赵素文笺校：《祁彪佳诗词编年笺校》，浙江古籍出版社 2016 年版。

（清）祁昌徵：《山阴祁氏世系表不分卷附录不分卷》，嘉庆五年祁文行抄本。

（清）祁昌徵：《先考奕庆府君行略稿》，稿本。

（明）祁承㸁：《澹生堂藏书约　藏书纪要》，上海古籍出版社 1957 年版。

（明）祁承㸁：《澹生堂集》，国家图书馆出版社 2012 年版。

（清）钱泳：《履园丛话》，中华书局 1997 年版。

（清）屈大均著，陈永正主编：《屈大均诗词编年笺注》，中山大学出版社 2000 年版。

（清）全祖望著，朱铸禹汇校集注：《全祖望集汇校集注》，上海古籍出版社 2000 年版。

（清）阮元：《两浙輶轩录》，清光绪十六年浙江省局重刻本。

（清）阮元：《两浙輶轩录》，浙江古籍出版社 2012 年版。

（清）沈翼机等：《浙江通志》，《中国省志汇编之二》，台北京华书局 1967

年版。

（清）孙静庵：《明遗民录》，浙江古籍出版社 1985 年版。

（明）陶望龄：《歇庵集》，清聚奎楼刊行。

（清）王端淑：《名媛诗纬初编》，清康熙间清音堂刻本。

王英志：《清代闺秀诗话丛刊》，凤凰出版社 2010 年版。

（清）王晫：《今世说》，道光光绪间南海伍氏刊本。

（清）魏耕：《雪翁诗集》，浙江古籍出版社 1985 年版。

（清）魏耕、钱价人辑：《今诗粹》，清初余带堂刻本。

（清）徐灿著，程郁缀编：《徐灿词新释辑评》，中国书店 2003 年版。

（清）徐珂：《清稗类钞》，中华书局 1984 年版。

（清）徐鼒：《小腆纪传》，中华书局 1958 年版。

（清）叶昌炽著，王欣夫补正，徐鹏辑：《藏书纪事诗》，上海古籍出版社 1989 年版。

（明）叶绍袁：《午梦堂集序·午梦堂集》，中华书局 1998 年版。

（清）俞琰辑：《历朝咏物诗选》，清雍正宁俭堂刻本。

（清）袁枚：《随园诗话》，人民文学出版社 1982 年版。

（明）张岱：《张岱诗文集》（增订本），夏贤淳辑校，上海古籍出版社 2014 年版。

（汉）张衡：《张衡诗文集校注》，张震泽校注，上海古籍出版社 1986 年版。

（宋）张炎撰，夏承焘校注：《词源注》，人民文学出版社 1981 年版。

（清）赵一清：《东潜文稿》，辽宁教育出版社 1998 年版。

（清）赵尊岳辑：《明词汇刊》，上海古籍出版社 1992 年版。

（明）朱赓：《朱文懿公文集》，明天启刻本。

（明）朱燮元、朱兆宪、朱用调：《山阴白洋朱氏三世文编》，清抄本。

（清）朱彝尊：《静志居诗话》，人民文学出版社 1990 年版。

（清）朱彝尊：《曝书亭全集》，吉林文史出版社 2010 年版。

（清）朱彝尊：《明诗综》卷 86，康熙间白莲泾印本。

（清）朱增：《山阴白洋朱氏宗谱》，清光绪二十一年玉泉堂木活字本。

二 中文著作

曹淑娟：《祁彪佳与寓山园林论述》，台北：里仁书局 2006 年版。

陈东原：《中国妇女生活史》，商务印书馆 1998 年版。

陈鹏：《中国婚姻史稿》，中华书局 1990 年版。

陈寅恪：《柳如是别传》，上海古籍出版社 1980 年版。

陈玉兰：《清代嘉道时期江南寒士诗群与闺阁诗侣研究》，人民文学出版社 2004 年版。

邓红梅：《女性词史》，山东教育出版社 2000 年版。

杜芳琴：《中国历史中的妇女与性别》，天津人民出版社 2004 年版。

范况：《中国诗学通论》，商务印书馆 1930 年版。

胡文楷：《历代妇女著作考》（增订本），上海古籍出版社 2008 年版。

胡晓明、彭国忠：《江南女性别集初编》，黄山书社 2008 年版。

胡晓明、彭国忠、查正贤：《江南女性别集二编》，黄山书社 2010 年版。

胡晓明、彭国忠、王冉冉：《江南女性别集三编》，黄山书社 2012 年版。

胡晓明、彭国忠、朱惠国：《江南女性别集四编》，黄山书社 2014 年版。

胡晓明、彭国忠、杨焄：《江南女性别集五编》，黄山书社 2019 年版。

黄裳：《银鱼集》，安徽教育出版社 2006 年版。

黄嫣梨：《清代四大词人——转型中的清代知识女性》，汉语大词典出版社 2002 年版。

吉常宏：《中国人的名字别号》，商务印书馆 1997 年版。

李汇群：《闺阁与画舫——清代嘉庆道光年间的江南文人和女性研究》，中国传媒大学出版社 2009 年版。

骆玉明：《世说新语精读》，复旦大学出版社 2007 年版。

绍兴县修志委员会：《绍兴县志资料第一辑》，台北成文出版社 1983 年版。

宋致新：《长江流域的女性文学》，湖北教育出版社 2004 年版。

邬庆时：《屈大均年谱》，广东人民出版社 2006 年版。

许伯卿：《宋词题材研究》，中华书局 2007 年版。
杨海明：《唐宋词风格论》，上海社会科学院出版社 1986 年版。
杨海明：《唐宋词史》，江苏古籍出版社 1987 年版。
张宏生：《明清文学与性别研究》，江苏古籍出版社 2002 年版。
张仲谋：《明词史》，人民文学出版社 2002 年版。
赵海燕：《〈寓山注〉研究》，安徽教育出版社 2016 年版。
赵雪沛：《明末清初女词人研究》，首都师范大学出版社 2008 年版。

三 学位论文

白梅：《晚明闺秀词人的词情世界》，硕士学位论文，西北大学，2010 年。
常娟：《明清之际的才女群及其家族化》，硕士学位论文，西南大学，2012 年。
段继红：《清代女诗人研究》，博士学位论文，苏州大学，2005 年。
李贵连：《明末清初山阴祁氏家族女性文学研究》，硕士学位论文，南京师范大学，2009 年。
李漩：《明末清初女词人的性别书写》，硕士学位论文，西南大学，2016 年。
柳洁挺：《闺阁书香——明代江南妇女的文化教育与社会生活》，硕士学位论文，华东师范大学，2007 年。
欧阳昇：《明末清初山阴祁氏家族才女群文学及交往研究》，硕士学位论文，中南民族大学，2016 年。
王苗：《明代中后期女性创作的兴起》，博士学位论文，南京大学，2011 年。
谢爱珠：《贤媛之冠——商景兰研究》，硕士学位论文，台湾"中央"大学历史研究所，2008 年。
赵郁飞：《近百年女性词史研究》，博士学位论文，吉林大学，2017 年。
朱敏莉：《晚明至清中期江南才女研究》，硕士学位论文，河南大学，2019 年。

四 期刊论文

曹晔：《祁彪佳遗书补遗》，《浙江档案》2019 年第 4 期。

陈宝良:《从"女山人、女帮闲"看晚明妇女的社交网络》,《浙江学刊》2009年第5期。

陈宝良:《女务外学:晚明妇女的名士化倾向》,《福建论坛》(人文社会科学版)2008年第10期。

陈水云、王茁:《文学女性从闺内到闺外——以山阴祁氏家族女性文学群体为例》,《湖南文理学院学报》(社会科学版)2008年第4期。

邓智华:《一条鞭法与万历新政——基于庞尚鹏起任福建巡抚的分析》,《中山大学学报论丛》2007年第6期。

付建舟:《商景兰诗歌的女性特质与女性自觉》,《湖北大学成人教育学院学报》2012年第6期。

付优:《明清女性结社综论》,《北京化工大学学报》(社会科学版)2011年第2期。

石旻:《乱离中的"玉女"——明末才女商景兰及其婚姻与家庭》,《中国典籍与文化》2001年第3期。

宋清秀:《十七世纪江南才女文学交游网络及其意义》,《浙江社会科学》2011年第1期。

王家范:《祁彪佳:任期短促的苏松巡按》,《华北师范大学学报》(哲学社会科学版)2008年第6期。

[美]魏爱莲:《十九世纪中国女性的文学关系网络》,《清华大学学报》(哲学社会科学版)2008年第3期。

吴琳:《明清易代与山阴名媛商景兰的诗境开拓》,《绍兴文理学院学报》(哲学社会科学版)2013年第3期。

严迪昌:《谁翻旧事作新闻——杭州小山堂赵氏的"旷亭"情结与〈南宋杂事诗〉》,《文学遗产》2007年第6期。

杨绍溥:《明季江阴祁氏家族述略》,《求是学刊》1993年第12期。

杨艳琪:《明代祁彪佳与文学女性》,《北京印刷学院学报》2008年第3期。

张能耿、单家琇:《祁承㸁和藏书楼澹生堂》,《书城》1996年第2期。

赵崔莉:《明代宦门闺秀教育述略》,《辽宁大学学报》(哲学社会科学版)

2008年第3期。

五 中译著作

［加］方秀洁、［美］魏爱莲：《跨越闺门——明清女性作家论》，北京大学出版社2014年版。

［美］高彦颐：《闺塾师——明末清初江南的才女文化》，李志生译，江苏人民出版社2005年版。

［美］曼素恩：《缀珍录——十八世纪及其前后的中国妇女》，定宜庄、颜宜葳译，江苏人民出版社2005年版。

［美］曼素恩：《张门才女》，罗晓翔译，北京大学出版社2015年版。

［美］魏爱莲：《晚明以降才女的书写、阅读与旅行》，复旦大学出版社2016年版。

附录　商景兰之女相关史实考辨

一　商景兰次女之谜

《祁彪佳日记》中很详细地记载了他与商景兰的次女出嫁时的情形，可知其次女于弘光元年嫁于太师忠定公朱燮元孙、兵部郎中朱兆宣子朱尧日。但在许多文献中，商景兰的次女连名字也没有留下，故一些记载中不提商景兰的次女，而只说商景兰生有三女。如《绍兴府志》有《祁门三女》：

> 祁门三女：绍兴山阴祁彪佳有三女，均为一代诗人，连同其妻商景兰，号称"祁门四女诗人"，长女德渊，字斅英，适余姚姜廷梧。著有《静好集》。次女德琼，字昭华、卞容，号修嫣，适王谷韦。著有《未焚集》。三女德茝，字湘君，适沈粹芷。著有《寄云草》。《越中杂识》有载。

朱彝尊的《静志居诗话》中也只记商景兰三女德渊、德琼、德茝："公怀沙日，夫人年仅四十有二。教其二子理孙、班孙；三女德渊、德琼、德茝及子妇张德蕙、朱德蓉，葡萄之树，芍药之花，题咏几遍。"[1]

---

[1] 朱彝尊：《静志居诗话》，人民文学出版社1990年版，第727页。

朱彝尊与理孙、班孙交往密切，祁家作为魏耕集团的秘密大本营时，朱彝尊也多次来访，对祁家的情况不应不熟悉，没有记载商景兰二女儿的姓名应是有原因的。

那么，商景兰的次女到底有没有留下一些信息呢？

商景兰有三首代卞容所作之诗：《代卞容闺怨》《代卞容寄妹》《代卞容怨诗》。卞容是谁呢？历来有不同意见。

一种观点认为卞容就是祁德琼。陈维崧《妇人集》录《越郡诗选》凡例云：

> 闺秀，则梅市一门，甲于海内。中敏擅太傅之声，夫人孕京陵之德。闺中顾妇，博学高才；庭下谢家，寻章摘句。楚纕赵璧，援妇戒以著书；卞客湘君，乐诸兄之同砚。①

后注："祁卞客名德琼。"此处卞客为卞容之误。此后很多文献亦记卞容为祁德琼。如雷瑨、雷瑊的《闺秀诗话》记载："祁卞客名德琼，湘君名德茝，均能诗。德琼又字修嫣。"② 直至胡文楷的《历代妇女著作考》亦称："德琼字昭华，一字卞客，号修嫣，浙江山阴人，明右副都御史巡抚江南苏松祁彪佳第三女。"③ 这种说法现在也为一些研究者所采用，如台湾"中央"大学历史研究所谢爱珠的硕士学位论文《贤媛之冠——商景兰研究》谓："祁德琼，字修嫣，号卞容。"④

还有一种观点认为卞容为商景兰次女。严迪昌先生在《谁翻旧事作新闻——杭州小山堂赵氏的"旷亭"情结与〈南宋杂事诗〉》中直接称：

---

① 陈维崧：《妇人集》，载王英志主编《清代闺秀诗话丛刊》，凤凰出版社2010年版，第19页。
② 雷瑨、雷瑊：《闺秀诗话》，载王英志主编《清代闺秀诗话丛刊》，凤凰出版社2010年版，第1028页。
③ 胡文楷：《历代妇女著作考》（增订本），上海古籍出版社2008年版，第400页。
④ 谢爱珠：《贤媛之冠——商景兰研究》，硕士学位论文，台湾"中央"大学历史研究所，2008年，第104页。

"祁彪佳有四女，第三女祁德琼字修嫣，与湘君最才，能诗。次女即朱氏母卞容。"① 其文中没有明确说明其依据。

南京师范大学李贵连考证②，卞容为商景兰次女。李贵连的依据是清顺治清音堂刻本王端淑《名媛诗纬初编》卷十五正集十三所言："祁德玉，字卞容，山阴人，忠敏公彪佳女，母商夫人景兰，太师忠定公朱燮元子兵部郎中兆宣媳，文学尧日妻。"李贵连认为，王端淑与祁氏家族同居山阴，同祁氏家族女性有较密切的交往，并且王家与商景兰长婿姜廷梧、商景徽丈夫徐咸清家俱为姻亲，应对商家与祁家女性的了解比一般人更为准确，因而可以确定卞容为商景兰次女祁德玉，而不是祁德琼。

笔者认同李贵连的观点，并从祁氏家族女性诗人的作品中推测，卞容并非祁德琼，而应是祁彪佳与商景兰的次女，即祁德玉。

从祁彪佳的日记中可以得知，祁彪佳的次女是为了躲避福王选妃而匆匆出嫁。举办婚礼之时，母亲商景兰尚在病中，未能亲自送女儿出嫁。商景兰在《代卞容闺怨》诗中直书：

谁谓秦晋欢，愁多掩明月。
虽然织素工，一寸肠一裂。
菟丝附高松，自不成琴瑟。
弹筝理怨思，调悲弦欲绝。
夜夜对孤灯，孤灯自明灭。

商景兰在此诗中直接指出卞容"愁多"来自"秦晋欢"，写出了卞容孤独的生活状态："弹筝理怨思，调悲弦欲绝。夜夜对孤灯，孤灯自明灭。"作为母亲的商景兰，看到女儿的孤苦，心痛而又无奈，只能是用诗

---

① 严迪昌：《谁翻旧事作新闻——杭州小山堂赵氏的"旷亭"情结与〈南宋杂事诗〉》，《文学遗产》2007年第6期。
② 李贵连：《明末清初山阴祁氏家族女性文学研究》，硕士学位论文，南京师范大学，2009年，第18页。

歌来替女儿诉说内心的悲怨了。由此可知，卞容的婚姻生活是不幸福的。

商景兰共有三首代卞容作的诗，都指向了家道衰微、婚姻不幸的愁苦。而祁德渊的长嫂张德蕙也有《闺怨为卞容作》：

掌上原无价，愁云锁蕙香。
白头吟自好，红袖恨偏长。
已写班姬扇，谁怜西子妆。
不知真薄命，验取嫁时箱。

《白头吟》传说是卓文君吟司马相如欲纳茂陵女子为妾而作，班姬扇则用班婕妤《怨歌行》中团扇因秋凉见弃的典故，由此可知卞容是因丈夫宠爱其他女子而被冷落，因而婚后生活非常不幸。

在《祁彪佳日记》中记录最多的女儿就是次女了。在其成婚之前，祁彪佳很详细地记录了朱家急切娶媳的要求和祁家多次推辞的情况，也记录了女儿成婚时的情景，可以看出祁彪佳对女儿的关切。因而张德蕙说卞容原是父母掌上无价的明珠，出嫁之后却是愁云深锁，她直接点出卞容忧愁的原因是其夫另有新欢而被冷落。张德蕙的诗再次明确地印证了卞容婚后生活的不幸福。

商景兰还有两首写给次女之诗：

闻次女有弄璋之期
齐眉年少正相宜，况复香兰梦有期。
常恐红颜多薄命，今看白发见佳儿。
摇知绣阁悬孤日，正是秋闱得桂时。
十载愁肠方自慰，好音惟听凤雏奇。

产外孙喜予次女
扶床坐膝正相宜，况复阳元旧有期。

尝恐红颜多薄命,今看白发见佳儿。
声传雒下追惟汝,德重荆南代是谁。
犹喜郗家诸弟在,司空大小觉难欺。

　　这两首诗在文字上有重合相似之处,一收录于《祁忠惠公遗集》,一收录于《名媛诗纬初编》。前一首作于听闻次女怀孕消息之时,表现了作为母亲的欣慰之情。前两句写次女与丈夫年龄相当,本应恩爱和谐,何况现在有孕在身,更应该是夫妻美满和睦,其潜台词恰恰是因为女婿对女儿的冷落让这桩本是家世相似、年貌相当的婚姻充满了痛苦,希望即将到来的孩子使得小两口的关系能够得到改善,所以后面马上接:"常恐红颜多薄命",写出了母亲对女儿的担忧,而"今看白发见佳儿"则写出了母亲的欣慰。后一首诗写于外孙诞生之后。开首即用苏轼《雅安人日次旧韵二首》(其一)句"似闻高隐在前村,坐膝扶床戏子孙"来表达含饴弄孙的喜悦。颔联与前一首相同,颈联也与前一首含义相同,表达了对小外孙的期望与祝福。"声传雒下"用"洛阳纸贵"的典故期望外孙能读书成名,"德重荆南"则期望外孙能如曾祖父朱燮元一样建功立业,重振家声。朱尧日祖父朱燮元曾任四川布政使,后任兵部尚书兼督贵州、云南、广西军务,以平乱见功,加少傅兼太子太傅,后加少师。朱燮元为白洋朱氏之骄傲,因而商景兰在女儿产子之时预祝这个尚在襁褓中的小外孙如曾祖父一般建功立业,声名远扬。"犹喜郗家诸弟在"一句,用晋郗鉴在丧乱中哺育外甥周翼之事,表示娘家是女儿永远的坚强后盾。两首诗都表达了母亲商景兰对女儿的疼爱和担忧,也从侧面证实了次女婚后生活的不幸福。

　　祁彪佳在日记中记载,朱家催婚之时祁彪佳多次拒绝,态度非常坚决。而在记录女儿出嫁时的日记中又流露出无奈之感,究竟是什么原因呢?按其记载,"数日因奉旨选婚,越中嫁娶如狂,昼夜不绝"。[①] 祁彪佳堂兄的

――――――――
① (明)祁彪佳:《祁彪佳日记》,浙江古籍出版社2016年版,第811页。

两个女儿就被选入宫中，而"奕远侄长媳已聘倪宅，以彼家促之再，乃从俗迎娶"①。可见，有适龄女儿的人家是非常焦急地将女儿嫁出，以避免被选入宫中，但祁彪佳此时的做法却有些令人不解。他在日记中记载：

  十九日，阴雨。朱弦庵亲翁以选婚欲娶予次女，予以婿尚幼，且为嗣子，正在服中，乃至内宅托八弟妇坚辞之，又作书弦庵以达意。②
  二十七日……朱季方坚欲娶次女，以礼制作书辞之不获，乃为少备奁赀。③
  三月初一日，受次女催亲之聘。④

一个是"坚辞"，一个是"坚欲娶"，难道祁彪佳就不担心女儿被选中吗？从商景兰《代卞容闺怨》、张德蕙《闺怨为卞容作》诗看，商景兰次女婚后的生活并不如意，或许祁彪佳已对女婿的人品或才学产生了怀疑，所以才不希望让女儿匆匆出嫁。祁家女婿除朱尧日之外，都有才名。《全祖望集汇校集注》中《祁六公子墓碣铭》后杨凤苞注："故时谓祁氏有'男尽佳人，女皆才子'之语。德渊嫁姜廷梧，德琼嫁王鳄林（原文为"林"，应为"叔"之误。——笔者注），德茝嫁沈子合，三婿皆能文，而廷梧为知名士。"⑤ 从班孙、理孙及魏耕、朱彝尊的诗歌中也可以看出，祁德渊、祁德琼、祁德茝三人的夫君与祁氏兄弟联系也非常密切，而商景兰次女的夫婿却没有与她娘家兄弟来往的记录，可以推测，其为人与性格和祁氏家族的风气不相吻合，所以商景兰次女的婚姻不幸也是有原因的。

据《山阴白洋朱氏宗谱》记载，商景兰次女的丈夫朱尧日卒于康熙

---

① （明）祁彪佳：《祁彪佳日记》，浙江古籍出版社 2016 年版，第 811 页。
② （明）祁彪佳：《祁彪佳日记》，浙江古籍出版社 2016 年版，第 812 页。
③ （明）祁彪佳：《祁彪佳日记》，浙江古籍出版社 2016 年版，第 812 页。
④ （明）祁彪佳：《祁彪佳日记》，浙江古籍出版社 2016 年版，第 813 页。
⑤ （清）全祖望：《祁六公子墓碣铭》，载《全祖望集汇校集注》，上海古籍出版社 2000 年版，第 259 页。

十二年（1673），年四十二。而出生于崇祯三年的次女则于康熙五十六年去世，享年八十八。商景兰次女在被丈夫冷落之后又独自度过了四十四年的孀居生活。她生有一子二女，让商景兰寄予太多期望的独子朱傲早夭，只能过继朱兆宣次子朱用梅的二子朱佖、四子朱亿为嗣。这个时时为母亲担忧"红颜多薄命"的女子真的是命运多舛，让人痛惜。

那么祁德琼的婚姻状况又如何呢？从王鄂叔刊刻妻子的遗诗可以看出，王鄂叔与妻子的感情很好，所以才会在妻子去世后十二年还保留着妻子的诗作，并刊刻出版。而在祁德琼留下的诗词中，丝毫没有看到其对婚姻不幸的慨叹，也没有看到其对丈夫的不满。祁德琼与母亲、姐妹及两个嫂子诗文互动很多，商景兰和张德蕙、朱德蓉留下的诗歌中，有多首写给修嫣的诗歌，但从没有涉及她婚姻的不幸。在她去世之时，张德蕙有《秋日哭修嫣》，朱德蓉有《哭修嫣》，都表达了对祁德琼早逝的伤悼之情，但也没有谈及她在婚姻中的痛苦。而商景兰在女儿去世十二年后为女儿诗集写序之时，也只是痛惜女儿才高命夭，而没有丝毫对女婿的不满。如果祁德琼生前在婚姻中遭受了许多冷落，内心有着很大痛苦，又盛年早逝，作为母亲的商景兰和与祁德琼感情极好的两个嫂子怎能无一句怨言呢？相反，商景兰在《闻次女有弄璋之期》《产外孙喜予次女》中却都感叹："常恐红颜多薄命"，可知次女的婚姻状态让做母亲的非常担忧，当听到女儿生育男孩之后，则是异常欣慰。由此更可推测，在商景兰和张德蕙笔下婚姻不幸的卞容不是商景兰与祁彪佳的三女祁德琼，而是次女，那么王端淑关于商景兰次女名祁德玉字卞容的记载就是可信的了。

那么祁德玉为什么没有与其他姐妹一样留下与母亲、姐妹互动的诗文呢，也没有参与过祁氏才媛的诗歌创作活动呢？李贵连认为是因祁德玉是为了逃避福王选婚而嫁，祁氏家族对此事持比较隐晦的态度，再加上其出嫁后因种种原因未能时常归宁而导致的。此结论似不准确。理由如下。

首先，祁彪佳在日记中明确记载祁德玉就是因为逃避福王选婚而匆匆出嫁的，可见祁家对次女因避选婚而嫁之事并无忌讳。

其次，祁德玉出嫁后很少归宁一说，也似不准确。按一般情理，祁家与朱家同居山阴，两家长辈又同朝为官，祁德玉与娘家的联系应该并不难。更何况祁家与朱家世代联姻：祁彪佳的弟弟祁象佳的妻子为朱燮元的女儿。祁班孙之妻朱德蓉为朱兆宪之女，祁熊佳之女祁德芷为朱燮元三子朱兆宪的独子朱用调之妻。祁德芷字楚佩，在祁德琼诗中有多首与楚佩唱和之作，说明祁德芷出嫁之后与娘家来往十分频繁。祁德玉没有理由不和娘家往来。

另据《祁彪佳日记》记载，祁德玉出嫁是在弘光元年三月初三，四月十三日"次女自朱家归宁"。① 虽然在《祁彪佳日记》中只记录了一次次女归宁之事，但其后三个月祁彪佳就去世了，而在这三个月中，正是清军南下祁彪佳带着家人仓皇躲避之时。乱世之中，出嫁的女儿不能归宁也是正常的。所以可以得知，祁德玉出嫁之后，虽然不如姐姐祁德渊与娘家有那么密切的联系，但她与娘家的联系也不像人们想象的那么稀少。而她因不能时常归宁以至于没有和母亲、姐妹诗文互动的结论也是不可靠的。

更重要的是朱德蓉在班孙远戍之后收养的女儿是清代学者赵昱之母，而祁德玉的两个女儿"长适凌家山凌澄，幼适杭州任德清学训导赵汝龙"②，赵汝龙为赵昱之父，也就是说，朱德蓉收养的就是祁德玉的小女儿，这更说明祁德玉与娘家并非往来极少。那么只能推测，商景兰的次女可能并不擅长诗文，或因其出嫁之后生活境况的原因放弃了诗文创作，所以没有诗歌留下。在商景兰的诗歌中，没有代其他女儿的作品，却有好几首代卞容的诗，也许正是因为这个女儿不擅长诗文，所以代其抒发情感。正如商景兰为商周祚第三女，商景徽为商周祚最小女儿，但世人大多称商景兰、商景徽为伯仲商夫人，是因为其他女儿不擅诗文，因而

---

① （明）祁彪佳：《祁彪佳日记》，浙江古籍出版社2016年版，第819页。

② （清）朱增：《山阴白洋朱氏宗谱》卷二十一，清光绪二十一年，玉泉堂木活字本。

世人很少知之，渐渐地就认为商周祚只有这两个女儿了。而朱彝尊在《静志居诗话》中只记录了商景兰三个女儿的名字，是因为随商景兰学诗的是这三个女儿，不擅长诗歌的祁德玉就没有记载了。

王端淑在《名媛诗纬初编》中收录了两首祁德玉的诗歌：《闺怨》《中秋》。《闺怨》与商景兰的《代卞容闺怨》内容完全一样。而《中秋》与商景兰的《中秋泛舟》在题目上与字句上稍有不同。

祁德玉的《中秋》诗：

无边月色动人愁，碧落千山一夜秋。
独倚帘栊何所怨，乾坤到处总悠悠。

商景兰的《中秋泛舟》之三作：

无边月色动人愁，木落千山一夜秋。
独倚栏杆何所怨，乾坤望处总悠悠。

李贵连在《明末清初山阴祁氏家族女性文学研究》中推测，《闺怨》与《中秋》两诗应为祁德玉之作，理由有二：其一，《祁忠惠公遗集》中收商景兰《中秋泛舟》诗共三首，但祁家其他女性都没有同题之作，而商景兰在中秋团圆之期丢下爱女独自或与其他人一起去泛舟的可能性较小。其二，王端淑与祁家女性为同时代之人，记录应比较晚的《祁忠惠公遗集》更为准确和可信，因而认为应按王端淑《名媛诗纬初编》的记录将《中秋》《闺怨》的作者归为祁德玉。这两个理由笔者认为尚不够充分。首先，祁氏女性的诗文留存下来的大大少于其实际篇目，现无法判断是否其他女性诗人也有中秋泛舟之作，但后散佚了。祁德琼是祁氏女性诗人中留存作品最多的，商景兰尚感慨所留之作"十不存一二"，其他人就更勿用说了。其次，商景兰在中秋之夜独自或与他人而不是与女儿们泛舟西湖的可能性很小，但也并非不可能。再次，王端淑与祁氏女性诗人处于同一时期，但从商景兰及祁氏其他女性诗人的作品中，并未见其直接交往的证据，因而可推测王端淑对祁氏女性诗人的了解是间接的，那么其中有不准确之处也就可以理解了。

王端淑评祁德玉诗云："卞容夜光自珍，不欲使枣梨气浑兰菊。故闻其篇实甚富，而扫迹灭形，高自标持。才之一字，竟不屑道。与学（步）邯郸，效颦西子大异。减米瘦腰，未免求好太过。"① 王端淑认为，祁德玉因求好太过而使其诗作流传太少，没有确切的信息来源，似推测的成分更重一些。

综上，《闺怨》《中秋》的作者是否为祁德玉，似无法定论，因而我们还是将其作为商景兰之作。

二 祁德渊之前商景兰是否还育有一女

李贵连的硕士学位论文《明末清初山阴祁氏家族女性文学研究》是研究祁氏家族女性重要的论文之一，对祁氏家族的女性成员的生活轨迹和文学活动都进行了全面的阐述，对相关的一些史料也进行了深入的考证，澄清了一些误区。但还有一些论点值得商榷。

李文中还提出一个观点：在祁德渊之前，商景兰还应育有一女。② 其依据是《祁彪佳日记》崇祯十年（1637）四月初十日云"为次女受姜光扬之子聘"，而事实上嫁入姜家的为长女祁德渊，次女祁德玉则嫁入朱家，这样就无法解释祁彪佳初言次女受聘姜氏，后又言次女嫁入朱门。因而李贵连猜测原因之一或为商景兰次女初许姜光扬之子，但其子早殇，故再许朱兆宣之子朱尧日。原因之二或为在祁德渊之前，商景兰还育有一女，因其过世或过继他人，所以祁德渊先被称为次女，后又被称为长女。李文又因王端淑《名媛诗纬初编》目次卷十四正集十二中有祁德菀一首字

---

① （清）王端淑辑：《名媛诗纬初编》卷15，清康熙年间清音堂刻本。
② 李贵连：《明末清初山阴祁氏家族女性文学研究》，硕士学位论文，南京师范大学，2009年，第17页。

样,但正文中又未收祁德菀作品,因而推测祁德菀或为祁彪佳长女。

对于李贵连这个观点,笔者是不认可的。理由有三。

其一,祁彪佳在崇祯十年四月初十记"为次女受姜光扬之子聘",而同年六月十九日日记中记:"为第三女受王尔吉舅父约,执柯者邓九华、王雅夷及午而至。"① 嫁入王家的是商景兰三女祁德琼。如果在祁德渊之上商景兰与祁彪佳还有一女,此时的祁德琼就应被称为四女了,不然就是应在从祁姜定婚约到祁王定婚约之间的两个月中,祁彪佳的长女去世或过继他人,祁家女儿的排行就有了变化。但这个可能性实在是太小了。

其二,同一年十月初九,祁彪佳又在日记中记载:"何芝田同艾弟以执柯至,为朱八兄议亲。"② 如是前与姜家订婚的为祁彪佳次女祁德玉,而因姜光扬之子早殇而另许朱家,时间间隔仅为短短半年,在当时那个年代的士绅家庭,应也是不太可能的。

其三,李文认为《名媛诗纬初编》目录中有祁德菀,而正文中却未收录,而其后即依次收录了祁德渊诸妹的作品,因而推测这个祁德菀或许就是祁德渊之姊。这个结论也是不正确的。《名媛诗纬初编》正文中是没有收录祁德菀之诗,但有祁德菀名,其下明确注明:"祁德菀,字悟因,山阴人,铨部豸佳公女,十三弟岳起妻。"③ 因而,祁德菀为商景兰在祁德渊之前所生之女是不可能的。

综上所述,李文中提出商景兰在祁德渊之前还应育有一女的观点应是不成立的。那么,"为次女受姜光扬之子聘"中的次女应为笔误或后传抄时所误。

三 商景兰四女生年考辨

《祁彪佳日记》中明确记录了祁班孙的出生时间,《祁彪佳年谱》中

---

① (明)祁彪佳:《祁彪佳日记》,浙江古籍出版社2016年版,第278页。
② (明)祁彪佳:《祁彪佳日记》,浙江古籍出版社2016年版,第296页。
③ (清)王端淑:《名媛诗纬初编》卷13,清康熙年间清音堂刻本。

也记录了祁理孙的出生时间。而商景兰的四个女儿的生年有不同说法。目前涉及祁氏家族女性研究最有分量的论文应为台湾"中央"大学历史研究所谢爱珠的硕士学位论文《贤媛之冠——商景兰研究》（以下简称谢文）和南京师范大学李贵连的硕士学位论文《明末清初山阴祁氏家族女性文学研究》（以下简称李文），这两篇论文都对商景兰的四个女儿的生年做出考证或直接给出结论。本文就以这两篇论文和其他相关文献的结论进行探讨。

1. 祁德渊的生年

谢爱珠在《贤媛之冠——商景兰研究》谓祁德渊生年为1635年[①]，这个推论应是不准确的。《祁彪佳日记》记载崇祯十七年（1644）正月十七日："长婿姜廷梧回门。"[②] 回门一般为第三天，也有第六、第七、第九、第十天或满月回门的风俗，则可以推知祁德渊出嫁最早应在崇祯十六年（1643）底。如按谢文所记祁德渊的生年，则其出嫁之时应尚不到十岁，这显然是不可能的。

李贵连在《明末清初山阴祁氏家族女性文学研究》一文中据祁德渊出嫁日期，以古人及笄而嫁的习俗，推测祁德渊大约生于明崇祯二年（1629），应还是比较准确的。另外，赵素文《祁彪佳诗词编年笺校》中云："（天启）六年（1626）举长女德渊"[③]，不知其依据，但也是可以说得通的。

2. 祁德玉的生年

《祁彪佳日记》记载商景兰在崇祯九年（1636）、十年（1637）、十一年（1638）连续三年生育。一般认为这三个孩子即应是祁彪佳与商景兰的次女、三女祁德琼、四女祁德茝。

[①] 谢爱珠：《贤媛之冠——商景兰研究》，硕士学位论文，台湾"中央"大学历史研究所，2008年，第103页。

[②] （明）祁彪佳：《祁彪佳日记》，浙江古籍出版社2016年版，第722页。

[③] （明）祁彪佳著，赵素文笺校：《祁彪佳诗词编年笺校》，浙江古籍出版社2016年版，第65页。

谢爱珠在论文附表《商景兰年表》中记载，崇祯九年商景兰生育次女。然据《祁彪佳日记》记载，商景兰次女是为避南明福王选妃而匆匆出嫁。在其出嫁之前，朱家多次催婚，如祁德玉出生于崇祯九年（1636年），在弘光元年（1645），年仅十岁，还是幼女，应不在备选之列。祁彪佳对于朱家的催婚，很是不情愿，曾以女婿年纪尚小拒绝立刻举办婚事。出生于崇祯五年（1632）的朱尧日已十四岁，虽然尚未到成婚年龄，但总是比当时年仅十岁的祁德玉要年长一些，祁彪佳更该以女儿年幼为拒婚的理由，而不该以女婿年幼为借口。

李贵连根据《山阴白洋朱氏宗谱》中记载朱尧日妻为"本邑梅墅村天启壬戌进士，太子太傅，兵部尚书祁彪佳公女。生崇祯三年庚午三月二十五日未时，卒康熙五十六年丁酉八月初八酉时。上寿八十八岁"，断定商景兰次女祁德玉应生于崇祯三年（1630）。这个结论应是可信的。

理由如下：

其一，祁彪佳日记中只是说商景兰于崇祯九年诞育一女，并未说明此女排行，而祁彪佳次女嫁入朱家是确切无疑的。朱家宗谱中记录的朱尧日之妻是祁彪佳次女也应是确切无疑的了。宗谱记录其年龄也不应该有错误，更不会相差六年。

其二，如果祁德玉出生于崇祯三年，到弘光元年，虚岁则已十六，已过及笄之年，那确实很有可能被选入宫中，朱家担心也是有道理的。所以祁德玉出生于崇祯三年应是可信的。

3. 祁德琼、祁德茝的生年

如我们认定祁德玉出生于崇祯三年，那就又产生一个疑问，崇祯九年（1636）、十年（1637）、十一年（1638）商景兰生产的三个孩子又是谁呢？李贵连认为，崇祯九年出生的是商景兰的三女儿祁德琼，崇祯十一年出生的是祁德茝，而崇祯十年出生的女儿应为小产，没有能够存活[①]。这

[①] 李贵连：《明末清初山阴祁氏家族女性文学研究》，硕士学位论文，南京师范大学，2009年，第19页。

个结论，仅为推测，缺乏文献佐证。

《祁彪佳日记》中记载，崇祯十一年（1638）十一月二十三日，商景兰产一女。接着在十二月初一日记记载："何家娣来，与言新生一女出继之事。"① 出继的"新生一女"，应就是出生于崇祯十一年的那个女儿。因为出生后没有几日，即过继于他人，没有留下名字和其他信息。由此可知，出生于崇祯十一年的应不是商景兰的四女祁德茝。

综上所述，商景兰生育五女，长女祁德渊出生于明（天启）六年（1626）至崇祯二年（1629）前后。次女祁德玉出生于崇祯三年（1630），三女祁德琼出生于崇祯九年（1636），四女祁德茝出生于崇祯十年（1637），五女出生于崇祯十一年。因五女出生后即过继于他人，没有留下名字，所以后人认为商景兰生育了四个女儿。

---

① （明）祁彪佳：《祁彪佳日记》，浙江古籍出版社2016年版，第316页。

后 记

  2003年初,我尚在家乡呼和浩特。一夜大雪,早上尚纷纷扬扬,地上积雪已近脚踝。送儿子去上课外班,只能是步行了。儿子上课,我即到旁边书店闲逛。无意间看到一本书:《枫冷乱红凋——叶氏三姐妹传》,薄薄的。站在书架前,一口气看完。这本书是明代吴江叶氏三才女的传记,也是我第一次了解到在中国古代除了有蔡琰、李清照、朱淑真等才女之外,还有着众多的女性文人。这些才媛用她们的聪明智慧甚至用她们的生命书写了她们的人生。然而在时间的长河中,她们的声音被淹没了,她们的作品也渐渐地被掩埋在历史的长河中了。虽然有一些学者在用他们的研究努力让更多的人了解这些聪慧灵秀的才女,但在大多数人的眼中,甚至在我们的文学史中,女性文学还基本上处于失声的状态。此后,在上课时,我有意识地在学生中做了几次调查,请同学们说说自己所知道的中国古代女性作家,能数出十位的都不多。这种状况,让我有些痛心,于是我开始关注中国古代女性文学的研究。

  2005年我调到杭州工作。从冰天雪地的塞北到了烟雨迷蒙的江南,生活发生了很大的改变,我的研究方向也不知不觉地进行了调整,从宋词研究转向了江南古代女性文学。2014年我申请了越文化中心的研究课题《商景兰评传》,希望为绍兴才女商景兰做传记。江南的秀水灵山,孕育了众多的才媛。中国古代女性创作的高峰,起始于晚明,勃发于清代。女性作家具有明显的地域特征,环太湖流域产生了大量的女性作家,而这些女作家的创作又往往与其家族的文化有着密切的联系，形成了家族聚集型的女性文化团体，在这种团体中，领袖人物的号召力是非常重要的，商景兰作为祁氏女性创作团体的精神领袖，引领祁氏女性通过文学创作，度过了家国巨变带来的巨大打击，其生活经历与心路历程是非常值得研究的。

这一工作对我来说是艰难而漫长的。女性文学研究中最困难的就是文献资料的稀少和散乱，资料的搜寻花去了我大量的时间和精力。在写作过程中，我的先生突患重病，生命垂危，几乎让我放弃了写作的计划。幸而在医生的全力抢救之下，先生得以好转，并经过坚持锻炼，身体得以恢复。我的写作也重新开始。中间又经历了学院的异地搬迁，教学工作也出现了变动，新课程的准备又占用了我大量的时间和精力，所以写作时断时续，让我非常焦虑和愧疚。

非常感谢越文化中心对《商景兰评传》的基金支持，也非常感谢越文化中心的工作人员一直以来给我以宽容和支持，在此向他们送上最诚挚的敬意！

在这里，也要特别感谢中国社会科学出版社能接受拙作的出版，并对为拙作出版而辛勤工作的编辑王小溪博士致以深深的敬意！

也感谢我的先生，以带病之身在完成自己的工作之余，还尽量承担家务，让我有更多的时间来完成写作。

珊 丹

于中国计量大学现代科技学院

2021 年 12 月 31 日